사회적경제를 위한 마케팅 실무

Marketing Practice for the Social Economy

제2판

사회적경제를 위한 마케팅 실무

Marketing Practice for the Social Economy

오단이 최칠성

KNOWLEDGE COMMUNITY 공동체

발간사

마케팅은 기업의 지속 가능성을 높이는 핵심적인 활동입니다. 따라서 사회적경제 조직들도 지속적인 사회적 가치 창출을 위해 체계적인 마케팅 활동이 반드시 필요한 사항입니다. 그동안 영리조직에 대한 많은 마케팅 서적의 출판과 다양한 주제에 대한 연구가 진행되어 왔지만, 사회적경제를 위한 마케팅 서적 및 연구는 매우 적은 상황입니다. 또한 대학에서 사회적경제 마케팅에 관한 교재로 사용할 만한 서적은 국내에서 찾아보기 힘든 것이 사실입니다. 이에 저자들이 용기를 내어 『사회적경제를 위한 마케팅 실무』를 집필하게 되었습니다.

한국 사회에서 사회적경제 조직은 점차 증가하고 있는 추세입니다. 이러한 상황에 사회적경제 조직의 질적인 성장을 통한 지속 가능성을 확보하기 위해 사회적경제의 마케팅 활동에 대한 기본적인 이해와 실무 적용 방법에 대한 연구가 매우 절실합니다.

이 책은 사회적경제와 마케팅에 대한 기초적인 이론 및 실무를 알기 쉽도록 집필하였습니다. 특히 저자들이 그동안 대학에서 사회적경제 마케팅을 강의하면서 느꼈던 경험을 바탕으로 마케팅에 대한 기본 지식과 사회적경제에 적용할 다양한 마케팅 방법론을 쉽게 이해하고 적용할 수 있도록 쓰였기 때문에 마케팅을 처음 접하는 사회적경제를 공부하는 학생이나 현장에서 실천하고 계시는 사회적경제 활동가들에게 매우 유용한 책이라고 생각됩니다.

이 책은 총 3부로 구성되어 있습니다. 1부는 사회적경제의 이해로 사회적경제의 정의와 역사 그리고 사회적경제의 기본 이론과 조직의 형태에 대하여 기술하였습니다. 그리고 2부는 마케팅에 대한 기본 이해를 위해 마케팅의 기본 개념과 소비자의 이해, 시장세분화와 표적시장, 포지셔닝 및 브랜딩, 마케팅 믹스에 대해 마케팅의 핵심 개념을 사회적경제와 연관하여 소개하고 있습니다. 마지막으로 3부는 사회적경제의 마케팅 실무로 실제 사회적경제에 적용이 가능한 마케팅 방법으로 사회마케팅, 사회적 소비, 공공시장 마케팅, 소셜미디어 마케팅, 빅데이터 마케팅의 소개와 실천방법을 기술하고 있습니다.

끝으로 이 책이 나오기까지 인도하신 하나님께 감사드리며, 많은 격려를 보내주신 분들에게 고마운 마음을 표합니다. 아울러, 이 책의 출판을 위해 애써 주신 공동체 여러분의 수고에 감사드립니다.

2022년 1월

저자 오단이 · 최칠성 씀

차례

2부 마케팅의 이해

CHAPTER 04 사회적경제와 마케팅 / 45

CHAPTER 05 소비자(고객) 지향 및 이해 / 69

CHAPTER 06 시장세분화와 표적시장 / 89

CHAPTER 07 포지셔닝 및 브랜딩 / 111

CHAPTER 08 마케팅 믹스 / 149

3부 사회적경제의 마케팅 실무

CHAPTER 09 사회마케팅 / 181

CHAPTER 10 사회적 소비 / 195

CHAPTER 11 공공시장 마케팅 / 207

CHAPTER 12 소셜미디어 마케팅 / 235

CHAPTER 13 빅데이터 마케팅 / 267

Part

01

사회적경제의 이해

chapter 01 사회적경제의 개념

1. 사회적경제의 정의

경제는 인간이 살아가기 위해 필요한 것을 만들고 사용하고 나누는 모든 활동을 의미한다. 경제를 정의 내리는 방식은 경제활동의 목적이나 내용으로 정의 내리는 방법과 목적을 달성하는 방법이나 수단으로 효율성 혹은 생산성 관점에서 정의하는 방법이 있다. 전자는 생활하는 데 필요한 제품(재화)과 서비스를 생산하고 소비하고 분배하는 일련의 과정을 경제활동이라 정의한다면 후자는 돈이나 시간, 노력을 적게 들이는 일로 정의 내려진다. 따라서 앞으로 우리가 살펴볼 사회적경제를 어느 관점에 초점을 맞추는지에 따라 상이한 논의가 이루어질 것이다.

사회적경제는 1990년대 후반 유럽 사회에서 개념화되고 제도화된 이후 빠른 속도로 전 세계로 확대되어 왔으며, 그 저변에는 기존 사회적경제 조직들(협동조합 등)의 사업방식이 갖는 폐쇄성과 한계를 넘어서려는 의지가 자리하고 있다. 이는 사회적경제의 연대전통과 기업가정신의 결합을 상징하며, 사회적경제의 경제총량을 확대하려는 노력의 일환이라고 말할 수 있다. 이러한 노력은 기업가정신으로 무장한 사회적경제 조직들이 시장과 공공서비스 공급에 참여하는 형태로 구체화되었다(노대명 외, 2017).

한편 사회적경제는 자본주의 경제체제인 시장경제의 대안적 성격과 관련된 '대안경제' 담론 속에서 경제적 논리보다는 삶의 가치를 두고 있기 때문에 공동체경제, 호혜경제, 보살핌의 경제, 살림경제, 우애경제, 행복경제 등과 비슷한 의미로 쓰이기도 하고(주요섭, 2010), '다른경제'라고 불리기도 한다. 이러한 이름으로 사회적경제가 불리는 이유는 기존의 이윤추구를 목적으로 하는 시장경제(market economy)와는 동기가 다른 경제, 즉 비이윤 추구적인 경제(non-profit economy)이고 공익을 추구하는 공익 경제로 경쟁시장에서 탈락한 이를 돌보고 배려하는 이타적 효용을 추구하는 경제이고, 공동체의 연대와 통합을 우선적 가치로 삼는 공적 경제를 의미하기도 하기 때문이다(임혁배 외, 2007). 또한 사회적경제는 사회 구성원 또는 공공에 대한 공헌을 목적으로 하는 경제활동으로 이윤배분의 사회성과 운영의 민주성이 보장되며, 생산의 최종 목적이 잉여 창출이 아닌 생산 또는 교환, 분배, 소비와 같은 살림살이로서의 경제활동을 본원으로 하는 호혜성과 나눔의 재분배 원리로 움직이는 경제로 정의할 수 있다(조우석, 2011; 홍경준, 2013).

유럽 사회적경제 연구자인 드푸르니(Defourny, 2001)는 다음과 같이 정의한다. "사회적경제는 이윤보다 구성원 혹은 지역사회에 대한 공헌 목적, 독립적인 경영, 민주적인 의사결정 과정, 이윤의 분배에 있어서 자본보다 사람과 노동자의 우선권의 원칙들을 지닌 협동조합, 공제조합 그리고 비영리조직에 의해 수행된 경제활동이다."

다음으로는 경제활동이 아닌 경제활동의 주체로서 이해하는 사회적경제이다. 경제활동 주체로의 사회적경제는 협동조합, 상호공제조합, 민간단체의 3개 범주로 나누어지는 프랑스에서 유래된 방법이 국경을 넘어 확산되면서(Defourny, 2001 : 4-5) 한국에서는 자활기업, 협동조합, 사회적기업, 더 나아가 소셜벤처까지 논의된다.

이러한 사회적경제의 논의는 1980년대 후반 유럽연합(EU)이 범유럽 차원의 사회적경제를 운동적 의제로 채택하고 활성화하기 위한 특별위원회를 설치하고, 이후 90년대 조사연구 사업들을 적극 지원하는 과정에서 협동조합, 상호공제조합, 민간단체(association; 결사체) 등으로 이해되었으나 이들 조직에 대한 지원과 규제를 위한 법적 틀을 함께 모색하는 과정에서 용어와 개념의 범위에 이견이 나타났다고 볼 수 있다(신명호, 2009).

유럽의 사회적경제가 협동조합, 상호공제조합, 민간단체 등 조직형태를 명시한 개념으로 자리 잡았다고 하더라도, 한국의 사회적경제는 '경제영역'으로 생산, 교환, 분배, 소비를 포괄하는 개념이다(신명호, 2009). 이렇듯 경제활동 영역과 경제활동 주체인 조직형태로 사회적경제의 개념이 혼용되기 때문에 개념적인 경계가 모호한 것도 사실이다.

마지막으로는 생활 속에서 또는 삶의 방식으로 사회적경제를 이해하는 것이다. 이는 협력, 연대와 같은 사회적경제가 중요시하는 가치가 개인 혹은 조직의 생활 속에 묻어나는 것을 의미한다. 예컨대 소비에 있어서도 협동조합에서 생산되는 물건을 구매하거나 글로벌 브랜드의 커피보다는 공정무역 브랜드의 커피를 선호하려는 노력 등과 같은 생활 속에서 사회적경제를 실천하려는 노력 또는 이렇게 생활과 분리하지 않는 것을 사회적경제로 정의하기도 한다. 정리하자면 한국에서 사회적경제에 대한 인식은 크게 세 가지로 분류가 가능하며 이는 다음과 같다.

▌한국 사회 사회적경제의 개념범위

- 경제영역으로서 사회적경제
- 조직영역으로서 사회적경제
- 생활영역으로서 사회적경제

2. 사회적경제의 역사

1) 해외 사회적경제 역사

사회적경제라는 용어는 1830년 프랑스 경제학자 뒤누아에(Charles Dunoyer)에 의해 처음 사용되었지만(신명호, 2013; 조우석, 2011) 프랑스 경제학자이자 경제사상가인 지드(Charles Gide)가 연대 혹은 공동체성을 중시하는 조직인 협동조합, 공제조합, 결사체 등의 조직들을 사회적경제라고 규정한 것(김정원, 2013; 신명호, 2009 : 14)이 현대적 의미[1)]에 사회적경제에 더 가깝다(신명호, 2013).

1) 장원봉(2006 : 22)은 현대 사회적경제에 대한 의미를 크게 두 가지 경향으로 보고 있다. 빈곤과 사회적 배제와 같은 문제를 지속적으로 생산해 내는 자본주의 시장경제체제에서의 해방(emancipation) 가능성을 사회적경제에서 찾으려는 시도와 고용의 불안정성과 복지후퇴로 야기되는 사회적 배제 문제를 개선하기 위해 시장과 국가실패에 대한 보완자로서 사회적경제를 활용하고자 하는 시도이다.

사회적경제의 등장을 논할 때 1970년 말, 1980년 초의 미국과 영국에서 신자유주의 정부가 집권했던 시기에 빈곤과 사회적 배제에 대한 대안 혹은 보완으로 사회적경제가 등장했다는 주장이 있다. 이는 엄연히 반은 맞고 반은 잘못된 해석이다. 사회적경제는 자본주의 태동과 함께 도시노동자의 생존문제, 즉 임금노동문제로부터 등장하였으며 전술한 사회적 배제, 실업과 복지후퇴를 대처하는 시민사회의 집합적 대응전략은 사회적경제의 재등장 혹은 2차 등장을 의미한다(노대명 외, 2017).

사회적경제의 재등장에 대해 현대적으로 사회적경제를 재해석하면 크게 두 가지 의미를 가진다. 첫째는 고용구조와 인구구조 변화로 인한 실업 및 사회서비스 수요 증가로 복지혼합과 적극적 노동시장 정책으로 사회적경제가 등장했다는 관점이고, 둘째는 시장실패와 정부실패의 보완으로 정부, 시장, 시민사회 매개체로 등장했다는 관점이다. 즉, 고용 불안정성과 복지후퇴로 야기되는 사회적 배제 문제를 개선하기 위한 보완자로서 사회적경제를 활용하는 시도이다(노대명 외, 2017; 장원봉, 2006).

재미있는 사실은 유럽 국가에서는 복지국가 후퇴기, 즉 복지국가의 위기와 함께 사회통합 관점에서 빈곤 및 실업 문제를 국가와 시민사회가 협력하여 문제를 해결해야 한다는 인식에서 사회적경제가 다시 등장하였다면, 한국은 IMF 경제위기 이후 사회안전망 구축을 위해 정부가 복지제도를 확대하는 복지국가 확대기에 사회적경제가 주목받기 시작하였다는 점이다(노대명 외, 2017).

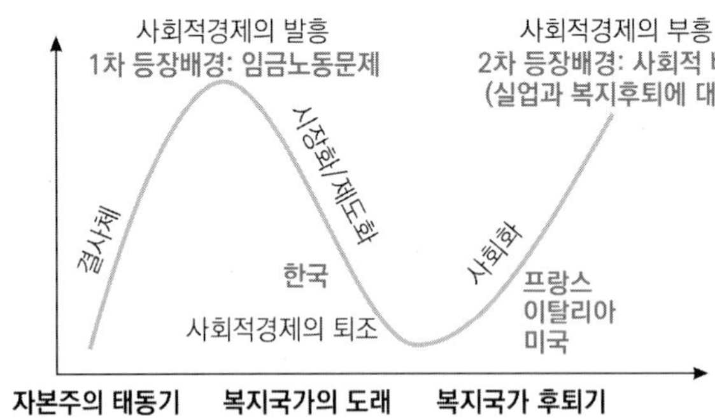

|그림 1-1| **사회적경제 등장 및 재등장**

출처 : 장원봉(2013).

2) 국내 사회적경제 역사

국내 사회적경제 역사를 이야기할 때 한국 전통사회에서 흔히 존재했던 품앗이, 계, 두레 등과 같은 공동체적 협동생활에서 찾기도 하고 대표적인 경제공동체였던 사당패를 이야기하기도 한다.

품앗이는 일과 일을 나누는 것으로 흔히 노동의 교환을 말한다. 마을에 기쁜 일(결혼식 등)이나 슬픈 일(장례식 등)이 있으면 함께 한다는 의미를 가진다. 계는 친목을 목적으로 하거나 공동체계를 목적으로 혹은 특정 목적을 가진 계 등으로 구분 짓는데 금전계는 지금의 언어로 사회적금융(social finance)으로 볼 수 있다.

사당패를 한국의 사회적경제 조직으로 보는 이유는 다음과 같다. 사당패는 유랑예인집단으로 조선 사회에 있어서 가장 천대받던 부류였다. 사회로부터 격리당해 가족도 거처할 집도 없는 가난한 농가의 아이나 고아・가출아, 여성 등이 생존을 위해 모여 전국을 유랑하면서 경제행위를 한 경제공동체였다는 점에서 사당패를 한국의 사회적경제 조직으로 본다.

한편 한국 사회적경제 역사를 어떻게 규정짓는가는 사회적경제를 어떻게 해석하는가에 따라 달라진다. 예컨대 사회적경제에 속하는 조직 유형을 나열하는 방식은 제도적 관점에서 범주화(categorization)를 이루어 협동조합 위주로 서술하는 결과를 가져온다. 이렇게 사회적경제 역사를 바라보는 관점은 법적 지위나 제도적 지위로 묶는 방식에 대해 지양해야 한다는 주장도 존재한다. 그 이유는 세 가지 정도로 요약된다.

첫째, 사회적경제라고 불리는 조직들의 법적과 제도적으로 중복이다. 사회적기업의 경우, 인증제로 사회적기업 자체가 법인격을 갖고 있지 못하므로 협동조합 등의 법인격 사회적경제 조직이 인증을 받으면 사회적기업이라고도 불린다. 또한 자활기업인데 법적 지위는 사회적협동조합이기도 한 경우가 있다. 이러한 중복은 개별 조직 간의 차별성을 찾기 어렵다.

둘째, 정당성(legitimacy) 문제이다. 협동조합을 사회적경제 조직에 포함한다면 모든 협동조합을 사회적경제로 보아야 하는가? 농협 등 기존 특별법에 의해 규정지어진 협동조합들은 일반 기업처럼 운영되거나 심지어 비리와 부패 정도가 심각한 경우도 존재한다.

셋째, 법적 · 제도적 지위로 사회적경제를 규정짓는 것은 '국가' 관점으로 사고하는 오류를 범하는 것이다(김신양 · 신명호 · 김기섭 · 김정원 · 황덕순 · 박승옥 · 노대명, 2016).[2] 그럼에도 불구하고 본 교재에서는 조직 현황과 함께 기술하기 위해 제도적 관점 중심으로 논의하도록 한다.[3]

한국 사회적경제 역사는 1961년부터 농업협동조합법, 중소기업협동조합법, 그리고 1962년 수산업협동조합법을 정부가 제정함으로 협동조합의 시대[4]가 시작된다. 이후 1972년 신용협동조합법(신협법)이 제정되었다. 의료 및 소비자 협동조합은 오랜 협동조합운동이 있었음에도 불구하고 1999년 뒤늦게 법제화가 되었다(신명호, 2016).

다음으로 법인격은 아니지만 사회적기업은 2007년 사회적기업 육성법이 제정되었다. 최근 들어 사회적기업을 위한 법인격을 부여하기 위해 사회적목적회사(가칭)에 대한 논의가 이루어지고 있다. 이는 영국 사회적기업 법인제도인 지역공동체 이익회사(CIC : Community Interest Company)를 표방하고 있다. 또한 2012년에는 일반협동조합과 사회적협동조합을 아우르는 협동조합기본법이 제정되었으며, 현재 국회에 계류 중인 사회적경제 관련 법들은 사회적경제기본법(가칭)이나 사회적가치기본법 등이 있다.

---

2) 제도화 이전의 한국 사회적경제 역사를 살펴보려면, 김신양 외(2016)의 『한국 사회적경제의 역사』를 참조하라. 제도적으로 기술하지 않는다면, 해방 이전의 사회적경제 역사도 포함될 것이다. 그러면 한국 사회적경제 역사는 1920년대 소비자협동조합, 생산자조합, 노동자협동조합 등이 자생적으로 발아한 역사도 포함된다.

3) 법적 · 제도적으로 역사를 기술하면, 아이러니하게 사회적경제가 가지는 자발성에 기초한 자생적 발아기는 사라지게 된다.

4) 이 시기는 관제 협동조합의 시대라고 불린다.

chapter 02 사회적경제의 이론

1. 사회적경제와 비영리

사회적경제를 제3섹터라고 부르기도 하고 제4섹터로 부르기도 한다. 제3섹터로 부르는 경우는 비영리성에 중점을 둔다면 제4섹터로 부르는 경우는 경제성에 중점을 둔다고 볼 수 있다. 일반적으로 제1섹터는 정부(공공기관), 제2섹터는 시장(민간기업), 제3섹터는 1섹터와 2섹터에 속하지 않은 시민사회(NGO 혹은 NPO)를 일컫는다. 사회적경제를 제3섹터로 보는 관점은 사회적경제 모태가 되는 영역이 시민사회 혹은 제3섹터로 보고 있는 것이다.

국제적으로 보면 제3섹터를 둘러싼 논의는 경제주체인 국가, 기업, 가계로 구분되거나 교환을 규제하는 원리나 방법인 시장, 재분배, 상호의존에 따라 규정된다(Laville, 1994). 또한 자원의 유형인 사업적, 비상업적, 비금융적으로 규정되기도 한다(Defourny, 2001).

영국 정부조직인 제3섹터부에 따르면, "제3섹터의 조직들은 자신들의 가치에서 발생한 비정부조직이며 또 사회적, 환경적 또는 문화적 목표를 추진함에 있어 원칙적으로 재정적 잉여금을 재투자하는 특성을 공유하며, 자원조직과 공동체조직, 자선조직, 사회적기업, 협동조합과 크고 작은 공제조직을 포용한다"라며 사회적경제 조직을 제3섹터의 영역에서 설명하고 있다.

사회적경제를 시민사회, 제3섹터로 보는 이유는 유럽 국가에서 답을 찾을 수 있다. 프랑스의 경우 다양한 시민운동, 즉 노동운동과 사회주의운동 배경이었던 탄압과 억압을 연대라는 개념으로 정립시키는 과정에서 연대에 대한 조직적 프로젝트가 1830년대와 40년대 연대에 기반한 경제모델 성립을 목적으로 시작되었는데, 이 시기와 사회적경제의 등장배경이 맞아 떨어진다.

19세기 유럽에서는 연대라는 원칙이 시장경제의 부정적 효과가 확산되는 것을 억제하기 위해 지속적인 노력을 가져왔고 이러한 원칙은 자조조직과 상호조직의 관행에서 시작한다. 1848년 2월 혁명은 프랑스의 결사체주의와 더불어 투자자의 권한이 제한되는 조직을 인정하는 사회적경제 조직의 탄생을 이끌었다. 따라서 프랑스의 사회적경제는 영리와 비영리를 구분하는 것이 아니라 개인 주주에게 이윤을 보장하는 것을 반대하여 집합적 자산의 안정에 두는 것이 주요 목적이다. 이는 최근 한국 사회적경제 영역에서도 논의가 시작된 시민자산화 혹은 지역자산화가 대표적인 예가 될 수 있다. 지역자산화는 시민자산화를 통한 자본이 우세해지지 않는 것에 초점을 두고 있다.

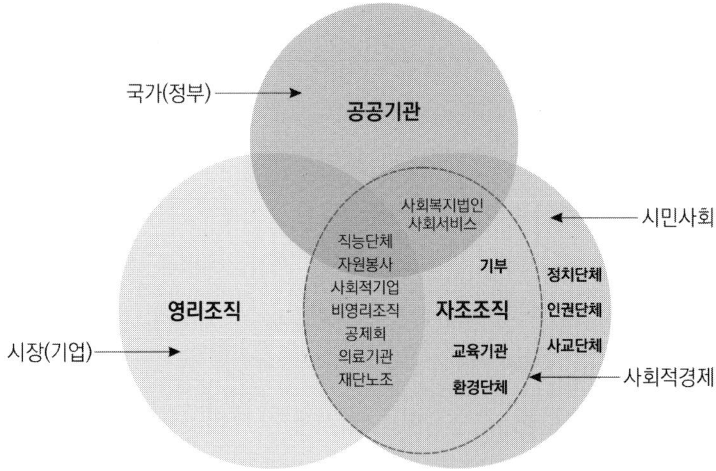

|그림 2-1| **국가, 시장, 시민사회 그리고 사회적경제**

출처 : 주성수 외(2013).

사회적경제라는 용어가 제3섹터(the third sector), 비영리섹터(non-profit sector)등 다양한 용어들과 혼용된 이유는 개별 국가에서 사회적경제를 부르는 용어들과 혼용되었기 때문이다. 앞서 설명한 프랑스의 사회연대경제(ESS : Économie Sociale et Solidaire : Social-Solidarity Economy)나 일본의 커뮤니티 비즈니스(community business)가 대표적이다.

반면에 사회적경제를 제4섹터라 보는 관점은 현대사회가 당면한 다양한 사회문제를 비즈니스 방식으로 해결한다는 점에서 경제성 그리고 혁신성에 초점을 두고 있다. 이는 기존 사회적경제에 대한 정의가 사회적 가치를 위해 경제활동에 참여하는 모든 조직으로 통용되기 때문에 의미의 범주가 너무 포괄적이고, 지속 가능성이나 혁신성보다는 '사회성'에 방점을 두고 있어 사회적경제 조직이 사회혁신의 역할을 하지 못한다는 주장으로 새로운 사회적경제에 대한 논의로 제4섹터가 이야기되었다(엄형식, 2008; 최용석 · 백보현, 2019; Defourny, 2000; Lipietz, 2001).

4섹터에 대한 논의는 2000년대 중반 이후 지속적으로 논의되다 2018년 세계경제포럼 연차총회인 다보스포럼에서 '공유의 미래'를 구축하기 위한 10대 과제 중 하나로 제4섹터 구축 개념이 등장하면서 알려지기 시작되었다. 이에 제4섹터는 제3섹터의 지나친 정부의존도와 취약계층 지원이라는 서비스 모형 동형화에 문제가 있다며 새로운 사회혁신 주체에 대한 요구로 등장하였다(Howaldt & Schwarz, 2010; Meadows, 1972).

최준규(2018)에 따르면, 제4섹터는 개념적으로 기업활동에 종사하면서 사회적 목적을 추구하는 조직을 의미하고 이러한 조직은 가치 중심의 조직(for-benefit organization)으로 표현되며 몇 가지 차별화된 특성을 보유하고 있다. 즉, 사회적 목적, 기업적 도구, 포용적 소유권, 이해관계자 거버넌스, 공정한 보상, 합리적 수익, 사회적 환경적 책임, 투명성, 보호된 자산 등이 차별되어야 한다며, 이러한 특성을 가진 조직으로 정부출연기업, 지역개발회사, 공동체 자산조직 등에서 사회적경제 조직, 소셜비즈니스, 기타 지속 가능한 일반 기업 영역까지 포괄적으로 제시한다.

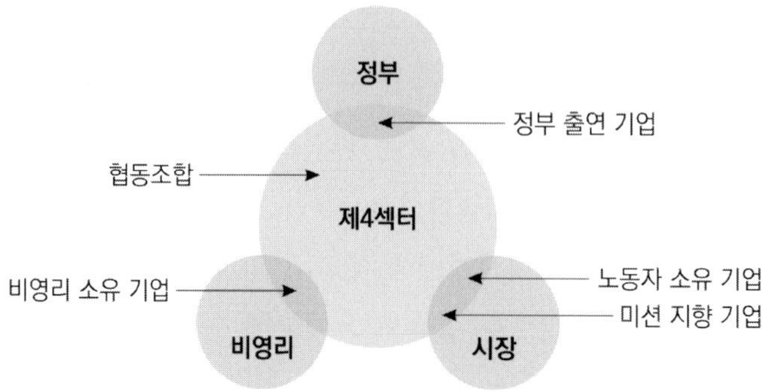

|그림 2-2| **제4섹터 개념적 범위**

출처 : 최준규(2018). 사회혁신의 새로운 기반, 제4섹터.

제4섹터는 개념적으로 사회혁신의 필수요소인 사회적 가치기반의 사회성, 기술기반의 혁신성 그리고 생태계기반의 지속 가능성을 가지고 제1~3섹터가 해결하지 못했던 사회문제를 풀 수 있는 열쇠로 보고 있다(주성수, 2017).

2. 사회적 벤처

사회적 벤처(소셜벤처)는 전통적 사회복지와 대안 기업의 새로운 경영모델로, 사회문제를 해결하는 데 있어 사회적 기회를 발견하는 방식으로 사회혁신을 주도하는 사회적기업가에 의해 설립된 기업 혹은 조직이다. 이러한 정의로 인해 사회적 벤처와 사회적기업 간의 혼란을 야기한다.

한국적 상황으로 한정 지어 설명하자면 사회적 벤처와 사회적기업은 엄연히 다르다. 제3장에서 사회적기업에 대해 자세히 다루겠지만 한국의 사회적기업은 정부가 인증한 조직만을 사회적기업으로 인정하기 때문에 제도화되어 있다면 사회적 벤처는 그렇지 못하다.

따라서 사회적기업은 인건비 지원 등 다양한 정부지원을 받지만 사회적 벤처는 기업의 투자 혹은 지원을 받는다는 점에서 차이가 난다. 한국의 대표적인 사회적 벤처 사례로 폐자동차에서 가죽시트, 안전벨트 등을 업사이클링하여 지갑이나 가방 등을 생산하는 모어댄을 소개하고자 한다.

▌사례연구 - 모어댄

업사이클 사회적 벤처인 모어댄은 자동차 생산과정과 폐자동차에서 천연가죽, 안전벨트 등을 수거해 가방을 만드는 사회적 벤처이다. 모어댄은 2012년 최이현 대표가 영국 유학 시절 아끼던 자동차를 폐차하던 과정에서 사업 아이디어를 현실화하여 2015년 창업하여 2017년 브랜드 컨티뉴를 런칭하였다.

SK 최태원 회장과 김동연 경제부총리 그리고 BTS RM 등이 가방을 착용하면서 유명세를 타 지금은 제주국제공항 JDC면세점과 스타필드에 입점을 할 정도로 성장하였다.

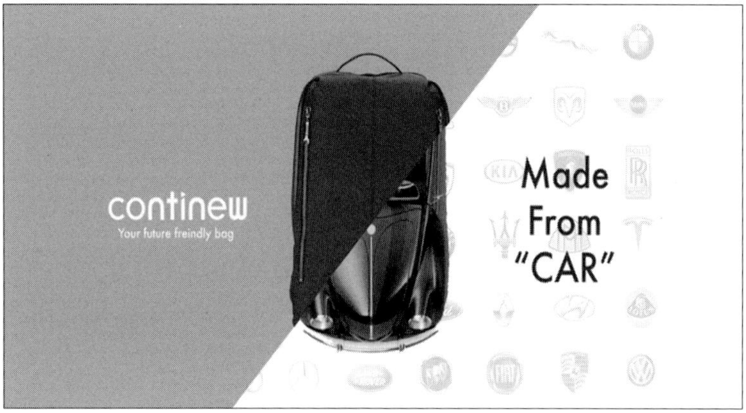

출처 : 모어댄 홈페이지. http://wemorethan.com

사회적 벤처는 개인사업자, 영리를 목적으로 하지 않는 기업, 비정부기구(NGO), 지역사회단체 등 다양한 형태로 운영되는데 엘킹톤(Elkington)과 하티겐(Hartigan)은 사회적 벤처를 비영리, 하이브리드 비영리, 사회적기업의 Social Business 등 세 가지 모델로 구분한다.

비영리 벤처기업은 공익을 제공하는 데 있어 재정지원을 위해 외부 파트너를 활용하는데, 대표적 기업이 한국의 열린옷장이다. 하이브리드 비영리는 제품 또는 서비스를 판매하여 사업비용을 조달하고 사회적기업 형태의 사회적 벤처는 이익을 창출하지만 상업적 벤처처럼 주주에게 이익을 반환하는 것이 아니라 사회적 이익을 증진시키기 위해 그 이익을 재투자한다. 사회적 벤처가 상업적 벤처와 다른 점이 바로 이러한 것이다.

▌사례연구 - 열린옷장

열린옷장은 3명의 직장인이 후배들을 응원하고자 2011년 커뮤니티 활동으로 시작하여 2015년 비영리사단법인이 된 사회적 벤처이다. 응원이 담긴 정장을 기증받아 청년들에게 공유함으로써 면접복장 비용부담을 줄이고 그 수익을 다양한 청년응원사업을 통해 환원함으로써 '누구나 멋질 권리가 있다'는 모토를 실현하고 있다. 사업으로는 취준생 이력서 사진을 찍어주는 '열린사진관', 취준생을 위한 '자신감컨설팅', 기증자의 경험 나눔 '내공식탁' 등이 있으며 수익을 청년을 위한 다양한 나눔사업에 사용하고 있다.

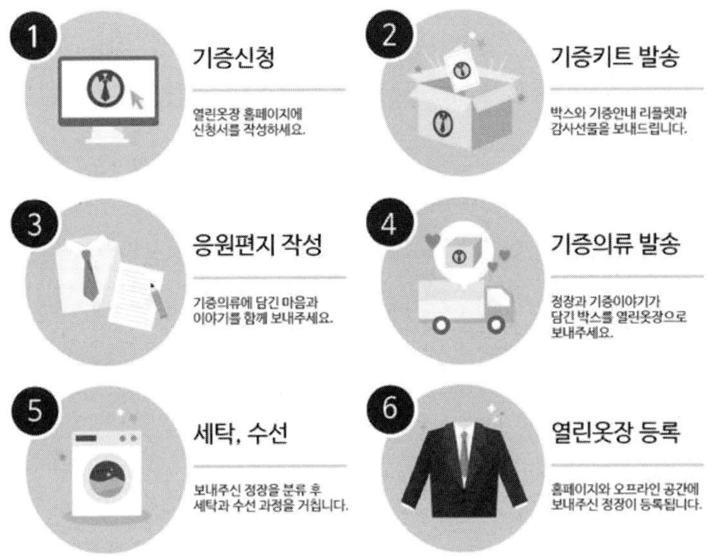

출처 : 열린옷장 홈페이지. https://theopencloset.net/

상업적 벤처와 사회적 벤처의 특성을 비교해 보면, 상업적 벤처는 개인 또는 소수의 기업가가 기술 혁신 아이디어를 상업화하기 위해 설립한다. 반면 사회적 벤처는 사회문제를 해결할 혁신적인 아이디어를 가지고 설립한다. 둘 다 높은 위험부담을 감수하며, 상업적 벤처는 성공할 경우 높은 기대의 이익이 예상되지만 사회적 벤처는 높은 사회적 가치와 이익을 예상한다.

3. 사회적경제 모델

사회적경제 모델은 사회적경제가 가지는 가치나 철학을 기반하여 설명이 가능하다. 사회적경제는 연대와 협력을 기반으로 하는 경제활동을 의미하며 위기시대에 등장한다. 예컨대 스위스의 미그로는 2차 세계대전에 생존을 위해 주식회사에서 협동조합으로 전환하였으며, 일본의 생협은 일본의 패망 이후 확산되었다. 또한 지금과 같은 코로나19로 인한 대전환의 시기에, 새로운 시스템이 필요해진 시점에, 인간과 지구의 균형전환의 시기에, 사회적경제는 이전과 같이 더욱 관심의 대상이 될 것이다.

폰테지오네 이탈리아 소설의 사무총장인 지안루카 살바토리(Gianluca Salvatori)는 "코로나19 이후 이윤 추구뿐 아니라 사회적 영향을 높이기 위해 노력하는 사회적경제 조직의 역할이 중요해져 사회적경제 분야에 발전이 있을 것이다"라고 주장하였다. 이번 코로나19로 인해 이탈리아에서 이윤을 추구하는 민간 기업은 구조조정을 하는 데 급급했고 투자자들도 자본의 이해관계를 지키기 위해 노력했지만 사회적경제는 반대로 일자리를 유지했고 새롭게 일자리를 만드는 곳도 있었다. 팬데믹 이후 사회적경제의 역할이 그만큼 중요하다고 할 수 있다.

우리는 치열한 생존경쟁사회에 살고 있으며 이로 인해 협력과 연대보다는 무한경쟁과 생존의 논리가, 행복과 지속 가능성보다는 성장과 물질주의의 가치가 우리 생활세계를 황폐화시키고 있다. 경제성장 위주의 발전모델은 바람직한 사회를 만들지 못한다는 반성에서 최근 '삶'과 '사회의 질(social quality)'에 대한 관심이 증가하고 있다. 이제 우리 사회는 경제적 가치에 대한 강조에서 벗어나 사회적 가치를 회복해야 한다는 시대적 과제로 가치의 전환을 요구받고 있다. 따라서 사회발전 모델의 구성원리로 부각되는 삶의 질, 행복, 사회적 연대, 호혜성, 참여 등은 사회적 가치가 왜 중요한지를 잘 보여준다. 사회적경제가 새로운 발전모델 및 삶의 패러다임 전환의 기체가 될 수 있다면 사회적 가치를 체계적으로 정의해야 할 것이다(고동현 외, 2016).

한국 사회는 성공적인 경제성장과 민주화를 달성했음에도 불구하고 삶의 질은 크게 나아지지 않았다. 경제성장을 기반으로 한 사회는 다양한 부정적 결과를 양산했다. 그로 인해 산업화와 민주화 이후 우리 사회는 전통적인 산업기반 성장모델이 더 이상 유효하지 않다는 주장도 존재한다. 이러한 시점에 사회적경제의 재등장은 우리에게 많은 시사점을 주고 있다. 사회적경제는 사회자본을 기반으로 두고 있어 경제적 측면에서의 패러다임 전환을 가속화시킬 것이다.

삶의 질, 사회의 질, 그리고 더 나아가 지속 가능한 발전과 관련하여 사회적경제는 주목받고 있다. 사회문제 해결이나 환경과 같은 공동체 문제에 대한 해결 차원에서 사회적경제 조직이 중요한 행위자로 형성되는 것은 당연한 결과일 것이다.

한편 전통적인 사회적경제 모델은 시장실패, 정부실패, 시민사회의 위기에 따른 대안으로 협력적 관계를 기반으로 하는 모델로 협동조합이나 공제조합, 결사체 등과 같은 조직이 수행하는 모델로 보고 있다. 그러나 최근 들어서는 이러한 이념적 추상적 모델을 넘어선 모델로 나타나는데 대표적인 모델이 IT와 같은 기술을 기반한 기술기반모델과 리빙랩(living lab) 방식의 문제해결을 추구하는 지역사회밀착모델, 그리고 사회적경제 조직의 규모화를 기반으로 하는 소셜프랜차이징모델로 볼 수 있다.

기술기반모델과 지역사회밀착모델의 대표적인 사례는 부천시에서 찾을 수 있다. 부천시는 원도심 지역의 교통, 주차, 에너지, 청년주거 등 도시문제 해결을 위해 블록체인 기반 사회적경제모델과 공유플랫폼 구축의 사업을 추진하고 있다. 원도심 지역의 주차난 해소를 위해 스마트 마을기업이 참여해 거주자 우선주차장 공유시스템을 블록체인으로 구축하고 태양광을 활용한 소규모 전략거래로 운영비를 확보하는 등 거시적인 협력체계 구축에 노력하고 있다.

소셜프랜차이징모델에서의 규모화는 크게 조직적 관점, 사회적 관점, 성과확산 관점으로 구분된다. 조직적 관점을 쉽게 이해하려면 영리기업의 프랜차이즈 사업모델로 이해하면 된다. 즉, 프랜차이즈는 상호 독립적인 기업 단위들이 계약에 의해 협력하는 것으로 이해할 수 있으며 중앙지원조직을 통해 공통품질기준을 가지고 제품이나 서비스 질을 유지하는 것이다. 따라서 사회적 가치를 목적으로 하는 비즈니스를 함께 하는 독립적인 기업단위들이 계약에 의해 사회적 가치 실현을 하기 위해 모인 사업체인 것이다.

사회적 관점은 상업적 프랜차이즈가 가지고 있는 문제(가맹본부와 가맹점주 간의 갈등 등)를 해결하기 위한 프랜차이즈 산업 내 갈등을 해소하고 상생발전을 도모하기 위한 상생형 프랜차이즈를 의미한다.

성과확산 관점은 어떤 사회적경제 조직이나 프로젝트의 범위를 더 넓혀서 더 많은 사람들에게 해택을 제공하고 특정한 사회문제에 대한 인지도를 높이는 것을 의미한다. 사회적 부문에서 만들어 낸 창조적인 방안들이 더 큰 효과를 거두기 위해 새로운 혹은 다른 지역으로 확산되는 것을 말한다(이재정 · 조영복, 2019).

chapter 03 한국 사회적경제 조직

이 장에서는 한국 사회적경제 조직 유형인 자활기업, 사회적기업, 마을기업, 협동조합을 통해서 사회적경제 조직을 이해하기로 한다. 한국의 사회적경제 조직은 일자리 창출 혹은 사회서비스를 제공한다는 점에서 유사하고 지역사회 또는 지역공동체를 기반으로 지역사회문제나 복지욕구 해결기제를 시장성이 아닌 지역 구성원들의 자발적 참여를 통해 대응하고 있다는 유사한 특징을 지닌다(류만희, 2013). 반면에 개별조직에 대한 근거법이 다르며, 관리주체라고 하는 소관부처가 상이하며, 등록제, 인증제, 인가제 등과 같이 제도적으로 차이가 난다.

1. 자활기업

1) 자활기업의 이해

사회적경제 조직 중의 하나인 한국의 자활기업은 자활사업을 통해 수급자 및 저소득층이 공동으로 출자해서 협동조합 방식으로 창업하여 스스로 자활을 이루고, 나아가 취약계층에게 일자리를 나누고 지역사회에 필요한 서비스를 제공하며 사회적 가치를 실현하는 기업으로 국민기초생활 보장법 제18조에 근거하여 지방자치단체장으로부터 인정을 받고, 보건복지부가 지원하는 사회적경제조직이다. 좀 더 자세히 자활기업의 설립근거를 설명하면 국민기초생활 보장법 제15조, 제18조 그리고 같은 법 시행령 제17조, 시행규칙 제

19~20조, 제31~32조에 있다.

자활기업의 역사는 국민기초생활 보장법이 제정되기 이전인 1990년대 '건설일꾼두레', '두레협업사', '실과바늘' 등 생산공동체운동과 노동자협동조합운동의 전통을 계승하여 가난한 사람들이 스스로 자신의 일자리를 만들어 자활하는 자조(自助)적 성격을 가진다.

자활기업이 여타 사회적경제 조직(사회적기업, 협동조합, 마을기업, 소셜벤처 등)과 다른 점은 취약계층들이 스스로 기업을 설립하여 공동의 일자리를 만든다는 점이다. 따라서 자활기업은 공동으로 경영하고, 공동으로 노동하고, 공동으로 배분하는 협동조합 방식으로 운영되는 협동경제공동체이다. 이는 과거 협동조합기본법이 제정되기 이전부터 이러한 목적을 가지고 있다는 점에서 한국 사회적경제의 뿌리라고 말할 수 있는 것이다.

자활기업은 한국 사회적경제의 뿌리라고 해도 과언이 아니나 한국 사회에서 사회적경제가 주목받고 성장하는 과정에서 사회적기업, 협동조합, 소셜벤처 등에 비해 주목받지 못한 것도 사실이다. 이러한 현실에서 2018년 3월 10일 한국자활기업협회가 창립되었다. 한국자활기업협회는 2011년 경기자활기업협회가 설립되고 7년이 지나서 1,200여 개의 자활기업이 힘을 모아 당사자의 목소리를 대변하고, 가난을 이겨내는 비전의 구심점을 만들어 사회적경제의 한 축을 책임지는 당당한 주체가 되고자 창립되었는데 지금은 세종을 제외한 16개 광역시도 자활기업협회와 배송, 돌봄, 주거복지, 청소 등 4개 업종 전국자활기업 등 20개 단체, 700여 개 자활기업이 회원으로 참여하고 있다.

2) 한국 자활기업의 현황

자활기업의 종류는 규모별로 구분하는 방식과 유형별로 구분하는 방식에 따라 다르다. 먼저 규모별 구분은 전국단위 자활사업 추진을 목적으로 보건복지부가 인정한 전국자활기업, 광역단위의 자활사업 추진을 목적으로 광역자치단체에서 인정한 자활기업으로, 2개 이상의 기초자치단체의 자활기업이 연합하거나 수급자가 참여하여 구성한 광역자활기업, 그리고 기초자치단체장(시

군구청장)이 인정하는 지역자활기업으로 구분된다. 다음으로 유형별 구분은 총 고용인원이 5인 이상이고 창업 후 5년이 도과한 법인 형태의 사회형 자활기업과 개인사업자를 포함한 사회형 자활기업을 제외한 모든 자활기업을 일컫는 자립형 자활기업이 있다. 최근 정부는 자립형 자활기업을 사회형 자활기업으로 육성하려는 노력을 하고 있다.

전국의 자활기업은 총 1,211개로, 이 중 지역자활기업이 총 1,170개인 96.6%로 대부분을 차지하고 있다. 이 외에도 광역자활기업이 17개 광역시도에 총 38개로 3.1%, 전국자활기업은 3개로 0.2%를 차지하고 있다. 지역자활기업의 분포를 살펴보면 업종별로는 청소가 277개로 23.6%, 집수리가 200개로 17.1%, 음식점이 142개로 12.1%, 배송이 125개로 10.7%, 사회서비스가 104개로 8.9%를 차지하고 있다. 이는 자활사업에 있어 전략적 업종을 선택한 결과로 볼 수 있다. 이 외에도 식품, 재활용, 유통, 세탁 등 다양한 업종에 진출하고 있다.

〈표 3-1〉 지역자활기업 업종별 현황 (단위 : 개소, %)

업종	청소	집수리	배송	사회서비스	음식점	식품	재활용	유통	생활용품	세탁	농산물	기타	합계
개수	277	200	125	104	142	67	54	54	46	30	28	43	1,170
비율	23.6	17.1	10.7	8.9	12.1	5.7	4.6	4.6	3.9	2.6	2.4	3.9	100

출처 : 한국자활기업협회 홈페이지. http://www.kjea.or.kr

지역자활기업 지역별 분포는 경기가 175개로 가장 많으며 다음으로 서울이 147개, 경북 105개, 전북 101개, 부산 79개, 강원 77개 순으로 자활기업의 수가 많다. 조직형태로는 개인사업자가 789개로 전체 1,170개 중 67.5%를 차지하고 있으며 법인사업자는 381개로 이 중 주식회사형태가 208개로 17.7%, 협동조합이 107개로 9.1%, 유한회사가 66개로 5.6%이다.

〈표 3-2〉 자활기업 지역별 현황

지역	서울	인천	경기	강원	대전	세종	충남	충북	광주	합계
개수	147	44	175	77	22	10	52	56	55	1,170
지역	전남	전북	부산	울산	경남	대구	경북	제주	-	
개수	84	101	79	18	81	44	105	20	-	

출처 : 한국자활기업협회 홈페이지. http://www.kjea.or.kr

▌사례연구 - 휴먼케어

휴먼케어는 2001년 청원지역자활센터 재가간병사업단으로 시작하여 2008년 자활공동체(현 자활기업)를 거쳐 주식회사로 등록한 후 사회적기업을 인증받았다. 현재는 사회적협동조합으로 전환하였다.

설립 시에는 노인과 장애인을 대상으로 한 사회서비스를 제공하였지만 현재는 산모・신생아 건강관리지원사업부터 복지용구・장애인 보조기기 렌탈서비스, 소규모공동생활가정, 노인 주・야간보호 서비스에 이르기까지 생애주기별 종합돌봄서비스를 제공하고 있다.

출처 : 휴먼케어 홈페이지. http://www.ehumancare.com

2. 사회적기업

1) 사회적기업의 이해

한국의 사회적기업은 사회적기업 육성법(2007)을 근거하고 있다. 사회적기업은 영리기업과 비영리조직의 중간형태로 사회적 목적을 우선으로 추구하면서 재화나 서비스를 생산·판매 등 영업활동을 수행하는 기업을 의미한다. 사회적기업 육성법 제2조에는 사회적기업을 취약계층에게 사회서비스 또는 일자리를 제공하여 지역주민의 삶의 질을 높이는 등의 사회적 목적을 추구하면서 재화 및 서비스의 생산·판매 등 영업활동을 수행하는 기업으로서 고용노동부 장관의 인증을 받은 기관으로 정의하고 있다.

유럽의 사회적기업은 19세기 등장한 사회적경제 조직인 협동조합, 상호공제조합, 민간단체와 같은 법인격의 조직이 발전된 형태로 이해되고 있는 반면에 한국 사회적기업은 사회적기업 육성법이 제정된 초기에는 다른 국가와 달리 정부가 인증한 조직만을 사회적기업이라고 사용할 수 있었다. 그러나 최근 소설벤처가 증가하고 2012년부터 사회적기업 인증을 위한 예비단계로 예비사회적기업 제도가 만들어지고부터는 이러한 것이 상쇄되고 있다.

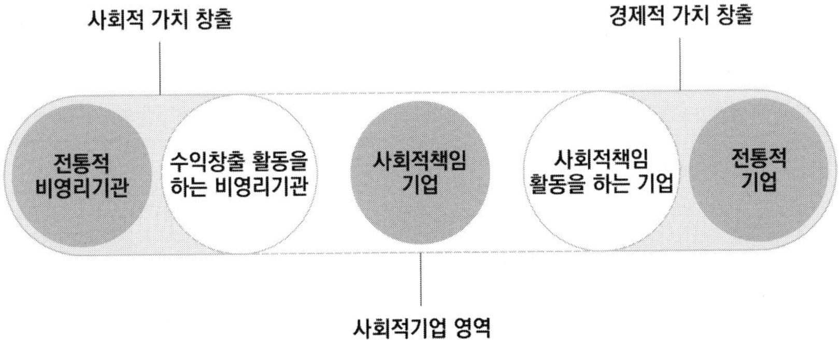

|그림 3-1| 사회적기업 영역

출처 : 한국사회적기업진흥원 홈페이지. https://www.socialenterprise.or.kr

예비 사회적기업은 지방자치단체장이 지정하는 지역형 예비 사회적기업과 중앙부처장이 지정하는 부처형 예비 사회적기업이 있다. 지역형은 사회적 목적 실현, 영업활동을 통한 수익창출 등 사회적기업 인증을 위한 최소한의 법적 요건을 갖추고 있으나 수익구조 등 일부 요건을 충족하지 못하고 있는 기업을 지정하고 요건을 보완하여 향후 사회적기업 인증이 가능하게 하는 것을 목표로 하고 있다. 부처형은 지역형과 목표는 같은데 중앙부처 소관 분야에 분야별 특화된 사업을 육성하기 위해 중앙부처 특성에 맞는 별도의 지정요건을 정하여 운영하고 있다.

〈표 3-3〉 사회적기업 VS. 예비 사회적기업

<table>
<tr><th rowspan="2">구분</th><th rowspan="2">사회적기업</th><th colspan="2">예비 사회적기업</th></tr>
<tr><th>지역형</th><th>부처형</th></tr>
<tr><td>근거</td><td>사회적기업 육성법</td><td>조례·규칙</td><td>지침</td></tr>
<tr><td rowspan="7">요건</td><td>조직형태</td><td colspan="2">조직형태</td></tr>
<tr><td>유급근로자를 고용하여 영업활동을 수행할 것</td><td colspan="2">영업활동을 수행할 것(일자리제공형은 1명 이상 고용 필요)</td></tr>
<tr><td>사회적 목적 실현</td><td colspan="2">사회적 목적 실현 실적 또는 사업계획서 확인</td></tr>
<tr><td>이해관계자가 참여하는 의사결정구조</td><td colspan="2">-</td></tr>
<tr><td>영업활동을 통한 수입(매출액이 노무비의 50% 이상)</td><td colspan="2">-</td></tr>
<tr><td>정관·규약 등을 갖출 것</td><td colspan="2">예비 사회적기업 지정요건에 맞는 정관·규약 등을 갖출 것</td></tr>
<tr><td>배분 가능한 이윤의 2/3 이상 사회적 목적을 위해 재투자(상법상 회사 등의 경우)</td><td colspan="2">배분 가능한 이윤의 2/3 이상 사회적 목적을 위해 재투자(상법상 회사 등의 경우)</td></tr>
</table>

▌사례연구 - 컬처앤유

사회적기업 주식회사 컬처앤유는 국내외 문화·예술 공연뿐만 아니라 다양한 기관 및 민간 기업들을 대상으로 전시 및 행사 대행을 하고 있으며 예술가, 예술단체들이 필요로 하는 다양한 서비스를 제공하고 직접 실행하고 있는 프로덕션 제작사 및 운영사다.

또한 서울특별시 보조사업자로 찾아가는 어르신 문화공연을 통해 총 12개 자치구를 순회하며 3600여 명의 어르신들에게 즐거움을 전달했다. 국내외에서 문화예술 공연, 교육, 행사, 사회 서비스 사업을 진행하고 있는 문화예술 전문 기업으로 역량을 확인받고 있다.

출처 : 컬처앤유 홈페이지. http://www.culturenu.co.kr

2) 한국 사회적기업의 현황

2007년 사회적기업 육성법이 제정되고 2007년 1차로 36개 사회적기업이 고용노동부로부터 인증을 받았는데, 1호 사회적기업이 '다솜이재단'이었다. 2020년 9월까지 사회적기업 인증은 71차에 걸쳐 총 3,125개가 받았으나 현재는 2,626개가 활동 중이다. 이러한 통계적 수치는 일반 영리기업이 창업 후 1년 생존률이나 평균 생존률보다 현저히 높으나 사회적기업 인증 후 사회적기업 인증서를 반납하지 않으면 유지하는 것으로 보는 통계상의 착시현상 때문이다.

지역별로는 서울이 494개(18.8%)로 가장 많으며, 경기 447개(17.0%), 경북 165개(6.3%), 인천 161개(6.1%), 전북 142개(5.4%) 순이며 조직형태별로는 비영리 580

개(22.1%), 영리 2,046개(77.9%)로 사회적기업 육성법이 제정된 2007년에서 2008년에 비해 영리 비중이 높아진 것을 알 수 있다. 조직형태별 현황을 좀 더 자세히 살펴보면 영리형태로는 상법상 회사가 1,622개로 가장 많으며 다음으로 협동조합이 221개, 농(어)업회사법인이 105개, 영농(어)조합법인이 98개로 가장 적다. 비영리형태는 민법상 법인(재단법인, 사단법인)이 276개로 가장 많으며, 다음으로 사회적협동조합 152개, 사회복지법인 78개, 비영리민간단체 72개 등의 순으로 나타난다.

〈표 3-4〉 사회적기업 조직형태별 현황

비영리 580개소(22.1%)					영리 2,046개소(77.9%)			
민법상 법인	비영리 민간단체	사회복지 법인	사회적 협동조합	기타법인 및 단체	상법상 회사	농(어)업 회사법인	영농(어) 조합법인	협동조합
276 (10.5%)	72 (2.7%)	78 (3.0%)	152 (5.8%)	2 (0.1%)	1,622 (61.8%)	105 (4.0%)	98 (3.7%)	221 (8.4%)

출처 : 한국사회적기업진흥원 홈페이지. https://www.socialenterprise.or.kr

다음으로 한국사회적기업 유형에 대해 살펴보면 일자리 제공형이 1,740개(66.3%)로 가장 많으며, 기타(창의 · 혁신)형 341개(13.0%), 혼합형 197개(7.5%), 지역사회 공헌형 184개(7.0%), 사회서비스 제공형 164개(6.2%)를 차지하고 있다. 하지만 이는 수치일 뿐이고 실제로 사회서비스를 제공하는 사회적기업의 수는 더 많다. 그 이유는 사회서비스를 제공하지만 인증심사를 할 때 일자리 제공형이나 혼합형으로 선택한 사회적기업이 존재하기 때문이다.

〈표 3-5〉 사회적기업 유형별 현황

일자리 제공형	사회서비스 제공형	지역사회 공헌형	혼합형	기타(창의 · 혁신)형
1,740(66.3%)	164(6.2%)	184(7.0%)	197(7.5%)	341(13.0%)

출처 : 한국사회적기업진흥원 홈페이지. https://www.socialenterprise.or.kr

분야별 현황을 보면 기타가 1,411개로 전체 53.7%를 차지하고 있으며 그 다음으로 문화, 예술이 272개(10.4%), 교육이 239개(9.1%), 청소가 236개(9.0%), 사회복지가 125개(4.8%), 환경이 120개(4.6%), 간병, 가사지원이 95개(3.6%), 관광, 운동이 64개(2.4%), 보건이 17개(0.6%), 보육이 15개(0.6%) 순이다.

〈표 3-6〉 사회적기업 분야별 현황

문화, 예술	교육	청소	사회복지	환경	간병, 가사지원	관광, 운동	보건	보육	산림 보전 및 관리	문화재	고용	기타
272 (10.4%)	239 (9.1%)	236 (9.0%)	125 (4.8%)	120 (4.6%)	95 (3.6%)	64 (2.4%)	17 (0.6%)	15 (0.6%)	12 (0.4%)	10 (0.4%)	10 (0.4%)	1,411 (53.7%)

출처 : 한국사회적기업진흥원 홈페이지. https://www.socialenterprise.or.kr

▌사례연구 - 웹와치

웹와치는 과학기술정보통신부 지정 웹 접근성 품질인증기관이며 정보접근성 분야의 대표 민간기관으로 모두에게 편리한 정보화 세상을 만들기 위해 노력하는 IT 사회적기업이다. 장애인이나 노인이 웹 사이트에서 제공하는 정보를 비장애인과 동등하게 접근하고 이용할 수 있도록 보장하는 웹 접근성을 인증해 주고 있다.

웹 접근성 인증서 발행 비용에서 인증기업의 기부동의를 받아 1년간 차곡차곡 인증서 발행 비용을 적립하여 모인 기부금에 1대1 매칭으로 웹와치에서 추가 적립한 장학금을 사회적기업의 자생적인 생태계 조성을 위해 사회적기업 종사자들의 자녀 장학금 지원사업도 실시하고 있다.

출처 : 웹와치 홈페이지. www.webwatch.or.kr

3. 마을기업

1) 마을기업의 이해

마을기업은 행정안전부의 마을기업 육성사업 시행지침(2011)을 근거로 하고 있다. 한국의 마을기업은 지역주민이 각종 지역자원을 활용한 수익사업을 통해 공동의 지역문제를 해결하고, 소득 및 일자리를 창출하여 지역공동체 이익을 효과적으로 실현하기 위해 설립·운영하는 마을단위의 기업을 의미한다. 여기서 마을의 의미는 지리적으로 타 지역과 구분되는 경계를 가지면서 지역 내부에 상호관계나 정서적 공감대가 형성되어 있는 곳을 의미한다.

마을기업의 태동은 2009년 희망근로 프로젝트 실시로부터이며 2010년 후속사업으로 자립형 지역공동체사업을 확정하고 마을기업 시범사업이 시작되었다. 같은 해 12월 마을기업 육성계획을 수립하여 2011년부터 본격적으로 추진되었다. 마을기업 설립요건은 지역주민 5인 이상(70% 이상)이 출자한 법인으로 운영에 있어 공동체성, 공공성, 지역성, 기업성을 가진다. 마을기업의 요건은 앞서 말한 네 가지 운영원칙에 근거하여 지정요건 및 운영요건에 따라 선정된다.

공동체성은 기업 구성 및 운영에 있어 공동체를 중심으로 자발적 참여, 민주적 운영, 상호신뢰를 바탕으로 공동체 회복 및 사회통합에 이바지해야 한다. 공공성은 호혜와 협력에 기반하여 지역 내에서 다양한 공헌과 상생을 위한 활동을 통해 공익적·공공적 가치를 창출해야 한다. 지역성은 지역을 근거로 활동하는 사람들이 주도하여 지역문제를 해결하기 위한 사업계획을 수립하고 지역 내에서 생산·소비·교환·분배가 이루어지는 선순환구조를 통해 지역 활성화에 기여해야 한다. 마지막으로 기업성은 시장경쟁력이 있는 사업계획을 수립하고 안정적인 매출 및 수익을 통해 지속 가능성을 확보함으로써 지역경제 활성화에 노력해야 한다.

마을기업 육성사업에서 보조금을 지원받으면 보조금 관련법에 따라 중복지원이 제한되는 경우, 당해 연도에는 사회적기업(고용노동부)이나 농촌공동체

회사(농림축산식품부) 등의 지원을 받을 수 없으나 커뮤니티비즈니스 활성화 사업(산업통산자원부)의 R&D와 홍보, 경영마케팅, 금융지원 등은 중복지원이 가능하다.

반면 산업통상자원부의 커뮤니티비즈니스(CB)는 마을기업과 유사하나 소관부처가 다르며 주민들이 지역의 자원을 활용하여 지역의 사회적, 경제적, 환경적 과제를 해결하기 위해 비즈니스 원리를 도입하고 창출된 수익을 지역으로 환원하는 지역순환 경제활동을 의미한다.

2) 한국 마을기업의 현황

2019년 6월 기준 마을기업의 현황은 총 1,592개이고, 경기도가 183개로 가장 많으며 전남 161개, 충남 134개, 경북 131개, 강원 122개, 경남 120개, 전북 110개, 서울 96개, 대구 89개, 충북 88개, 부산 78개, 광주 61개, 인천 56개, 대전 53개, 울산 44개, 제주 36개, 세종 30개 순이다.

〈표 3-7〉 마을기업 지역별 현황

계	서울	부산	대구	인천	광주	대전	울산	세종	경기	강원	충북	충남	전북	전남	경북	경남	제주
1,592	96	78	89	56	61	53	44	30	183	122	88	134	110	161	131	120	36

법인 형태로는 농·특산품 가공판매, 영농조합법인 등 농촌 기반의 마을기업이 다수 포함되어 영농조합법인이 39.6%, 협동조합 26.1%로 가장 많으며, 주식회사 20.2%, 비법인 4.3%, 농업회사업인 3.1%, 사단법인 3.1%, 영어조합법인 1.2%, 사회적협동조합 0.6% 순이며 기타가 2.5%이다. 이러한 형태로 보면 마을기업은 다른 사회적경제 조직보다는 경제적 혹은 영리적 활동에 중점을 두고 있는 것으로 보인다.

업종별로는 일반식품이 43.0%로 가장 많으며 전통식품 14.4%, 관광체험 12.7% 등의 순으로 나타나며 2018년 기준 매출이 1,645억 원(평균 1.1억 원)이며 일자리는 19,261개(평균 12.9개)를 창출하였다.

〈표 3-8〉 마을기업 업종별 현황

업종 유형	계	일반 식품	전통 식품	관광 체험	공예품	문화 예술	교육	재활용	유통 기업	의류 신발	물류 배송	사회 복지	에너지	기타
비율	100%	43.0%	14.4%	12.7%	5.7%	4.3%	4.1%	2.6%	1.4%	1.1%	0.8%	0.6%	0.4%	8.9%

마을기업 유형은 관리단계에 따른 유형과 목적에 따른 유형으로 구분되는데, 먼저 관리단계 유형으로 예비 마을기업, 육성형 마을기업, 자립형 마을기업, 관리형 마을기업이 있다. 예비 마을기업은 마을기업 정체성과 사업성을 갖춘 경쟁력 있고 준비된 마을기업을 발굴·육성하기 위한 예비 단계의 마을기업이고, 육성형 마을기업은 1차년도(신규) 마을기업으로 지정받은 후, 2차년도(재지정) 및 3차년도(고도화) 마을기업 지원을 통해 안정화 및 지속 가능성 확보가 필요한 마을기업을 의미한다. 자립형 마을기업은 3차년도(고도화) 사업까지 사업비 지원이 종료된 후, 자생력을 갖고 성장해 나가는 마을기업이다. 마지막으로 관리형 마을기업은 1차년도 또는 2차년도 마을기업으로 지정받은 후, 경영 상태가 좋지 않거나 기업으로서 유지가 불가능하여 관리가 필요한 마을기업을 의미한다.

목적에 따른 유형으로는 청년마을기업, 재도약마을기업, 우수마을기업, 모두애마을기업, 신유형마을기업으로 구분된다. 청년마을기업은 청년 일자리를 창출하고 젊고 유능한 청년 자원을 보강하기 위해 청년이 마을기업 회원의 50% 이상 참여하는 마을기업이며 재도약마을기업은 기업성이 약화되었으나 공동체성과 공공성이 유지되고 마을기업 운영 의지가 있는 육성형 마을기업 중 특별히 정책지원을 통해 성장동력 보완 및 환경변화가 가능한 마을기업으로서 가치를 유지할 수 있는 마을기업을 의미한다. 우수마을기업은 마을기업 4대 운영원칙을 모두 갖추고 지역의 일자리 창출 및 마을공동체를 활성화하고 지역사회 공헌활동을 통해 사회적 가치를 실현하는 마을기업이며 모두애마을기업은 공동체성, 공공성, 지역성이 다른 마을기업과 비교하여 우수하고, 특히 기업성 측면에서 일반 기업과 비교하여도 시장경쟁력이 뛰어난 마을기업이다. 마지막으로 최근 포함된 신유형마을기업은 지역의 당면한 사회변화, 시민생활 변화, 정책의 변화 등과 연계하여 지역사회의 필요를 충족하기 위한 마을기업을 말하며, '도시재생형 마을기업', '커뮤니티케어형 마을기업', '지역특화형 마을기업' 등이 있다.

〈표 3-9〉 신유형마을기업

도시재생형 마을기업	도시재생사업을 효과적으로 추진하고 주민은 수익과 일자리를 지속 창출하여 자생할 수 있는 마을기업
커뮤니티케어형 마을기업	돌봄, 공동부엌, 老-老케어 등 지역 취약계층을 돌보는 공헌활동과 수익활동을 병행하는 마을기업
지역특화형 마을기업	지방소멸 등 지역사회의 다양한 문제해결과 지역공동체 가치실현을 위하여 읍면 중심으로 지역 특성에 맞게 육성하는 마을기업

4. 협동조합

1) 협동조합의 이해

한국의 협동조합은 협동조합기본법(2012)을 근거법으로 하고 있다. 협동조합기본법 제2조 제1호에 따르면 협동조합은 같은 목적을 가지고 모인 조합원들이 물자 등의 구매·생산·판매·제공 등을 협동으로 영위함으로써 조합원의 권익을 향상하고 지역사회에 공헌하는 사업조직으로 정의내리고 있다. 또한 국제협동조합연맹(ICA)에서는 협동조합을 공동으로 소유되고 민주적으로 운영되는 사업체를 통하여 공통의 경제적·사회적·문화적 필요와 욕구를 충족시키고자 하는 사람들이 자발적으로 결성한 자율적인 조직으로 보고 있다.

협동조합은 1995년 국제협동조합연맹(ICA) 100주년 총회에서 '협동조합 정체성에 대한 선언(Statement on the Co-operative Identity)'으로 7대 원칙을 천명하였다. 협동조합 7대 원칙은 다음과 같다.

① **자발적이고 개방적인 조합원 제도** : 협동조합은 자발적 의지를 가지고 참여하며, 모든 사람에게 차별 없이 열려 있어야 한다.

② **조합원에 의한 민주적 관리** : 조합원들은 정책수립과 의사결정에 활발하게 참여하고 선출된 임원들은 조합원에게 책임을 갖고 봉사하고, 조합원마다 동등한 의결권(1인 1표 투표권)을 가지며, 협동조합연합회도 민주적인 방식으로 조직하고 운영한다.

③ **조합원의 경제적 참여** : 협동조합의 자본은 공정하게 조성되고 민주적으로 통제되어야 하며, 자본금의 일부는 조합의 공동재산이며 출자배당이 있는 경우 조합원은 출자액에 따라 제한된 배당금을 받는다. 또한 잉여금은 협동조합의 발전을 위해 일부는 배당하지 않고 유보금으로 적립하고, 사업이용실적에 비례한 편익제공 및 여타 협동조합 활동 지원 등에 배분한다.

④ **자율과 독립** : 협동조합이 다른 조직과 약정을 맺거나 외주에서 자본을 조달할 때 조합원에 의한 민주적 관리가 보장되고 협동조합의 자율성이 유지되어야 한다.

⑤ **교육, 훈련 및 정보 제공** : 조합원, 선출된 임원, 경영자, 직원들에게 교육과 훈련을 제공하며, 젊은 세대와 여론 지도층에게 협동의 본질과 장점에 대한 정보를 제공한다.

⑥ **협동조합 간의 협동** : 국내, 국외에서 공동으로 협력사업을 전개함으로써 협동조합 운동의 힘을 강화시키고, 조합원에게 효과적으로 봉사한다.

⑦ **지역사회에 대한 기여** : 조합원의 동의를 토대로 조합이 속한 지역사회의 지속 가능한 발전을 위해 노력한다.

한국 협동조합기본법상에는 일반협동조합과 사회적협동조합으로 구분된다. 이 둘 간의 차이는 일반협동조합은 영리성을 추구한다면 사회적협동조합은 비영리성을 추구한다. 또한 일반협동조합은 신고제이나 사회적협동조합은 인가제라는 점에서 차이가 난다. 그 외 사업목적이 조합원의 실익증진과 1인 1표제 등에서는 차이가 없다.

2) 한국 협동조합의 현황

2012년 협동조합기본법이 제정된 후 현재 한국의 협동조합 수는 19,461개로 여타 사회적경제 조직보다 압도적으로 많다. 이는 다른 조직보다 설립이 용이하다는 점을 이유로 들 수 있다. 이 중 일반협동조합이 16,797개, 사회적협동조합이 2,560개로 마을기업과 마찬가지로 영리성을 강하게 띄고 있다. 이 외에도 협동조합은 연합조직으로 협동조합이 가능하므로 일반협동조합연합회가 83개, 사회적협동조합연합회 20개, 이종협동조합연합회 1개가 설립되었다.

비영리성을 담보로 하는 사회적협동조합에 대한 부처별 설립현황을 보면, 보건복지부에 설립허가를 받은 사회적협동조합이 830개로 가장 많으며 다음으로 교육부 437개, 고용노동부 309개, 문화체육관광부 195개, 국토교통부 122개, 기획재정부 121개, 농림축산식품부 102개 순이다. 이 외에도 행정안전부 85개, 산림청 82개, 산업통상자원부 69개, 환경부 64개, 여성가족부 63개 등이다.

일반협동조합은 지역별로 서울이 3,756개로 가장 많으며 경기 2,940개, 전북 1,156개, 전남 962개, 강원 943개, 광주 868개, 부산 848개, 경북 796개, 경남 722개, 대구 693개, 대전 651개, 충북 530개, 인천 461개, 울산 300개, 제주 275개, 세종 145개 순이다.

한국의 협동조합기본법상 유형은 소비자협동조합, 사업자협동조합, 직원협동조합, 다중이해관계자협동조합, 사회적협동조합으로 구분된다. 소비자협동조합은 조합원의 소비행위 향상을 위한 물품의 구매 또는 서비스의 이용을 목적으로 하고 있으며, 사업자협동조합은 개별 사업자들이 수익창출을 위해 공동판매(제품 및 서비스), 공동 자재구매, 공동브랜드 사용 등을 한다. 직원협동조합은 특정사업을 영위하기 위해 직원으로 고용되는 것으로, 마을 주민이 모여 슈퍼마켓협동조합을 설립하고 자신들이 직원이 되기도 한다. 그 외에 다중이해관계자협동조합은 다양한 이해관계자의 복리증진 등에 기여하고 사회적협동조합은 공익사업(전체 사업의 40% 이상) 수행을 목적으로 한다.

사례연구 - 민들레의료복지사회적협동조합

"자신을 돌보라 서로를 돌보라 공동체를 돌보라"

민들레의료복지사회적협동조합은 주민들과 의료 · 복지 종사자가 협동하여 진료와 건강증진, 질병예방, 돌봄이 필요한 주민에 대한 전인적 건강관리를 목적으로 의원, 한의원, 치과, 건강검진센터, 가정간호센터가 포함된 일차의료센터와 주민참여건강증진센터를 설립하고 마을마다 주민건강공동체(건강반)와 건강리더를 조직하여 주민의 건강자치력 향상을 꿈꾸는 사회적협동조합이자 사회적기업이다.

출처 : 민들레의료복지사회적협동조합 발표자료(2020).

Part

02

마케팅의 이해

chapter 04 사회적경제와 마케팅

1. 마케팅의 개념

마케팅이라는 용어는 우리에게 익숙한 용어이다. 우리는 시장경제의 원리에 익숙한 자본주의 경제체계 환경에서 성장하였다. 이것이 마케팅이란 용어가 생소하지 않고 매우 친숙하게 들리는 이유이다. 그러나 "마케팅이 무엇인가?"라는 질문에는 쉽게 답할 수 없다. 이것은 마케팅을 영리기업에서 시행하는 단순한 판매나 광고의 행위로 생각하기 때문이다. 하지만 마케팅을 단순히 판매와 광고로 보는 것은 마케팅에 대한 이해가 부족한 것이라 할 수 있다.

마케팅은 시장(market)을 'ing'하는 것이다. 즉, 시장을 활발하게 작동하도록 하는 모든 행위를 의미한다. 한편 시장은 고객(customer)을 의미한다. 시장에는 상품을 구매하는 고객 또는 서비스를 이용하는 소비자들이 존재하기 때문이다(김상훈, 2007).

<u>Marketing = Market(=Customer) + ing</u>

따라서 마케팅은 소비자들이나 이용자들의 욕구를 발견하고 이것을 해결해 주려는 노력이 가장 우선되어야 한다. 즉, 고객의 가려운 곳을 긁어주는 것으로 고객의 문제를 해결하여 고객가치를 창출하려는 활동을 의미한다. 시장에서 고객들이 원하고 바라는 것은 마케팅을 기획하고, 실행하는 출발점이라고 할 수 있다. 이것을 이해하기 위해서는 고객이 원하는 것을 좀 더 세분하여

구분할 필요가 있다. 통상 고객의 욕구는 needs, wants, demands로 구체화하여 세분된다. 먼저, needs는 고객의 원하는 대상으로 상품기획을 위한 기본 단위를 말한다. 즉, 우리가 갈증이 날 때 물이나 음료수를 마시고 싶은 것을 의미한다. 한편 wants는 needs를 충족시키기 위한 구체적인 고객의 요구라 할 수 있다. 즉, 우리가 갈증이 날 때 특정 음료를 마시고 싶다는 생각을 의미한다. 따라서 wants는 needs와 다르게 특정한 브랜드나 제품을 원하고 선택하는 것을 말한다. 마지막으로 demands는 구매력과 관련된 용어로 가격에 따라 구매가 가능하거나 불가능할 수도 있다는 것을 의미한다. 즉, 우리가 갈증이 나지만 음료가 비싸서 물을 먹을 수도 있다는 것을 의미한다. 결국 마케팅이란 시장에서 고객의 요구를 이해하는 것으로부터 출발하여 고객가치를 창출하고, 소비자나 이용자의 욕구와 수요를 충족시키기 위해 이루어지는 다양한 과정과 활동을 의미한다.

마케팅 개념에 대한 정의는 다양하다. 특히 시대적인 흐름에 따라 마케팅의 개념도 변화해 왔다. 미국마케팅협회(AMA : American Marketing Association)에서는 마케팅의 개념을 그동안 네 번에 걸쳐서 발표하였다. 먼저 1935년에는 “마케팅은 상품이나 서비스의 생산에서 소비까지의 흐름에 따른 경영활동을 포함한다”라고 정의하였다. 이 정의는 생산자의 상품과 서비스에 초점이 맞추어져 있다. 그리고 1985년에는 “마케팅은 개인과 조직의 목적을 충족시켜 주는 교환을 창출하기 위해 아이디어, 제품 및 서비스에 대한 발상, 가격 결정, 촉진 및 유통을 계획하고 실행하는 과정이다”라고 정의하였다. 이 시기는 마케팅에서 소비자의 욕구 충족을 위한 교환의 관점에 초점을 맞추고 있음을 알 수 있다. 또한 2004년에는 “마케팅은 고객에게 가치를 창출하고, 커뮤니케이션하고, 전달하기 위한, 그리고 조직과 그의 이해관계자에게 혜택을 주는 방식으로 고객 관계를 관리하기 위한 조직의 기능이자 프로세스의 집합이다”라고 정의하였다. 이 정의를 살펴보면 고객의 가치 창출에 초점을 맞추고 있으며, 이를 통하여 고객과의 지속적인 관계 구축을 위한 과정 및 활동을 포함하고 있다. 마지막으로 2007년에는 “마케팅은 소비자, 클라이언트, 파트너와 사회 전반에 가치를 제공하기 위해 창조되고, 의사소통하고, 전달하고, 교환하는 일련의 활동, 제도, 그리고 과정이다"라고 정의하였다. 이 정의는 2013년 AMA에서 재승인 됨에 따라 현재까지 미국마케팅협회(AMA)의 공식적인 정의로 인정되고 있다. 즉, 마케팅에 대한 관점을 소비자나 고객뿐만 아니라 사회 전반의 가치 창출로 확대하여 적용하고 있음을 알 수 있다.

한편 경영학의 아버지라 불리던 드러커(Peter Drucker)는 그의 저서 『Management : tasks, responsibilities, practices』에서 "마케팅의 목적은 판매 노력을 불필요하게 만드는 것이다"라고 주장하였다. 기존 마케팅의 목적이 생산된 제품과 이를 판매하는 시장에 초점을 두었다면 진정한 마케팅은 고객을 이해하고, 제품과 서비스를 고객에게 맞춤으로써 제품이 판매 노력 없이 자동으로 팔려나가도록 해야 한다는 것을 강조하였다.

실제 현대적 개념의 마케팅은 판매에만 국한되어 정의되지 않는다. 코틀러(Kotler, 2016)는 "마케팅은 기업이 고객을 위해 가치를 창출하고 강한 고객 관계를 구축함으로써 그 대가로 고객으로부터 상응한 가치를 얻는 과정이다"라고 하였다. 최근 고객 중심의 마케팅 철학은 고객으로부터 출발하여 고객에게 진정한 가치를 제공하는 교환의 관계로 이해되고 있다.

국내에서는 마케팅 학자들의 모임인 한국마케팅협회에서 "마케팅은 조직이나 개인이 자신의 목적을 달성시키는 교환을 창출하고 유지할 수 있도록 시장을 정의하고 관리하는 과정"이라고 정의하고 있다. 즉, 마케팅의 주체는 개인 혹은 조직일 수 있으며, 개인이나 조직이 제공물을 제공하고 반대급부를 획득하는 교환의 개념을 포함하고 있다. 그리고 이렇게 형성된 교환의 관계를 유지하고, 마케팅을 수행하는 데 시장의 정의를 포함하고 있다. 그리고 시장의 개념도 현존하는 시장과 앞으로 창출되는 시장을 포함하고 있다. 또한, 판매담당자는 시장을 관리하여 시장을 자신이 원하는 방향으로 선도하기 위한 여러 가지 수단을 써야 함을 의미하고 있다(한국마케팅협회, 2002).

따라서 한국마케팅협회의 마케팅 정의에 대한 특징은 먼저, 마케팅이 시장을 대상으로 수행된다는 것이다. 마케팅을 위해서는 기본적으로 시장을 정의해야 한다는 것이다. 둘째는 마케팅은 교환뿐만 아니라 유지를 위해 필요하다는 것이다. 이것은 고객과의 관계유지가 중요함을 의미한다. 셋째는 마케터의 과업이 시장을 관리하는 것이라는 사실이다. 마케터는 시장을 관리하기 위해 가격 결정, 유통, 커뮤니케이션, 여론형성, 정부관계 노력 등의 다양한 수단을 활용해야 한다는 것이다. 결과적으로 한국마케팅협회의 마케팅 정의는 시장의 정의와 교환의 유지를 포함하고 시장관리의 포괄적인 개념을 포함하고 있다.

마케팅의 개념이 고객과 사회 전반에 가치 창출을 강조하고 있는 가운데 사회적기업 진흥원은 "사회적기업 마케팅은 시장에서 사회적으로 가치가 있는 제품을 생산, 유통, 판매하는 거래 과정이며, 기업 구성원, 고객, 지역공동체를 위한 이익을 창조하는 활동이다"라고 정의하고 있다. 사회적기업은 사회적으로 가치 있는 제품 및 일자리, 건강, 환경, 사회적 문제 등을 해결하고 있으며, 이런 활동을 통해 생성된 이익을 사회적 구성원의 공동 이익을 위해 사용함을 강조하고 있다.

〈표 4-1〉 마케팅 정의

구 분	정 의
미국마케팅학회(AMA)	마케팅은 소비자, 클라이언트, 파트너와 사회 전반에 가치를 제공하기 위해 창조되고, 의사소통하고, 전달하고, 교환하는 일련의 활동, 제도, 그리고 과정이다.
Peter Drucker	마케팅의 목적은 판매 노력을 불필요하게 만드는 것이다.
Philip Kotler	기업이 고객을 위해 가치를 창출하고, 강한 고객 관계를 구축함으로써 그 대가로 고객들로부터 상응한 기회를 얻는 과정이다.
한국마케팅학회	마케팅은 조직이나 개인이 자신의 목적을 달성시키는 교환을 창출하고 유지할 수 시장을 정의하고 관리하는 과정이다.
사회적기업진흥회	마케팅은 시장에서 사회적으로 가치가 있는 제품을 생산, 유통, 판매하는 거래 과정이며, 기업구성원, 고객, 지역공동체를 위한 이익을 창조하는 활동이다.

마케팅의 정의는 사회적 환경의 변화와 소비자들의 욕구에 따라 지속해서 변모했다. 그리고 마케팅의 정의는 국가, 기관, 학자마다 조금씩 차이가 있지만 궁극적으로 추구하는 방향성은 일치한다. 즉, 고객의 가치를 우선에 두고 있으며, 신규고객을 창출하고 동시에 기존고객을 관리하여 고객 관계를 지속해서 유지하기 위한 일체의 활동을 말하고 있다. 이와 같은 맥락으로 사회적

경제의 마케팅의 개념도 사회적 가치를 창출하는 활동과 이를 통해 형성된 이익을 사회 구성원의 공동 이익을 위해 사용하기 위한 체계적인 활동의 의미를 내포하고 있다. 따라서 사회적경제의 영역에서 사회적 가치를 극대화하기 위해 마케팅을 이해하고, 마케팅을 활용하여 다양한 고객에 대한 접근 전략을 수립하고 시행하는 것은 매우 중요하다.

2. 마케팅의 변천과정

산업화 시대 이후 마케팅의 이념과 개념은 지속하여 왔으며, 수 세기 동안 산업화에 따른 생산자들에게 소비자들의 관심을 증진시키기 위해 중요한 수단으로 사용되어 왔다. 따라서 시대적 흐름에 따라 소비자들의 욕구가 변화함에 따라 적절한 수단을 마련하기 위해 마케팅의 개념도 변모했다.

마케팅의 변천 과정은 학자마다 단계를 조금씩 다르게 분류하고 있다. |그림 4 - 1|에서 월스(Worth, 2014)가 주장한 마케팅의 역사를 3단계로 구분하여 설명하고 있다. 월스(Worth, 2014)는 마케팅의 역사적 흐름을 마케팅이 추구하는 이념 및 가치에 따라 생산지향적 단계(product mind-set), 판매지향적 단계(sales mind-set), 고객지향적 단계(target-audience mind-set)로 구분하여 설명하고 있다. 첫 번째는 생산지향적(product mind-set) 단계이다. 20세기 초에 마케팅의 개념이 시장에 처음으로 나타났을 때는 생산지향적 구조의 산업형태를 보였다. 즉, 이 시기는 생산자들이 소비자들에게 매력적인 상품을 만들기만 하면 상품이 자연적으로 판매되는 시기였다. 따라서 생산자들은 소비자들을 현혹할 수 있는 신상품을 개발하기 위해 마케팅의 역량을 집중해 왔다. 이 시기에는 시장에 신상품이 출시되면 자연스럽게 소비되는 소비 과잉의 시장이었다. 이러한 시장환경에서는 생산성이 기업의 성과에 영향을 미치는 가장 중요한 요인이었다. 그러므로 기업들은 생산성 향상을 위한 효과적인 생산관리가 매우 중요한 조직의 기능을 수행하였다. 이처럼 마케팅의 역할도 신상품의 생산을 위한 수단으로 소극적으로 사용되었으며, 소비자의 욕구에 특별히 초점을 맞출 필요가 없었다. 두 번째는 판매지향적(sales mind-set) 단계이다. 20세기 중반에 경기침

체와 더불어 생산자들은 심각한 수요부진에 직면하였다. 따라서 기업들은 효율적인 생산력만으로 생존하기 어려운 시장환경에서 적절한 대응방안을 마련해야 했다. 또한 소비자들을 유혹하는 제품의 생산이 더 소비자들의 구매력을 자극하는 데 한계로 나타났다. 이러한 현상은 기업의 조직구조가 생산지향적 조직구조에서 판매지향의 조직구조로 변화하는 계기가 되었다. 따라서 판매지향적 단계에서 기업의 생존에 가장 필요한 상업적 요소는 제품을 알리는 광고의 기능이 주목받았다. 또한 자신들의 상품이 다른 경쟁기업의 상품과 비교하여 우수하다는 것을 설득하는 전략이 중요한 마케팅의 수단으로 사용되었다. 즉, 마케팅과 판매가 거의 같은 개념으로 사용되었다. 그러나 기업들의 판매를 위한 노력은 고객과의 의사소통을 무시하는 경향을 나타냈다. 게다가 기업의 제품에 대한 고객들의 불만이 쌓여갔지만, 이것을 적절하게 해소하기 위한 고객과의 의사소통은 소홀하였다. 그리고 대중매체의 발달에 따라 점차 소비자들의 구매력이 확대되고, 목소리가 커졌다. 결국 소비자들은 생산자들에게 자신들의 욕구를 충분하게 어필하고 반영하도록 요구하였다. 세 번째로 고객지향적(target-audience mind-set) 단계이다. 생산지향적 단계에서 소비자의 욕구에 대한 외면은 소비자들의 구매력이 확대되면서 기업들이 소비자들에게 관심을 두는 중요한 계기가 되었다. 그러므로 기업들은 고객과 시장의 중요성을 인식하게 되었으며, 이를 수행하기 위한 마케팅 조직의 확대가 불가피하였다. 마케팅 조직은 고객의 욕구를 정기적으로 수집하고, 자신의 상품을 판매할 수 있는 목표시장을 찾아 공략하기 시작하였다. 또한 기업의 목표시장에 있는 목표 관중의 욕구, 선호, 인식, 만족을 연구하고, 이를 반영한 상품을 개발하기 위해 노력하였다. 안드레센(Andresen, 2006)은 "마케팅의 열쇠는 우리 자신이 아닌 우리의 관중에게 초점을 맞추는 것이다"라고 하였다. 따라서 마케팅의 기능이 잘 작용한다면 생산품을 판매하려는 별도의 노력이 없이도 소비자들이 저절로 구매하게 되었다. 결국 마케팅의 개념도 판매나 광고의 개념을 뛰어넘어 다양한 마케팅 수단을 통해 고객의 욕구를 이해하고, 이를 바탕으로 기업의 제품생산과 고객관리를 위한 중요한 수단으로 확대되었다.

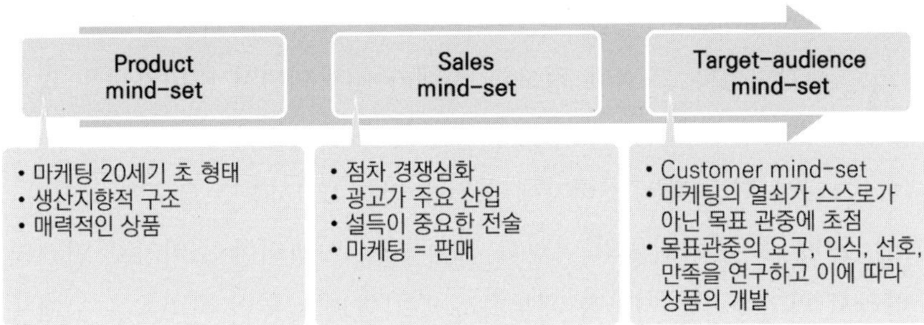

|그림 4-1| **마케팅 패러다임의 변화**

최근의 마케팅은 고객지향적 마케팅을 기본적으로 하지만, 고객 만족과 고객 중심적 사고를 뛰어넘어 고객에게 가치를 제안하는 흐름으로 변화하였다. 이러한 기조를 가치 중심의 마케팅으로 분류할 수 있다. 가치 중심의 마케팅은 사회적 의미와 사회적인 기여를 중시하고, 브랜드가 제공하는 사회적 가치가 차별화의 중요한 기준이 된다. 즉, 소비자의 소비활동이 개인의 가치를 표현하는 수단으로 발전함에 따라 기업의 마케팅 중심이 소비에 있어 사회적 가치를 추구하는 전략으로 변모하고 있다.

이러한 현상으로 비영리의 영역에서도 자신들의 미션이나 가치를 달성하기 위해 마케팅의 수단을 활용해야 했다. 초기에는 비영리조직에서 마케팅이 소비자들을 현혹하고, 명성을 떨어뜨린다는 오해를 하고 있었다. 그러나 비영리조직들은 정부나 모법인의 지원이 부족해지면서 자원의 한계에 부딪히고, 비영리단체들 또는 영리단체들까지 자신들의 경쟁상대가 되면서 현실을 돌파하기 위해 마케팅의 수단을 도입하기 시작하였다. 이와 더불어 사회적경제에서도 사회적 가치 창출을 위해서 생산과 판매가 이루어지는 상황에서 마케팅의 수단을 활용하여 가치 교환을 통한 고객과의 관계 강화가 중요한 경쟁력 요소로 인지되었다.

한편 코틀러(Kotler, 2010)는 그의 저서 『마켓3.0』에서 마케팅의 패러다임 변화를 통해 마케팅의 변천 과정을 구분하고 있다. 첫 번째는 제품 중심의 시장인 '1.0시장'으로 구분하였다. 이 시기에 기업들은 대량 생산을 통한 원가절감으로 낮은 가격으로 물리적 필요를 지닌 소비자를 유인하여 기업들의 이윤을 극대화하였다. 소비자들은 자신이 선호와 상관없이 제품의 기능을 중요한 구매 요인으로 생각하였다. 그러나 정보화 시대가 시작되면서 소비자들은 경쟁자의 상품과 비교가 쉬워지면서 자신의 선호에 따라 제품을 구매하는 경향을 나타냈다. 그래서 두 번째는 소비자에 초점을 맞춘 '2.0시장'으로 구분하였다. 이 시기에 소비자들은 자신들의 이성과 감성을 지닌 영리한 소비자로 인식되었다. 따라서 기업에서는 시장을 세분화하고 기업과 제품의 이미지를 고객들에게 인식시키기 위한 마케팅 전략을 시행하였다. 또한 소비자의 선호를 고려한 제품의 차별화와 고객 만족을 위한 다양한 전략을 개발해야 했다. 이러한 결과로 기업들이 제품의 차별화와 고객 만족을 위한 서비스 제공을 위해 노력해야 하는 시기였다. 그러나 이러한 소비자 중심의 접근에도 여전히 소비자를 수동적인 존재로 인식하는 견해를 나타냈다. 그래서 세 번째는 가치 주도의 '3.0시장'이라고 구분하였다. 3.0시장에서 기업들은 더 이상 사람들을 단순한 소비자로 인식하지 않고 이성과 감성의 복합적인 존재로 인식하게 된다. 소비자 지향의 2.0시장과 유사하게 고객 만족은 중요한 목표가 된다. 그러나 3.0시장에서 기업들은 고객 만족과 기업의 이윤 확대를 넘어서서 기업의 미션과 가치의 실현을 통해 사회적 가치를 실현하는 것을 중요한 목적으로 인식하게 되었다. 따라서 기업은 더 나은 세상을 위해 다양한 마케팅 전략을 수립하고, 기업의 미션과 가치 실현을 통해 소비자와의 상호작용을 촉진하고 있다.

〈표 4-2〉 마케팅 패러다임의 변화

구 분	1.0시장(제품)	2.0시장(소비자)	3.0시장(가치)
목 표	제품 판매	고객 만족 및 보유	더 나은 세상
동 인	산업혁명	정보화 기술	뉴웨이브 기술
시장을 보는 방식	물리적 필요를 지닌 구매자들	이성과 감성을 지닌 영리한 소비자	이성과 감성, 영혼을 지닌 완전한 인간
핵심 개념	제품 개발	차별화	가치
기업의 지침	제품 명세	기업 및 제품의 포지셔닝	기업의 미션과 가치
가치명제	기능	기능과 감정	기능과 감성과 영성
소비자와 상호작용	일대다 거래	일대일 관계	다대다 협력

기업들은 3.0시장에서 고객들이 원하는 제품의 생산, 판매나 서비스를 넘어서, 환경문제나 빈곤 문제 등 사회적 문제를 해결하기 위해 상품과 서비스를 개발하는 데 역량을 집중하고 있다. 그래서 코틀러(Kotler, 2010)는 3.0시장에 필요한 마케팅은 "영혼을 감동하게 하는 마케팅"이라고 말하고 있다. 이러한 마케팅 패러다임의 변화 속에서 사회적경제의 미션은 사회적 문제를 해결해서 사회적 가치를 창출하는 것이다. 따라서 사회적경제의 미션은 현재의 마케팅 패러다임 변화와 일치하고 있다. 즉, 오늘날 마케팅이 추구하는 가치와 사회적 경제가 추구하는 가치가 상당한 부분에서 일치하고 있음을 알 수 있다.

3. 마케팅 프로세스

마케팅 전략을 수립하고 시행하기 위해 일정한 단계를 거쳐야 한다. 학자들마다 마케팅의 과정을 세분화하는 정도에 따라 그 단계에는 다소 차이가 있다. 그러나 공통으로 목표시장을 분석하고, 그 구성원들이 원하는 가치, 욕구를 이해하는 것으로부터 출발한다. 그리고 시장에 고객을 설득하고 관계를 강화하기 위한 마케팅 도구를 사용한다. 마지막으로 이러한 과정을 통해 목표 고객을 행동하게 하는 과정을 포함하고 있다.

안드레센(Andresen, 2006)은 마케팅 프로세스를 4단계로 구분하고 있다. 첫 번째 단계는 목표 관중을 정의하는 단계이다. 이 단계에서는 목표 고객(audience)의 가치와 필요로 하는 욕구를 이해하는 것이 중요하다. 즉, 목표 고객을 이해하는 것부터 마케팅은 시작되는 것이다.

두 번째 단계는 환경(environment)을 분석하는 단계이다. 마케팅의 환경은 시장에 경쟁자와 협력하는 파트너들이 존재한다. 따라서 경쟁 시장에서 경쟁자와 협력자들을 분석하고 대응하는 것은 환경분석에 중요한 요소이다.

세 번째 단계는 메시지(message)를 만들고 전달하는 과정이다. 이 단계에서는 목표 고객에게 분명한 교환의 가치를 알리는 것이 중요하다. 따라서 마케팅 전략을 수립하는 부서에서는 기업이 추구하는 미션을 기반으로 고객에게 전달하는 메시지에 교환에 대한 가치를 통합적으로 포함하여 전달할 필요가 있다. 이 단계에서 마케팅 담당자는 목표 고객에게 일관된 메시지가 지속해서 전달되도록 통합적 관점에서 고객과의 커뮤니케이션 채널을 관리해야 한다.

마지막 단계로 고객을 행동하게 하는 단계를 말하고 있다. 즉, 마케팅 프로세스는 목표 고객을 설득하는 것이 아니라 행동하도록 하는 것이라고 말하고 있다. 또한 목표 고객을 행동하기 위해서는 마케팅의 결과를 측정하고, 이것을 마케팅 전략에 다시 반영하는 프로세스가 필요하다.

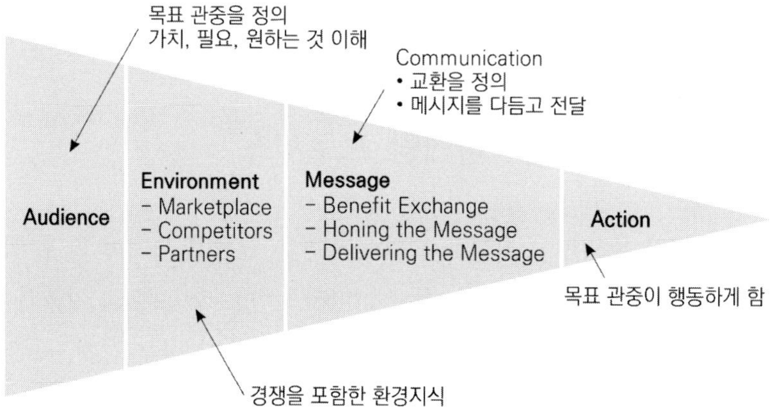

|그림 4-2| **마케팅 프로세스**

출처 : Andresen, K.(2006). Robin Hood marketing : Stealing corporate savvy to sell just cause. San Francisco, CA : Jossey-Base, p. 10.

마케팅 프로세스를 좀 더 세분화하여 구분하면 다음과 같다. 김상훈(2007)은 |그림 4-3|과 같이 마케팅 프로세스를 3C, STP, 4P의 과정이라고 한다. 첫 번째 단계는 시장의 환경분석 단계로 3C(Customer, Company, Competitor)의 분석이 필요하다. 즉, 시장에 고객을 이해해야 하고, 자신의 기업의 역량을 분석해야 한다. 아울러 시장에서 경쟁자 정보를 분석하는 것으로부터 마케팅 전략을 출발한다.

두 번째는 단계는 STP(Segmentation, Targeting, Positioning)이다. 즉, 시장을 인구학적, 지리학적, 소비패턴 등 다양한 기준으로 세분화하는 것을 말한다. 이렇게 세분된 시장에서 자신의 기업에 가장 유리한 시장을 선택하는 목표시장 선정(Targeting)이 필요하다. 이는 기업의 자원을 효율적으로 활용하여 목표시장을 공략할 수 있기 때문이다. 그리고 이렇게 선정된 목표시장에는 고객들에게 우리의 브랜드와 제품을 어떻게 인식시킬 것인지에 대한 포지셔닝(Positioning) 전략을 수립한다.

세 번째로 STP 전략이 수립되면 4P의 마케팅 믹스를 통하여 마케팅 계획을 수립하고 구체적으로 관리하는 계획을 수립한다. 4P는 바로 Product, Price, Place, Promotion으로 제품에 관한 결정, 적정한 가격에 관한 결정, 어느 지역에 유통할 것인지에 대한 결정, 어떠한 홍보를 시행할 것인지에 대한 결정을 포함하게 된다.

마지막으로 이렇게 수립된 4P 전략을 실행하고 제대로 이행되고 효과가 있는지를 모니터링하는 단계를 통하여 마케팅이 이루어진다. 향후 6~8장을 통하여 시장세분화, 브랜딩, 마케팅 믹스(4P)에 대하여 구체적으로 공부할 예정이다.

1. 환경(시장)분석 : 3C Analysis

Customer ⟺ Company ⟺ Competitor

2. 마케팅전략수립(Set Strategy) : S - T - P

Segmentation - Targeting - Positioning

3. 실행계획수립(Formulate Action Plan) : 4P & PLC

Product, Price, Place, Promotion

4. 실행 및 평가(Implement and Monitor)

|그림 4-3| **마케팅 프로세스**

출처 : 김상훈(2007). 마케팅 핵심원리와 실천 전략, p. 34.

결론적으로 마케팅 프로세스는 시장과 고객 욕구의 이해에서 출발하여 고객지향적 마케팅 전략을 설계하고, 고객가치를 전달하기 위한 통합적인 마케팅 프로그램을 개발하고 실행함으로 수익성 있는 고객 관계를 지속해서 구축하고, 고객으로부터 기업가치를 획득하는 과정이라고 할 수 있다.

이러한 마케팅 프로세스는 사회적경제의 영역에도 시사하는 바가 매우 크다. 즉, 사회적경제를 둘러싼 다양한 시장환경을 분석해야 하고, 이러한 분석을 토대로 목표시장을 선정하여 자원을 효율적으로 배분하고 공략하는 것이 필요하다. 또한 마케팅의 도구의 적절한 혼합을 통하여 지역사회나 소비자, 이용자들과의 관계 구축을 통한 사회적 가치를 창출하는 것이 중요하다.

4. 사회적경제와 마케팅

1) 사회적경제와 환경변화

사회적경제의 영역도 일반 기업과 같이 일반 환경과 과업환경을 가지고 있다. 그러나 사회적경제의 주체들은 기업조직의 형태를 가지고 있으나, 사회적 가치를 추구하는 특별한 목적을 추구하기 때문에 부분적으로 다른 독특한 경영환경을 가지고 있다. 따라서 사회적경제의 지속 가능성을 위해서는 경영환경의 밀접한 관리와 대응능력을 갖춰야 한다.

일반적인 기업과 마찬가지로 사회환경의 변화는 사회적경제의 활동에 영향을 미친다. 때로는 경영환경이 기회의 요인이 되기도 하지만 기업활동에 위협적인 요인으로 작용하기도 한다. 그러므로 사회적경제의 생존과 성장을 위해 경영환경의 변화에 신축적으로 적응하는 능력이 필요하다.

경영환경은 일반적 환경과 과업환경으로 구분한다. 일반적 환경은 사회적경제가 속한 사회 전체적인 환경으로 경제, 정치, 법, 기술 등의 환경을 포함한다. 일반적 환경은 기업의 자체적으로 통제할 수 없는 영역으로 잘 적응하도록 사회적경제의 조직관리나 정책을 수립해야 한다. 한편 과업환경은 사회적경제의 경영활동에 직접 영향을 미치는 환경을 말한다. 이런 과업환경에는 내부 종사자, 노조, 경쟁자, 지역사회, 금융기관 등이 있다. 이 절에서는 일반 환경과 과업환경 중에서 가장 사회적경제의 마케팅 전략 수립에 영향을 미치는 정부, 일반 기업, 소비자에 대하여 살펴본다.

(1) 정부

우리나라에서 사회적경제의 발전에 정부 정책의 역할은 매우 크게 작용하였다. 정부는 2007년 사회적기업 육성법을 마련하여 사회적기업의 법률적인 근거를 마련하였다. 또한 일자리 창출을 목적으로 사회적기업을 육성하기 위해 다양한 육성정책을 수립하여 시행하고 있다. 이처럼 국가는 사회적경제의 영역에 중요한 법률의 제정뿐만 아니라 공공조달과 같은 입찰에 사회적경제를 참여하게 함으로써 든든한 동반자의 역할을 수행하고 있다.

법적인 측면에서 우리나라 사회적경제는 1957년 농업협동조합법이 제정되면서 설립된 농협이 최초이다. 이후에 수산업협동조합법(1962), 엽연초생산협동조합법(1989), 산림조합법(1980)에 마련되었다. 이후 중소기업의 활성화를 위해 중소기업협동조합법(1961)이 제정되었다. 또한 1972년 신용협동조합법이 마련되고, 새마을금고법(1982)이 마련되었다. 특히 1999년 소비자 조합에 대한 법적인 토대가 되는 소비자생활협동조합법(1999)이 마련되어 지금까지 지속되고 있다(기획재정부, 2012).

그러나 우리나라에는 1990년대 후반 경제위기를 통하여 실업자들이 증가하고 중산층의 몰락 등으로 저소득계층에 대한 복지 수요가 증가하게 된다. 이런 사회, 경제적 문제를 해결하기 위해 정부는 생산적 복지를 국정과제로 채택하면서 일자리 확대를 위해 다양한 정책을 수립한다. 이런 시기에 일자리 창출의 초점을 맞추어 사회적기업 활성화를 위해 2007년 사회적기업 육성법이 제정되어 정부 주도로 활성화 정책이 수립되어 시행된다. 이후 협동조합의 활성화를 목적으로 2012년 협동조합기본법이 제정, 시행되었다(남승연, 2016).

〈표 4-3〉 우리나라 사회적경제 제도화과정

구 분	연 도	주관부처	비 고
장애인보호작업장	1987	보건복지부	비영리단체/ 정부 일부 지원
공공근로사업	1998	행정안전부	정부 주도/ 정부 재원
자활기업	2000	보건복지부	비영리단체/ 정부 재원
사회적일자리사업	2003	고용노동부	민간주도/ 정부 일부 지원
사회적기업	2007	고용노동부	민간주도/ 정부 일부 지원
마을기업	2010	행정안전부	민간주도/ 정부 일부 지원
협동조합	2012	기재부 주관	민간주도

출처 : 남승연(2016). 사회적경제 활성화와 정부의 역할 재구성.

사회적경제의 활성화를 위해 사회적경제기본법에 대한 논의가 지속되고 있으며, 문재인 정부는 사회적경제 활성화를 100대 국정과제의 하나로 선언하였다. 따라서 정부는 사회적경제 통합지원 체계 구축, 사회적 금융 조성, 사회적경제 인재양성과 지역 기반 연계 등의 정책과제를 수행하고 있다.

결과적으로 정부 환경은 사회적경제에 제도적인 기반을 제공하고, 공공사업에 사회적경제를 참여시킴으로 활성화를 위한 든든한 동반자의 임무를 수행한다. 또한 안정적인 사회적경제의 생태계를 마련하기 위해 다양한 정책을 통한 유인책을 제공하는 데 큰 의미가 있다.

(2) 일반 기업

일반 기업은 경제적 여건에 속한다. 즉, 시장에서 제품을 생산, 유통, 판매하고, 사람들에게 일자리를 제공하는 역할을 수행한다. 특히 일반 기업에서 고용의 역할은 사회경제적 역할의 측면에서 매우 중요한 기능이다. 그뿐만 아니라 일반 기업들은 사회공헌활동을 통하여 사회적 가치 창출에 이바지하고 있다. 아울러 시장에서 사회적경제와 경쟁하는 경쟁자의 역할과 동시에 그들의 이윤 일부를 사회적기업에 투자하고 있다.

일반 기업의 사회공헌활동은 기업이 보유하고 있는 자원을 활용하여 윤리적이고 사회에 바람직한 관계를 형성하고 수행하는 활동을 의미한다. 이는 기업 경영활동의 연장선상에서 기업이 지역사회에 일원으로 사회의 공익에 이바지한다는 것을 의미한다. 초기의 사회공헌활동은 자선적, 시혜적 차원에서 접근하여 기업의 이윤을 사회에 일부 환원하는 활동으로 이루어졌다. 그러나 지금의 기업들은 사회공헌활동을 전략적 차원에서 접근하고 있다. 코틀러와 리(Philip Kotler & Nancy Lee, 2005)는 저서 『Corporate Social Responsibility : Doing the Most Good for Your Company and Your Cause』에서 기업 사회공헌활동을 마케팅과 접목해 성공적인 기업의 사례를 제시하고 전략적 CSR의 중요성을 강조하였다. 따라서 기업의 CSR은 이윤 극대화의 기업의 근본적 목적을 달성하기 위해 기존의 경영활동과 더불어 지역사회에 지속적인 CSR 활동을 통하여 지속가능한 경쟁우위를 확보하는 것으로 말할 수 있다(김진욱 외, 2009).

또한 2011년 마이클 포터 교수가 한국을 방문한 이후 기업들의 사회공헌활동(CSR)의 개념은 CSV(Creating Shared Value) 관점으로 빠르게 변화하고 있다. CSR이 기업의 시민사회에 책임성을 강조하는 반면에 CSV는 기업 전반적인 조직들이 참여하여 기업의 활동 자체가 사회적 가치를 창출하면서 동시에 경제적 수익을 추구할 수 있는 방향으로 전제된 행위를 말하고 있다. 즉, 일반 기업의 CSV의 관점은 사회적경제가 지향하고 있는 방향과 다르다고 할 수 없다.

이러한 흐름 속에서 일반 기업들은 사회적기업에 투자하여 사회적 가치를 창출하는 사례가 증가하고 있다. 대표적으로 세계 최대 낙농제조기업인 다농(Danone)이 방글라데시의 그라민은행과 합작 투자하여 설립한 그라민 다농푸드가 대표적이다.

사회적경제의 환경에 일반 기업들의 사회공헌활동은 기존의 시혜적인 관점에서 벗어나 사회적 가치 창출이라는 전략적 관점에서 접근하고 시행되고 있다. 이러한 상황에서 일반 기업의 사회적경제의 투자는 지속적으로 증가하고 있다. 따라서 사회적경제는 일반 기업의 활동과 관련하여 사회적 가치 창출에 대한 새로운 비즈니스 모델을 만들어 내고, 이것을 마케팅 전략에 반영하려는 노력이 필요하다.

▌사례연구 - 그라민 다농푸드(Gramin Danone Food)

2006년 3월, 방글라데시의 그라민은행과 다국적 기업 다농이 50:50으로 합작하여 설립한 사회적 기업이다. 그라민은행은 자국 어린이들의 영양보충에, 다농은 사회공헌이라는 목적으로 출발하였다. 다농푸드의 미션은 "Zero poverty", "Zero hunger", "Clean water and sanitation"이다.

이 회사는 2007년 2월에 첫 상품을 판매하기 시작하였다. 최빈국 방글라데시 어린이들의 만성적인 영양부족을 해소하기 위해 비타민, 철분, 아연, 칼슘 등의 필수 영양소가 포함된 떠먹는 요구르트를 개발하여 저렴한 가격으로 공급하고 있다.

다농 푸드는 '그라민 레이디'라는 여성들을 통하여 샥티도이를 가져다 판매하는 시스템을 운영하고 있다. 또한 농가로부터 우유를 현지에서 구입하여 지역경제 활성화에도 기여하고 있다. 이를 통하여 일자리 창출과 지역사회 경제 활성화에 크게 기여하고 있다.

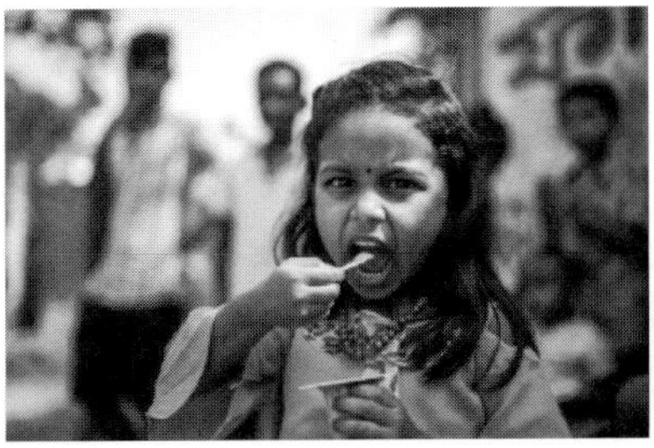

(3) 소비자

소비자들의 인식 및 행동 변화는 사회적경제의 마케팅에 가장 크게 영향을 미치는 환경이다. 사회적경제의 마케터는 목표 고객인 지역사회나 소비자, 이용자들이 사회적경제의 가치를 인식하고, 지지할 수 있도록 마케팅 전략을 수립해야 한다. 따라서 이를 위해 시장에서 소비자의 환경을 이해하기 위해 면밀한 접근과 연구가 필요하다.

시장에 소비자들은 더 이상 자신의 구매 욕구만을 충족하기 위해서 시장에서 활동하지 않는다. 이들은 적극적으로 기업활동을 감시하고 소비자 권리를 향상하기 위한 목소리를 높이고 있다. 아울러 시장에서 대안 경제활동에 적극적으로 참여하여 사회에 이바지하고 있으며, 사회적 소비의 가치를 실현하는데 이바지하고 있다.

이를 상세히 살펴보면 다음과 같다.

첫째, 소비자들의 기업활동 감시 강화이다. 인터넷 매체의 발달 및 시민의식과 교육수준이 높아지면서 소비자들은 기업활동에 적극적으로 개입하는 활동이 증가하고 있다. 산업화 시대 소비자들은 새로운 상품에 관한 관심이 높았으나 기업 간의 경쟁이 치열해지고, 제품의 기술력이 향상되며, 무엇보다 소비자의 소득 수준이 높아지면서 구매력이 향상되었다. 이러한 소비형태의 변화는 기업의 중심이 생산 중심적 구조에서 소비 지향적인 소비자 중심으로 이동하게 하였다.

한편 국제표준화기구(ISO)가 2010년에 제정한 사회적 책임에 대한 국제표준으로 기업, 정부, NGO 등 사회를 구성하는 모든 조직이 7개 핵심 주제인 지배구조, 인권, 노동, 환경, 소비자, 공정운영, 지역사회 참여와 발전에 대해 준수해야 할 사항을 포괄적으로 규정하였다(한국경영인증원).

특히 ISO 26000에 소비자에 대한 가이드 라인은 소비자의 대우, 소비자의 선택권 보장, 불공정한 계약 금지, 소비자의 보건과 안전 보장, 지속 가능한 소비의 적극 권장, 소비자 불만 사전예방, 개인정보 보호, 소비자 교육 및 인식 제고의 내용을 담고 있다.

▌ISO 26000에 소비자 가이드 라인

1. 조직은 공정성과 투명성, 배려의 원칙으로 소비자를 대해야 한다.
2. 조직은 취약그룹을 대상으로 삼지 않으며, 소비자의 선택권을 보장하여야 한다.
3. 불공정한 계약 조건을 내세우고 강요하지 않는다.
4. 조직은 소비자의 보건과 안전을 보장하여야 한다.
5. 조직은 지속 가능한 소비를 적극 권장하고 시행하여야 한다.
6. 조직은 소비자 불만을 사전 예방하는 조치를 취하고, 적극 대응하는 실행 방안을 개선한다.
7. 소비자의 개인정보를 적극 보호하여야 한다.
8. 소비자에 대한 교육과 인식 제고를 위해 지속적으로 노력해야 한다.

출처 : 황상규(2018) ISO 26000 제정과 정부, 기업, 시민사회의 대응전략, p. 18.

따라서 많은 기업이 미래의 지속 가능성을 확보하기 위해 ISO 26000 지침을 활용하고 있다. 기업들은 다양한 프로그램이나 정책을 수행할 때, 기업의 사회적 책임을 이행할 때 ISO 26000의 지침을 고려하지 않을 수 없다. 만약 기업이 핵심 분야를 고려하지 않을 경우, 언론의 감시뿐만 아니라, 민사 · 형사 소송, 브랜드 명성을 훼손하는 소비자의 민원 증가가 예상된다. 또한 인적자원이나 인권 문제에 관심을 기울이지 않을 경우, 불필요한 사회적 비난을 초래할 수 있다. 결국 이러한 결과는 기업에게 금전적인 손해와 이미지 훼손을 주어 장기적인 성장에 방해요인으로 작용하게 된다.

이와 더불어 시민사회는 사회의 각 분야의 이해관계자들이 사적인 이해관계를 떠나 공공성을 추구하도록 감시하고 촉구할 수 있는 활동을 강화하고 있다. 이러한 시민사회 운동의 발달은 기업이 환경적 측면을 넘어 사회적, 경제적, 윤리적, 문화적으로 지속 가능성을 실현하도록 촉구하는 활동으로 발전하고 있다.

이러한 소비자들의 감시활동 강화의 흐름은 모든 형태의 조직에도 똑같이 적용된다. 즉, ISO 26000의 지침들이 기업, 정부, 시민사회뿐만 아니라 사회적경제의 영역에도 소비자들의 적극적인 권익 보호의 활동을 통하여 소비자들과의 상호 소통할 수 있는 연결고리를 만드는 데 매우 중요하게 작용할 것이다.

둘째, 소비자들의 권리가 강화되고 있다. 과거의 불매운동은 일부 또는 특정 소비자 단체가 주도하는 경우가 많았다. 그래서 이러한 불매운동이 시간이 지나면 사라지고 기업의 실적이나 신용도에도 큰 영향을 미치지 못하였다. 그러나 최근의 불매운동은 파괴력이 매우 커졌다. 소비자들은 소셜미디어를 통하여 실시간으로 자료를 공유하고, 이러한 공감대를 확대하는 양상으로 변모하였다. 특히 소비자들의 '미닝 아웃'(meaning out, 자신의 존재 방식을 소비로 표현하는 것)이 소비형태로 자리를 잡으면서 소비자의 불매운동에 적극적으로 동참하는 경향이 커졌다.

이러한 불매운동은 소비자들의 윤리적 소비와 연결하여 특정 상품의 구매를 거부하는 운동으로 공정무역 상품 구매에서 가치 판단에 의한 의식적인 선택으로 확대되고 있다. 따라서 기업들은 불매운동의 대상에 오르지 않기 위해 소비자들의 권리 의식 향상을 돕는 활동을 통하여 바람직한 시장환경 형성을 유지하는 데 노력하고 있다. 불매운동을 통해 시장환경 형성에 노력한 대표적인 예로 나이키를 들 수 있다. 나이키의 경우 아동노동력 착취 문제로 지속적인 불매운동에 시달렸다. 중국, 베트남 등에 있는 나이키 하청 공장에 아동, 청소년을 고용해 하루 10시간 이상의 노동을 시켰기 때문이다. 이 사건으로 불매운동이 확산하자 나이키는 기업의 도의적 책임을 다할 수 있는 장기적 계획과 함께 하도급 공장들의 관리를 강화하는 정책을 시행하였다.

또한 윤리적 소비 성향 증대로 기업의 사회적 가치 창출이 브랜드 가치의 핵심 차별화 요소로 변화하고 있다. 소비자의 89%는 선한 대의명분(good cause)을 연상시키는 브랜드로 전환할 의도가 있다고 한다(Deloitte, 2018).

특히 사회적경제는 이러한 소비자들의 권리 강화의 흐름이 중요한 마케팅의 출발점이 될 수 있다. 소비자들은 개인적인 것에서 사회적인 것을 지향하는 추세로 변모하고 있다. 특히 기업에서 제공하는 제품에 대한 정보보다 친구, 가족, 동료의 의견이 소비자들의 구매선택에 더 많은 영향을 미치고 있다. 아울러 사회적경제에 대한 착한 기업에 대한 소비자들의 이미지는 소비자들의 윤리적 소비에 대한 성향과 맞물리고 있다. 따라서 영리기업과 경쟁하는 사회적경제가 활성화되기 위해서는 소비자들이 사회적경제가 생산하는 재화와 서비스에 담긴 윤리적 가치를 이해하도록 해야 한다. 그리고 사회적경제의 주체들이 시민사회와 함께 바람직한 시장환경을 조성하는 데 이바지하고, 소비자의 선택권을 보장하는 데 앞장서야 한다.

셋째, 소비자들이 대안 경제활동에 적극적으로 참여하고 있다. 사회적경제는 자본주의 시장경제가 발전하면서 나타난 불평등과 빈부격차, 환경파괴 등 다양한 사회문제에 대한 대안으로 등장하였다. 시장경제의 최고의 가치가 이윤의 극대화이지만, 사회적경제는 사람과 공익적 가치를 우선에 두며, 지역사회에 협력하는 상생의 대안적 경제활동이다.

고용노동부(2019)의 사회적기업가 육성사업 실태조사에 따르면, 지난 8년간 3,453개를 창업하여, 기업당 평균 5.0명을 고용하고 있는 것으로 나타났다. 특히 육성사업의 80% 이상이 사회적협동조합 등의 사회적경제 조직, 지방자치단체 등 지역사회와 협력관계를 구축하고 있는 것으로 조사되었다. 그리고 2019년 기준 사회적경제 조직은 사회적기업 2,372개, 협동조합 16,842개, 마을기업 1,592개, 자활기업 1,211개로 고용인원은 사회적기업 46,665명, 협동조합 29,831명, 마을기업 19,261명, 자활기업 13,512명이 종사하고 있다.

따라서 사회적경제 영역이 확장되고 소비자의 참여가 확대되면서 기업 마케팅의 성공 요인도 소비자의 주권 강화를 위해 노력해야 한다. 이를 위해 사회적경제는 소비자들의 자발적인 참여를 유도하고, 사회적 가치 창출의 대의명분을 통해 소비자들의 공감을 만들어 가야 한다.

넷째, 소비자들이 소비자 시민으로 성격이 변화하고 있다. 소비자 시민(consumer citizenship)은 소비자들이 개인 소비자로의 역할을 넘어 사회문제, 글로벌 문제, 미래세대문제 등을 고려한 창조적인 소비활동과 사회참여를 말한다. 즉, 소비자들이 개인의 필요와 행복을 추구하면서도 소비활동, 경제활동, 사회활동, 정치활동 등을 통해 지구, 세계, 국가, 지역, 가족의 행복을 실현하는 것이다.

우리나라에도 소비자기본법 제5조에 소비자 시민의 역할 또는 책무를 명시하고 있다. 첫째, 경제주체로서의 소비자이다. 소비자는 사업자 등과 더불어 자유시장 경제를 구성하는 주체임을 인식하여 물품 등을 올바르게 선택해야 한다. 둘째, 생활 주체로서의 소비자이다. 소비자는 자주적이고 합리적인 행동과 자원 절약적이고 환경친화적인 소비생활을 해야 한다. 셋째, 사회변혁 주체로서의 소비자이다. 소비자는 스스로 권익을 증진하는 데 필요한 지식과 정보를 습득하고, 소비자의 기본적 권리를 정당하게 행사해야 한다.

이런 소비자 시민의 경향은 사회적경제의 궁극적인 목적인 사회적 문제 해결에 소비자들의 참여를 끌어낼 수 있으며, 소비자들에게 지속 가능한 소비가 일어날 수 있도록 하는 요인으로 작용할 수 있다.

2) 지속할 수 있는 마케팅

과거에 영리를 추구하는 기업은 환경에 대한 문제에 큰 관심을 가지지 않았다. 그러나 현재 기업의 대부분은 환경문제 등 다양한 사회문제에 관심을 가지고 현재와 미래의 고객가치를 창출하고, 고객 관계를 강화하기 위해 지속할 수 있는 마케팅의 원칙을 점차 적용하고 있다. 이러한 시대적 변화는 다양한 마케팅 원칙들을 만들어 냈다. 다음은 지속 가능한 마케팅의 몇 가지 원칙에 대하여 간략하게 살펴보고자 한다. 즉, 소비자 중심으로 고객가치를 창출하고, 사회문제에 적극적으로 개입하여 문제를 해결하려는 장기적인 관점에서 마케팅을 말한다. 대표적으로 소비자 지향(customer-oriented) 마케팅, 고객가치 창출(customer-value) 마케팅, 혁신적(innovative) 마케팅, 사명의식(sense-of-mission) 마케팅, 사회지향적(societal) 마케팅 등이 있다.

(1) 소비자 지향 마케팅

소비자 지향(customer-oriented) 마케팅은 기업의 관점이 아닌 소비자의 관점에서 마케팅 활동을 시행하는 것이다. 고객집단의 현재와 미래의 욕구를 이해하고, 이를 충족하여 만족시키기는 쉽지 않은 일이다. 그러나 마케팅 활동을 잘하는 기업은 자신의 고객에게 최상의 가치를 전달하기 위한 열정을 가지고 있다. 즉, 소비자의 관점에서 마케팅에 접근하려는 노력은 소비자에게 진정성 있게 받아들여지고, 지속적인 관계유지로 수익을 창출할 수 있는 것이다.

(2) 고객가치 창출 마케팅

고객가치 창출(customer-value) 마케팅은 기업의 많은 자원을 고객가치를 창출하는 것에 투입하는 것이다. 일회성 판촉이나 할인행사 등은 단기적인 성과를 향상할 수 있지만, 소비자의 가치 측면에서는 제품의 질, 특성, 편의성을 증진하는 것만큼 효과가 크지 않다. 이는 장기적으로 기업의 마케팅 활동이 소비자의 가치를 지속해서 향상함으로써 소비자의 충성도와 관계 형성을 향상한다. 따라서 기업이 소비자를 위한 가치를 창출함으로써 기업도 소비자에게 가치를 얻을 수 있다.

(3) 혁신적 마케팅

혁신적(innovative) 마케팅은 기업이 끊임없이 제품과 마케팅의 개선사항을 찾는 것을 요구한다. 새롭고 더 나은 방법을 찾지 않는 기업은 경쟁사에 의해 도태되고 말 것이다. 예로 나이키는 혁신적 소셜미디어 마케팅과 함께 하는 Nike FuelBand나 Flyknit Racer와 같은 신제품을 통해 Nike는 최근 「Fast Company」지[1]로부터 가장 혁신적인 마케터라는 타이틀을 받았다.

(4) 사명의식 마케팅

사명의식(sense-of-mission) 마케팅은 기업의 사명을 정의할 때 사회적 역할을 고려하여 광의적으로 정의하는 것을 말한다. 이런 기업의 사명의식은 직원들에게 자부심을 느끼게 하며 정확한 목표의식을 가지고 일할 수 있도록 한다. 소비자들도 기업 사명의식이 사회적 역할을 고려하는 방향으로 설정되었을 때 더욱 호의적으로 브랜드에 대한 이미지를 형성하게 된다. 대표적으로 TOMS는 하나를 사면 하나를 기부하는 'buy-one-give-one 모델'을 통해 세상을 더욱 나은 곳으로 만드는 사명을 실천한다. 이러한 사명은 소비자들에게 구매해야 할 강력한 이유를 부여한다. 사회적경제는 사회적으로 이로워야 하고, 기업적으로 성공해야 하는 두 가지 목적을 가지고 있다. 따라서 사회적 가치를

1) 하버드 비즈니스 리뷰 에디터가 나와서 1995년에 창간한 경제 잡지로 시대를 앞서가는 기업, 비즈니스 모델, 인물들에 초점을 맞추고 있다.

창출하기 위해 수익성 있는 사업을 시행하기 위한 전문적 사업 관리자들의 역할이 커지고 있다.

(5) 사회지향적 마케팅

사회지향적(societal) 마케팅은 기업은 소비자의 욕구, 기업의 필요, 소비자와 사회의 장기적 이해관계를 고려하여 의사결정을 하도록 하는 지속 가능한 마케팅을 말한다. 그래서 영리한 기업들은 사회문제를 기회로 보고 소비자와 사회의 장기적인 이해관계자를 고려하여 마케팅을 시행한다.

3) 사회적경제 마케팅의 적용

사회적경제의 마케팅은 조직이 추구하는 사회적 가치인 소셜미션에 기반해야 한다. 소셜미션은 사회적경제의 존재의 이유이자 영리기업과 다른 차별점을 만들어 갈 수 있는 독특한 요소이다. 따라서 마케팅의 시작도 추구하는 소셜미션을 포기하고 존재할 수 없다. 예를 들어, 일자리창출형 사회적기업이 소득이 줄어들어 경영이 어렵다고 일자리 창출의 미션을 포기할 수 없다는 것이다. 사회적경제는 추구하는 사회적 가치를 포기하는 순간 그 존재의 의미가 상실되기 때문이다. 따라서 사회적경제 마케팅의 출발점은 추구하는 사회적 가치인 소셜미션이다.

앞에서 살펴보았듯이 마케팅의 과정은 3C-STP-4P-실행 및 평가의 과정을 거친다. 즉, 시장에서 3C(Company, Customer, Competitor)의 분석이 선행되어야 한다. 먼저 자기 회사에 대한 내부분석이 필요하다. 즉, 고객의 욕구를 충족시킬 수 있는 내부 자원과 역량이 충분한지를 점검해야 한다. 다음으로 자사 제품을 구매하는 사람들의 구매 동기와 특성을 이해해야 한다. 또한 우리 제품을 구매하지 않은 사람들의 이유가 무엇인지에 대해서도 분석을 해야 한다. 마지막으로 경쟁사를 분석한다. 경쟁사의 홍보자료나 시장조사를 통하여 핵심 경쟁상대를 파악하고, 경쟁사 제품의 구성과 특성, 마케팅 전략 등을 상세히 파악하는 것이 좋다.

시장조사를 마치고 우리에게 적합한 시장이 어디인지를 분석해야 한다. 사회적경제가 가지고 있는 자원은 유한하다. 따라서 사회적경제의 자원을 가장 효율적으로 사용하여 우리에게 가장 유리한 시장이 어디인지를 결정해야 한다. 이를 위해 시장을 세분화(segmentation)한다. 다음으로 세분화된 시장에서 우리가 가장 경쟁력이 있는 시장을 목표(targeting)시장으로 선정한다. 목표시장은 시장의 매력도와 자사와 적합성, 시장의 경쟁 정도 등을 기준으로 선정한다. 마지막으로 시장 소비자들의 마음속에 회사의 이미지나 제품의 이미지를 심어주는 과정인 포지셔닝(positioning)이 필요하다. 이 단계에서 고객이 구매 결정을 내리는 데 필요한 정보를 제공해야 한다. 고객은 경쟁사의 제품과 서비스의 품질 및 가격을 비교한다. 아울러 사회적경제 제품의 사회적 가치도 고려할 것이다. 따라서 고객에게 경쟁사 제품과 서비스의 차별성을 명확히 설명하는 것이 필요하다.

그리고 실행하기 전에 어떤 제품(Product)을 적당한 가격(Price)에 어디서(Place) 제품을 판매할 것인지, 그리고 자사의 차별성을 강조하기 위해 어떤 홍보(Promotion)를 할 것인지를 결정해야 한다. 이러한 과정을 4P 과정이라고 한다. 이런 4P의 활동은 복합적으로 이루어져야 하며, 다른 마케팅의 요소인 People, Process, Physical Evidence 등 자사에 필요한 다른 요소들을 결합하여 시행할 수 있다. 특히 사회적경제는 고객의 욕구에 기반하여 4P를 통해 고객에게 가치를 창출하려는 노력이 필요하다. 이에 대한 자세한 내용은 뒷장에서 더욱 자세히 소개할 것이다.

사회적기업진흥원의 자료에 따르면 사회적경제 마케팅 프로세스를 'Before Marketing'과 'After Marketing'으로 구분하여 설명하고 있다. 즉, 'Before Marketing' 단계는 상품을 개발하고 생산하여 판매하는 과정을 말한다. 이 과정에서 시장의 분석이 선행되고, 소비자의 욕구를 반영한 제품을 생산하여 목표시장에 적절한 마케팅 믹스를 통하여 판매하는 것을 의미한다. 또한 'After Marketing' 단계는 고객관리의 단계이다. 즉, 고객들에게 체험을 제공하고 기존고객의 재구매를 유도하는 고객 관계 강화(CRM : Customer Relationship Management) 활동이 필요하다. 또한 기존고객과 지속적인 관계를 통해 사회적경제의 옹호자로 만들어 입소문을 통한 신규고객을 유도하는 전략도 필요할 것이다.

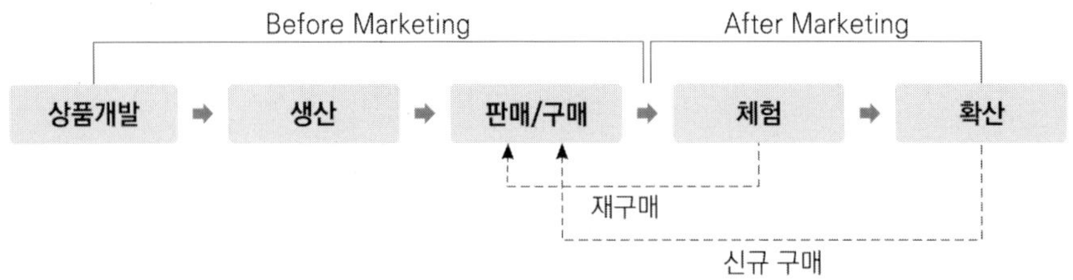

|그림 4-4| **사회적경제 마케팅 프로세스**

출처 : 사회적기업진흥원. 사회적기업마케팅 교육자료 재구성.

한편 사회적경제 마케팅 성공을 위해 다음과 같은 원칙의 적용을 고려해야 한다.

첫째, 사회적경제의 사회적 목적을 명확히 하는 것에서 출발한다. 즉, 어떤 사회적 문제를 해결하고 사회적 가치를 창출할 것인지가 분명히 소비자에게 전달되어야 한다.

둘째, 시장에 소비자에 대한 충분한 이해가 필요하다. 소비자의 욕구를 파악하고 이를 제품이나 서비스에 반영해야 한다. 무엇보다 제품이나 서비스를 이용한 소비자들의 반응을 조사하여 이를 전략에 반영하는 것이 필요하다.

셋째, 사회적경제의 제품은 기업이 생산할 수 있는 사회적 가치로 사회적 문제를 해결해야 하며, 제품은 사회와 소비자의 욕구가 반영되어야 한다.

넷째, 제품판매를 위해 사회적경제의 제품과 상황에 따라 차별적으로 제품 및 서비스를 구성해야 한다. 즉, 제품의 구성과 포장, 디자인 등에서 경쟁사의 제품이나 서비스와 구별되도록 해야 한다.

마지막으로 고객과의 커뮤니케이션 채널을 확보해야 한다. 사회적경제에 SNS 마케팅의 효과는 매우 크다. 따라서 SNS를 활용한 고객과 끊임없는 커뮤니케이션을 활성화해야 한다.

chapter

05 소비자(고객) 지향 및 이해

시장에서 고객은 가장 중요한 마케팅의 고려 대상이 되었다. 고객의 가치를 기반으로 하지 않는 기업은 지속 가능성을 담보하기 어려운 상황이다. 그래서 '고객은 왕이다'라는 문구는 이제 '고객은 신이다'라는 문구로 대체될 만큼 고객 중심 사고의 중요성은 더욱 커지고 있다. 이런 상황에서 기업의 마케터들도 고객의 마음을 이해하고 마케팅 전략에 고객의 욕구를 반영하기 위해 노력하고 있다.

마케팅을 수행하기 위해서는 기본적으로 시장을 이해해야 한다. 따라서 4장에서는 사회적경제에 영향을 미치는 시장환경에 대하여 살펴보았다. 그리고 이 장에서는 시장에서 구매에 결정적인 영향을 미치는 소비자에 대해 이해하고, 고객지향적인 마케팅에 대하여 자세히 알아볼 것이다. 마케팅의 목표와 이를 달성하기 위한 전략은 소비자를 이해하고, 이것을 전략에 반영하는 것이 중요하다. 특히 소비자의 행동에 대한 이해는 소비자의 구매 시점에 대한 예측과 구매동기 요인을 파악함으로써 마케팅의 중요한 재료로 활용된다. 그리고 이러한 소비자 이해를 바탕으로 고객지향적 마케팅 전략 수립에 대한 중요한 고려사항을 함께 살펴볼 예정이다.

1. 고객지향 마케팅의 개념

1) 시장지향성과 고객지향성의 관계

시장지향성(market orientation)과 고객지향성(customer orientation)의 의미가 혼돈되어 사용되는 경우가 많다. 그러나 시장이라는 넓은 개념 안에 고객이 존재하듯이 시장 내에서 고객 욕구에 부응해야 한다는 것이 고객지향성의 개념이다. 반면에 시장지향성은 시장이라는 것에 초점을 두어, 고객뿐만 아니라 경쟁자와 내부조직의 기능까지 포함하는 개념으로 이해해야 한다.

시장지향성은 마케팅에서 시작된 개념이다. 초기 마케팅 개념을 기업의 철학으로 정의하였으며 고객지향성, 이익지향성 그리고 시장의 필요를 기업의 모든 부서에 전하는 마케팅의 중요한 역할을 인식해야 한다고 하였다(McNamara, 1972). 한편 마케팅의 개념이 오랫동안 잘못 사용되고 잘못 이해되고 있음을 지적하며, 기업이 잠재적인 고객의 필요와 욕구를 이해하고, 이를 만족시키기 위해 상품을 포함한 마케팅 믹스를 기꺼이 적용하려는 것이라고 하였다(Houston, 1986).

그러나 초기에 마케팅의 개념은 마케팅의 철학적인 토대를 제공하고 있었지만 구체적인 실천방안을 제시하지 못하였다. 이후에 연구에서 시장지향성의 구체적인 실천 방향이 제시되었다(Kohli & Joworski, 1990; Narver & Slater, 1990).

콜리와 자워스키(Kohli & Jaworski)는 마케팅 개념의 실천 방향을 제시하기 위해 35년간 마케팅 문헌을 검토하고 62명의 현장 관리자들을 대상으로 인터뷰를 시행하였다. 그 결과 시장지향성은 기업활동과 관련한 철학으로 실행 측면에서 마케팅 개념의 구체적인 방법이라고 규정하였다. 그리고 기업의 활동과 관련한 구체적인 실행 방법으로 마케팅 전략에 맞게 고객과 시장정보를 생성하고 조직 내 정보를 확산하여 이러한 정보에 조직이 대응하는 것으로 정의하였다(Kohli & Jaworski, 1990).

반면에 나버와 슬래터(Narver & Slater, 1990)는 시장지향성을 이익과 장기적인 관점에서 조직문화의 일부로 인식하였다. 이들은 기업은 지속적인 경쟁우위를 확보하기 위해서 근로자들이 최상의 고객가치를 창출할 수 있는 행위를 유도하는 조직문화를 만들어야 한다고 강조하였다. 그리고 조직문화를 통해 소비자에 대한 가치를 창출하여 효과적인 조직 행동이 구현될 수 있는 조직의 가치와 규범임을 강조하였다(Narver & Slater, 1990).

시장지향성을 구성하는 요소에 대하여 콜리와 자워스키(Kohli & Jaworski, 1990)는 마케팅에 참여하는 한 개 이상의 부서에서 고객에게 영향을 주는 요소와 고객에 대한 현재와 미래의 필요를 이해하고 부서 간에 이러한 정보를 공유하며 마케팅 활동에 참여하는 다양한 부서가 고객의 요구를 충족시켜야 한다(Kohli & Jaworski, 1990)고 강조하고 있다. 즉, 시장지향성의 구성요소는 시장정보를 생성하고 조직 간에 시장정보를 확산하고 전사적으로 반응하는 일련의 과정을 조직 구성원의 행동 관점에서 정의하였다.

한편 콜리와 자워스키(Kohli & Jaworski, 1990)의 행동 관점의 접근과 달리, 나버와 슬래터(Narver & Slater)는 시장지향성을 창의적인 가치 창출을 통하여 지속적인 성과를 창출하게 하는 기업문화로 정의하였다. 이는 기업의 이익에 영향을 미치는 시장지향성의 연구를 통하여 시장지향성의 구성개념을 고객지향성, 경쟁자지향성, 내부 부서 간 조정으로 설명하고 있다(Narver & Slater, 1990). 이는 고객지향성과 경쟁자지향성은 목표시장에서 소비자와 경쟁자에 대한 정보를 획득하는 활동을 포함하고 기능 간 상호협조는 소비자와 경쟁자의 정보에 기반을 두는 협력적인 노력임을 강조하였다.

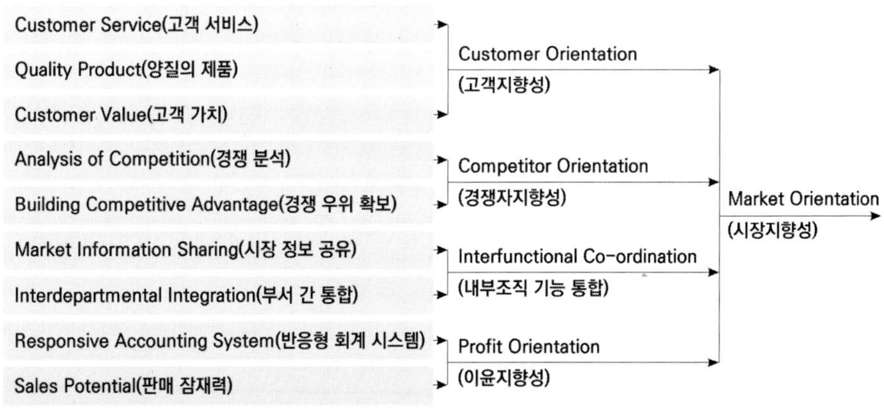

|그림 5-1| **시장지향성 구성요소**

출처 : Deng & Dart(1994) 재구성.

덩과 다트(Deng & Dart, 1994)는 시장지향성의 구성요소를 다음과 같이 구분하고 있다. 고객지향성은 표적시장을 충분히 이해하면서, 양질의 제품을 생산하고, 고객 서비스의 질을 향상하고, 고객가치 창출을 통해 고객과의 장기적인 만족을 증대시키기 위한 활동을 의미한다.

경쟁자지향성은 같은 시장에서 경쟁자의 강점과 약점을 이해하고, 장기적으로 현재와 미래의 능력을 이해하는 것을 포함한다.

내부조직 기능의 통합은 조직이 고객을 위해 가치를 창출하기 위해 시장정보를 나누고, 이를 적용하기 위해 내부조직의 모든 부분이 시장에서 서비스에 책임성을 갖는 것을 말한다.

마지막으로 이익지향성은 시장지향성의 행동적인 구성요소는 아니지만, 마케팅 개념이 적용된 결과를 말한다. 이는 대부분 성공하는 조직운영에 고유한 관행과 같은 것으로 회계의 개념에 이익과 구별한 이익에 근거한 행동을 의미한다. 따라서 판매조직은 단순한 판매이익보다는 오히려 제품 이윤에 근거하여 보상하는 것을 의미한다.

2) 고객지향성의 개념

초기 시장지향성의 개념이 형성되고 시장지향성에 대한 구체적인 실천방안이 마련되면서, 마케팅의 영역에서 고객지향성의 개념이 중요한 가치기반으로 자리를 잡게 되었다.

4장에서 마케팅 변천과정을 통해 마케팅의 역사에 대해 살펴보았다. 마케팅 철학은 산업혁명 이후에 세 단계를 거쳐 발전해 왔다. 이는 생산 중심적 사고, 판매 중심적 사고, 고객 중심적 사고를 말한다. 따라서 고객지향적 마케팅은 이러한 고객 중심적 사고를 중심에 두고 있다.

산업혁명 이후 생산 중심의 시기에는 제품이 대량 생산되면서 마케팅이 나타나기 시작하였다. 이 시기에 마케팅은 고객에게 좋은 제품과 서비스를 제공하는 것이 조직의 성공 요인이었다. 그래서 마케팅은 좋은 제품을 경쟁적으로 개발하여 고객을 최대한 확보하는 전략이 매우 유용했다.

그러나 1930년 대공황기에 시장의 소비가 급속하게 위축되었고, 이로 인하여 제품이 창고에 쌓이는 현상이 발생하였다. 즉, 공급이 소비를 초과하게 되었다. 따라서 이 당시에 마케팅 전략은 소비자들에게 자신들의 제품이 경쟁사의 제품보다 좋다는 설득에 초점을 맞추었다. 이러한 인식은 성공적인 마케팅이 소비자를 유혹하는 광고나 판매왕과 같은 세일즈맨이 마케팅의 기본을 이루었다.

미국에서 대공황 이후에 경제가 되살아나면서 고객들의 구매력이 향상되고, 그들의 요구가 다양해졌다. 즉, 고객들은 자신들의 구매력을 바탕으로 다양한 상품에 대한 선택권을 갖게 되었다. 따라서 이러한 시장환경은 조직의 성공이 마케팅 관리자의 노력이 아니라 고객이 무엇을 선택하느냐에 따라 결정되었다. 따라서 마케팅의 관리자들은 고객의 마음에서 어떠한 결정이 내려지도록 고객의 필요와 욕구, 인식, 만족도 등에 관심을 가지고 접근하게 되었다. 이것은 아직도 현대의 마케팅 철학의 바탕을 이루고 있다.

고객지향성(customer orientation)은 고객의 시각과 관점에서 고객의 욕구를 관찰하고자 하는 사고를 의미하는 것으로 기업들이 경쟁사보다 목표시장 고객들의 필요와 욕구를 정확히 파악하여 효과적으로 고객에게 만족을 제공하며, 이를 통한 조직의 목표를 달성하고자 하는 마케팅 전략이다. 또한 고객지향을 위해서는 조직 구성원의 관점에서 고객지향적인 사고가 이루어져야 함을 강조하고 있다(Kotler, 1998). 즉, 고객지향성은 고객과 관련된 정보와 고객 욕구를 신속하게 파악하고, 이러한 정보를 조직 전체가 조직 활동에 반영하여 고객서비스 향상을 위해 총체적으로 노력하는 활동을 의미한다.

따라서 고객지향(customer orientation) 마케팅은 고객의 요구를 미리 파악하고 예측하여 고객이 가진 욕구와 필요를 충족시키기 위하여 제품 개발, 광고, 판촉, 영업, 고객서비스 등에 이르는 모든 과정에서 고객의 관점에서 조정된 마케팅 활동을 수행하는 것을 의미한다. 사회적경제 조직은 신제품을 개발하거나 취약계층에게 일자리를 제공하는 활동 등을 통하여 사회적 가치를 창출하고 있다. 이러한 사회적 가치 창출의 대의명분만이 있는 것만으로는 소비자의 욕구를 충분히 반영하였다고 할 수 없다. 따라서 제품의 개발에서 사후 서비스까지 고객의 관점에서 제품을 개발하고, 디자인하며, 고객의 접근성을 고려한 다양한 마케팅적인 사고가 필요하다. 또한 사회적경제의 마케터는 고객과의 지속적인 관계를 통하여 고객 관계 강화와 고객 만족을 유도하겠다는 고객지향적 마케팅 사고가 필요하다.

사회적기업을 대상으로 하는 실증연구에서도 시장지향성이 사회적기업의 경제적 성과와 사회적 성과에 긍정적인 영향이 있는 것으로 분석되었다. 이를 통하여 사회적기업의 성과 향상을 위해 조직 내 근로자들의 시장지향적 활동을 적극적으로 유도하고 지원해야 한다. 구체적으로 시장 정보 획득을 위한 다양한 노력이 요구된다. 그리고 이렇게 수집한 정보는 조직 내에서 서로 공유될 수 있도록 조직의 모든 부서가 참여하는 정기적인 정보공유의 기회를 마련해야 한다. 또한 조직 전체의 관점에서 기업전략을 수립할 때 수집한 전달된 정보를 반영하도록 노력해야 한다(최칠성, 2017).

일반적으로 많은 기업이 고객지향 마케팅을 위해 소비자와의 접점을 강화하기 위한 고객센터 및 다양한 SNS 채널을 운영하고 있다. 이를 통하여 신제품 출시에 대한 고객의 반응을 실시간으로 분석하고 제품에 반영한다. 또한 목표시장에서 고객들의 욕구, 기호, 소비패턴 등을 분석하여 직접적인 마케팅 전략 수립에 반영하고 있다. 이러한 흐름 속에서 사회적경제의 지속 가능성을 위해서는 고객지향적 마케팅 전략에 많은 관심을 가지고 사회적경제의 소비자에게 가치를 제공할 수 있는 다양한 전략을 수립하여 시행해야 한다.

2. 소비자 행동 이해

1) 소비자 행동 모델

소비자들은 시장에서 구매 행동을 할 때 자신의 욕구를 충족시키기 위해 제품이나 서비스를 탐색, 사용, 평가하는 과정을 거치게 된다. 즉, 환경에 대한 일정한 자극을 통하여 구매 의사결정과정을 거치고, 이를 통하여 제품이나 상표를 선택하는 행동의 체계를 가지고 있다. 그래서 마케터들은 소비자의 구매 행동에 영향을 미치는 원인이 무엇인지에 대해 알고 싶어 한다. 이를 위해 다양한 고객데이터를 확보하고, 분석하고, 정기적인 소비자 조사를 통하여 고객정보를 취득하기도 한다. 이를 통하여 소비자로부터 긍정적인 반응을 얻고자 하는 것이다.

소비자 행동론은 인간행동을 다루는 심리학, 사회학, 문화인류학 등에 이론적 기반을 두고 있다. 초기 소비자 행동론은 소비자의 실리적인 사고를 바탕으로 주어진 조건에서 최대의 효용을 얻기 위해 행동한다는 가정을 중심으로 하고 있다. 하지만 이러한 관점이 경제성만을 강조한다는 비판과 함께 소비자의 심리적 분석에 대한 접근 방식이 연구되기 시작했다. 이 시기에는 지그문트 프로이트(Sigmund Freud)의 심리분석이론을 바탕으로 소비자의 행위가 어떤 심리를 통하여 제품을 구매했는지에 대한 분석을 진행하였다. 그러나 이 방법도 일부 소비자만을 대상으로 하여 일반화의 문제점을 가지게 되었다. 따라서 1960년대에 들어서 다차원적인 접근과 심리학적인 이론을 토대로 소비자의 관심, 행위, 의견 등의 변수와 인구통계학적인 변수 등을 통해 소비자의 행동을 설명하였다. 이후 1970년대에는 소비자의 정보처리를 통한 의사결정과정에 관심을 두게 되었고, 1980년대 이후 소비자의 인지적 관점과 정서적 관점을 중요한 구매 의사결정과정의 영향으로 분석하였다.

코틀러와 켈러(Kotler & Keller, 2006)의 구매자 행동모형은 이러한 소비자 행동의 체계를 잘 설명해 주고 있다. 즉, |그림 5-2|에 나와 있는 구매자 행동모형을 살펴보면 마케터의 마케팅 전략이 소비자들의 잠재의식에 작용하여 어떻게 반응하는지를 설명하고 있다.

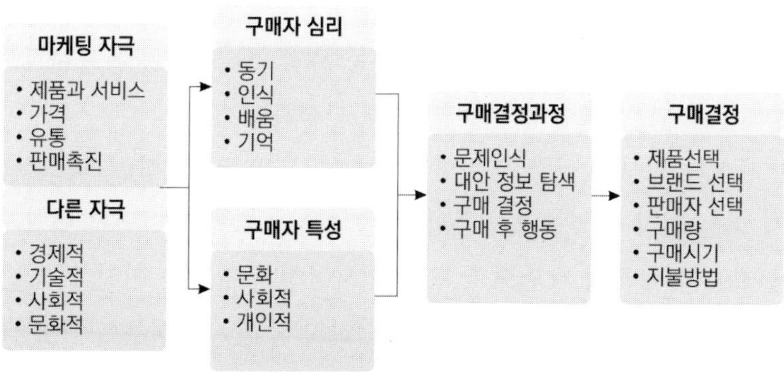

|그림 5-2| **구매자 행동모형**

출처 : Kotler & Keller(2006). Marketing management(12th ed.). New Jersey : Pearson Prentice Hall, p. 184.

기업의 마케팅 담당자들은 소비자들이 다양한 마케팅의 자극에 어떻게 반응하는지에 대해 관심이 많다. 따라서 구매자 행동모형은 구매자들의 마케팅 자극과 다른 자극에 대하여 구매자의 특성과 심리에 어떻게 반응을 일으켜 구매를 결정하는지에 대해 알 수 있게 한다.

마케팅 자극은 마케팅 믹스의 4P인 제품, 가격, 유통, 촉진이다. 그리고 다른 자극은 구매자의 경제적, 기술적, 환경적, 문화적인 환경에서 일어나는 다양한 영향 요인들을 말한다. 이러한 자극은 구매자의 심리상태에 들어가면 구매자가 자극에 대하여 자신이 느끼고 반응하는 구매자의 특성과 구매자 의사결정 과정에 영향을 미치게 된다.

2) 소비자 행동의 영향 요인

구매자 행동체계에서 구매자의 특성은 문화적, 사회적, 개인적, 심리적인 특성에 의해 영향을 받는다.

첫째, 문화적 특성은 구매자의 욕구와 구매자가 종교, 인종, 특수한 이해관계 등 다른 주요 기관과 사회화과정을 통해 획득한 행동의 근본적인 결정요소를 말한다. 문화는 구매 행동을 유발하는 기본적인 요인으로 작용한다. 인간은 사회화 과정을 통하여 조직에서 성장하면서 기본적인 가치관, 욕구, 행동에 대하여 학습한다. 따라서 이러한 문화적 속성은 구매 의사결정에 중요한 요소로 작용하게 된다. 이러한 속성을 반영하여 많은 브랜드가 현재 히스패닉계 소비자, 아프리카계 소비자, 아시아계 소비자 등 특정 하위문화를 목표시장으로 하여 그들의 욕구와 선호에 맞춘 마케팅을 시행하고 있다.

둘째, 사회적 특성은 회원집단, 열성 집단과 같은 준거집단, 그리고 종교, 정치, 경제 또는 일상적인 구매 행동과 같은 가족의 요인과 사회적 역할과 지위와 같은 요소가 사회적 요인으로 구매 의사결정에 영향을 미친다. 집단은 개인에게 직접적인 영향을 주거나 자신이 속하지 않은 열망하는 그룹에 의해 영향을 받는다. 그리고 가족은 사회에서 가장 중요한 소비자 구매 조직이다. 따라서 마케팅 전략 수립 시 가족 구성원인 남편, 아내, 자녀들의 제품과 서비스에 대한 각각의 역할과 영향력에 대한 고려가 필요하다. 현대는 가정 밖에서 일하는 여성이 증가함에 따라 전통적으로 여성의 구매역할인 가족의 식품, 가정용 제품, 옷의 구매 등에서 남편들이 참여하는 비율이 높아지고 있다. 이러한 역할변화는 마케팅 활동에서도 여성 또는 남성을 대상으로 판매하던 여러 산업에서 이제는 반대로 목표 고객을 고려하고 있다. 또한 개인이 속한 집단에서의 지위와 역할은 제품을 선택하는 데 영향을 미친다. 이러한 예로 기업의 임원들이 지위에 맞는 옷을 구매하거나, 스포츠 경기에서 열성 팬이 자신이 좋아하는 스포츠팀의 옷을 구매하여 입는 것 등을 말할 수 있다.

셋째, 개인적 특성은 구매자의 나이, 자아 개념, 생활 방식, 가치관, 성격, 소득, 직업 및 생애주기 단계가 모두 개인적인 요소의 차원이다. 개인적인 구매 취향은 나이와 관련이 높다. 따라서 개인별 생애주기에 적합한 상품을 선택하고 마케팅 계획을 세운다. 또한 개인의 경제적 상황인 소득, 저축, 이자율과 같은 요소도 구매에 영향을 미친다. 이러한 영향으로 경제적 위기 시에 할인점들이 나타나고, 핸드폰 제조업체들이 중국 및 동남아 국가 시장에서 저가 휴대전화를 마케팅 전략을 사용하고 있다. 그래서 마케터는 개인의 삶을 살아가는 방식인 라이프스타일에 따른 고객의 가치 체계의 변화와 구매 행동의 영향에 관심을 둔다. 이 밖에도 개인의 독특한 성격과 특정 브랜드에 대한 개인적인 선호가 구매에 중요한 요소로 작용한다.

넷째, 심리적 특성은 소비자의 구매선택에 심리적 요인인 동기, 지각, 학습 그리고 신념과 태도에 의한 영향을 말한다. 동기는 특정 시점에 많은 욕구를 말한다. 매슬로우(Maslow)의 인간 욕구는 생리적 욕구, 안전 욕구, 사회적 욕구, 존경 욕구, 자아실현 욕구를 포함하고 있다. 즉, 이러한 욕구는 계층적 욕구로 배고픈 사람들은 예술 세계에서 최근에 일어나는 현상에 대해 별 관심을 두지 않는다는 것을 말한다. 그리고 개인의 지각은 오감(시각, 청각, 후각, 촉각, 미각)을 통해 정보를 학습한다. 이렇게 학습된 정보는 개인적인 사고방식에 따라 행동양식이 달라진다. 즉, 자신이 선호하는 브랜드의 장점은 잘 기억하지만 경쟁사의 장점은 기억하지 못하는 선택적 보유(selective retention)를 갖는다. 이러한 이유로 마케터는 자신들이 전달하는 메시지가 소비자의 마음속에 도달하기 위해 노력해야 한다. 이 밖에도 행동과 학습을 통해 사람들의 신념과 태도가 형성되며 이 또한 구매 행동에 영향을 미친다.

이처럼 마케팅의 시행을 위해 소비자 행동에 영향을 미치는 다양한 요인들에 대하여 이해해야 한다. 즉, 소비자는 문화적, 사회적, 개인적, 심리적인 요소를 고려하여 복합적인 상호작용을 통해 소비자 행동을 결정하게 된다.

3) 구매자 의사결정과정

소비자의 구매과정은 실제 구매의 행위가 있기 전 단계와 구매 이후에도 지속된다. 일반적으로 소비자의 구매 의사결정과정은 욕구 인식, 정보 탐색, 대안 평가, 구매, 구매 후 행동의 5단계로 구성되어 있다. 하지만 소비자는 모든 다섯 단계를 거치지 않고 일부를 생략하기도 하고, 순서를 바꿀 때도 있다. 예를 들어, 일상적으로 선호하는 브랜드가 있다면 욕구가 인식되고 바로 구매의 행동이 일어날 수 있다.

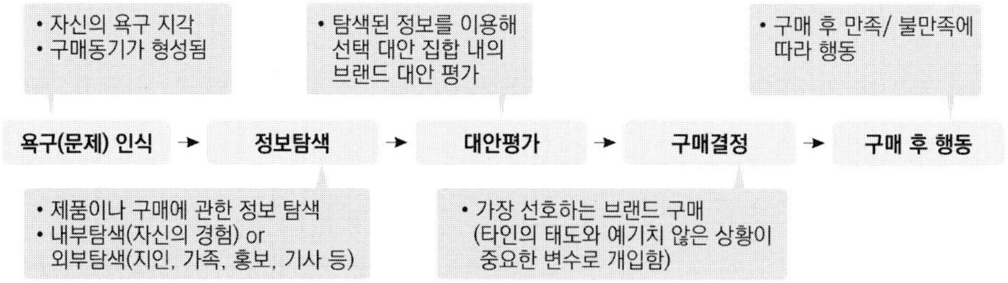

|그림 5-3| **구매 의사결정과정**

욕구(문제) 인식은 소비자가 자신의 욕구를 지각하는 것으로 내적인 자극과 외적인 자극으로 구분된다. 내적인 자극은 배고픔, 목마름, 성욕과 같은 욕구들을 말한다. 그리고 외적인 자극은 지인과의 대화, 외부 정보를 통해 욕구가 생길 수 있다.

정보 탐색의 단계는 소비자가 자신의 욕구를 인식하고 이를 해소하기 위해 제품이나 구매에 관한 정보를 얻고자 하는 활동을 말한다. 이런 정보의 원천은 개인적인 원천(가족, 친구, 이웃), 상업적 원천(광고, 매장 직원, 전시), 공개적 원천(대중매체, 인터넷), 경험적 원천(제품의 취급, 사용)을 통해 정보를 얻게 된다. 그러나 최근에는 개인적인 원천이 정보 탐색에 가장 효과적인 것으로 평가되고 있다.

대안 평가의 단계는 탐색된 정보를 이용하여 선택 가능한 집합 내의 브랜드의 대안을 평가하는 것이다. 따라서 소비자가 대안을 평가하는 방법에 대하여 이해할 필요가 있다. 소비자의 대안에 대한 평가는 개인 차이가 있다. 그리고 소비자는 때에 따라서는 신중한 선택을 하지만 때로는 거의 평가하지 않거나 충동 때문에 구매하기도 한다. 따라서 마케팅은 소비자들이 어느 것이 구매 결정에 영향을 미치는지에 대한 면밀한 분석이 필요하다.

구매 단계는 소비자가 가장 선호하는 브랜드를 구매하는 것이다. 즉, 여러 가지 브랜드에 대한 대안의 순서를 정하고 구매를 결정한다. 이러한 구매의 과정에는 타인의 태도(권유 등)와 예기치 않은 상황(가격할인, 수입감소 등)이 개입하게 된다.

마지막 구매 후 행동 단계는 소비자가 구매 후 만족 또는 불만족에 따른 행동을 말한다. 즉, 소비자의 만족 또는 불만족의 경험은 기억에 저장되어 다음의 구매 의사결정에 영향요소가 된다. 따라서 만족한 소비자는 제품을 재구매하고, 주위 사람들에게 추천하게 된다. 그러나 불만족한 소비자는 구매 중지나 교환, 환불 등의 불평 행동을 하게 된다. 따라서 성공적인 마케팅을 위해서는 소비자 구매 후 행동에 대한 모니터링 및 적절한 대응이 매우 중요하다.

3. 고객지향 마케팅의 적용

1) 고객지향 마케팅의 설계

기업들은 시장에서 고객과의 관계를 강화하려고 한다. 그러나 시장 내에 소비자들의 구매 패턴은 매우 다양하다. 그리고 시장의 경쟁상황이나 회사마다 동원할 수 있는 자원에 한계를 가지고 있다. 따라서 기업에서 모든 시장에 소비자의 욕구에 대응하는 것은 불가능한 일이다. 이런 현상은 기업들이 대량 마케팅에서 시장을 세분화하고 목표시장을 선정하여 자원을 집중하는 표적시장 마케팅으로 전환을 이끌었다. 또한 고객지향적 마케팅을 통하여 다양한 소비자들과의 적절한 고객관리와 고객 관계를 강화를 위한 마케팅 전략을 수립하고 있다.

코틀러와 암스트롱(Kotler & Armstrong, 2016)은 『Principle of Marketing』에서 고객지향적 마케팅 전략의 설계에 대해 고려할 가장 중요한 네 가지 단계를 |그림 5-4|를 통하여 보여주고 있다.

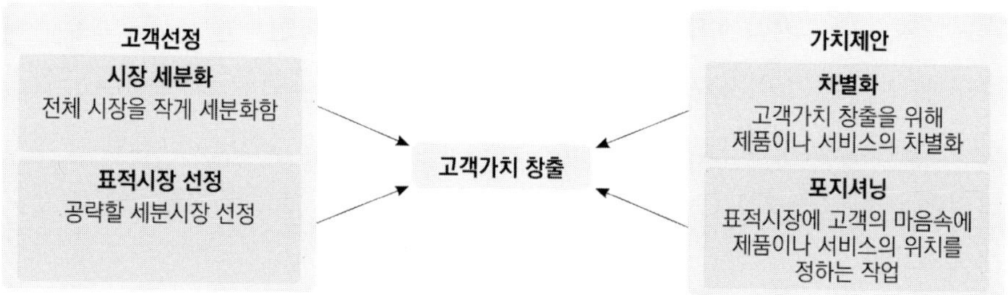

|그림 5-4| **고객지향적 마케팅 전략의 설계**

시장세분화는 시장을 서로 다른 제품과 마케팅 믹스를 요구하는 작은 단위로 구분하는 것을 말한다. 시장세분화의 기준은 지리적 변수(국가, 지역, 주, 도시, 지역, 기후), 인구통계학적 변수(나이, 생애주기, 성, 소득, 교육, 종교, 인종), 심리묘사적 변수(사회계층, 생활양식, 개성), 행동적 변수(상황, 혜택, 사용자 상태, 사용률, 충성도) 등으로 다양하게 구분한다.

기업들은 시장세분화를 통하여 자신들의 역량과 자원을 고려하여 가장 경쟁력 있는 시장을 선택하게 된다. 이것이 표적시장 선정의 단계이다. 표적시장을 선정하기 위한 고려요인은 다음과 같다. 첫째, 세분 시장의 크기와 성장성이다. 모든 기업에 시장의 크기가 매력적인 것은 아니다. 사회적경제 영역에 규모가 작은 기업들은 오히려 큰 세분 시장을 공략하기 위한 기술과 자원이 부족할 수도 있다. 따라서 시장의 크기보다 잠재적인 성장성이 있는 시장을 선택하는 것이 유리하다.

둘째, 세분 시장의 구조적 매력도이다. 세분 시장에서 경쟁자의 상황, 구매자의 구매력, 경쟁제품의 존재 등을 고려하여야 한다. 결국 세분 시장에 강력한 경쟁자가 존재하고, 구매자들의 힘이 너무 커서 대응하기 어렵고, 강력한 경쟁제품이 존재한다면 그러한 세분 시장의 구조적 매력도는 떨어질 것이다.

셋째, 세분 시장에서 회사의 목표와 자원을 고려해야 한다. 시장의 규모와 매력도가 아무리 좋은 시장이라도 회사의 목표와 자원에 적합하지 않을 수 있다. 따라서 세분 시장에서 표적시장을 선정하는 것은 회사의 목표와 자원을 고려하여 고객에게 충분한 가치를 제공할 수 있는 세분 시장으로 진입하는 것이 필요하다.

표적시장은 비차별적 마케팅(대량 마케팅), 차별적 마케팅(세분화 마케팅), 집중적 마케팅(틈새 마케팅)으로 표적시장의 크기를 선정할 수 있다. 기업은 표적시장의 크기에 따라 전략의 범위와 자원의 양을 결정해야 한다. 따라서 사회적 경제와 같은 작은 기업에서는 시장을 세분화하여 집중적으로 접근하는 세분화 전략이 필요하다. 또한 회사뿐만 아니라 고객에게도 이익을 가져다줄 수 있는 사회적으로 바람직한 표적시장의 선정이 중요하다.

다음으로 표적시장이 선정되면 표적시장의 고객에게 가치 창출을 위해 제품이나 서비스의 차별화 및 포지셔닝이 필요하다. 즉, 표적시장의 소비자들에게 가치를 제안하고, 소비자들의 마음속에 경쟁제품보다 상대적으로 우위에 있는 차별성을 통하여 제품이나 서비스의 위치를 만들어 주어야 한다. 그래서 '제품은 공장에서 만들어지지만, 브랜드는 소비자의 마음속에서 만들어진다'라는 말이 있다. 그래서 기업은 경쟁사 대비 무엇을 차별화할 것인가를 결정해야 한다. 그리고 경쟁사보다 고객의 욕구를 더 잘 반영하여 고객가치를 전달하기 위한 경쟁우위가 필요하다.

결국 고객지향 마케팅 전략의 설계는 시장을 구분하고, 접근할 수 있는 시장을 선정하여 선정된 시장에 고객의 욕구를 반영하여 제품이나 서비스를 공급함으로 고객가치를 제안하는 것이다. 또한 기업의 차별화 전략과 경쟁우위를 통하여 지속해서 고객과의 관계를 강화하는 것을 말한다. 이 장에서는 고객지향 마케팅 전략의 대략적인 개념에 대하여 설명하였다. 이후 6~7장에서 시장세분화, 표적시장, 포지셔닝에 대해 좀 더 자세하게 다루고 있다.

2) 고객지향 마케팅의 고려요인

고객 중심 조직은 자신의 예산 범위 안에서 고객과 공공의 욕구와 필요를 인식하고, 제품과 서비스를 제공하며, 만족시키기 위한 모든 노력을 기울이는 조직을 말한다(Andreasen & Kotler, 2003). 고객 중심 조직의 결과 중 하나는 고객들의 높은 개인적인 만족도에서 찾아볼 수 있다.

그러나 고객 중심 마케팅에 실패하는 조직은 세 가지 유형으로 구분할 수 있다.

첫째, 고객 중심 마케팅을 위해 필요한 자원과 직원이 부족한 경우이다. 즉, 조직의 예산이 부족하여 우수한 직원을 채용하여 교육을 통한 직무 역량 강화를 할 여력이 없는 경우이다. 그리고 경영자들이 좋은 서비스를 제공하도록 요구할 권한이 없는 경우를 말한다.

둘째, 고객 만족에 관심이 없는 경우이다. 이런 조직은 고객에게 매우 관료적인 태도를 보인다. 그래서 형식주의나 관료주의가 팽배한 조직을 말한다. 특히 정부로부터 재정 지원을 받는 조직은 고객의 소리에 둔감하고 관료적인 태도를 보이기 쉽다.

셋째, 고객에게 의도적으로 무반응적인 조직이다. 미국의 지방 신문의 Food Stamp 이용자들의 접근을 어렵게 한다는 보도가 있었다. 이것은 서비스 이용자의 접근성을 제한하여 서비스 사용을 최소화하기 위해 지하실에 위치하거나 계단 등에 표시하지 않는 경우를 말한다. 즉, 고객에게 의도적으로 무반응을 보이는 조직을 말한다.

일반적으로 고객지향적 마케팅에 성공하는 조직은 다음과 같은 공통적인 원칙을 가지고 있다.

첫째, 시장점유율보다 고객점유율을 중시하는 것이다. 시장점유율은 시장의 전체 매출에 자사 상품의 구매비율을 의미한다. 그러나 고객점유율은 개별 고객이 여러 제품이나 서비스 가운데 특정 제품과 서비스를 이용하는 비율을 의미한다. 즉, 사회적경제 조직에 한 고객이 자사 브랜드의 제품을 구매하는 비율이 높다면 이것이 고객점유율이 높다는 것을 의미한다. 그래서 고객점유율은 고객과의 장기적인 관계 구축에 초점을 둔 것으로 고객의 충성도를 의미한다.

둘째, 제품 차별화보다 고객 차별화에 초점을 두어야 한다. 마케팅 철학의 중심이 생산 중심에서 판매 중심, 고객 중심으로 이동하였다. 따라서 고객 유형별로 그들의 욕구에 부합하는 제품과 서비스를 제공하려는 노력이 필요하다. 사회적경제의 영역에서도 기념일 이벤트 등 고객의 마음에 바탕을 둔 캠페인에 대한 다양한 아이디어가 필요하다.

셋째, 목표 고객을 선별하여 집중적으로 공략하는 것이다. 소지자의 인구통계학적 변수, 심리적인 변수 등 다양한 기준으로 시장을 세분화하여 세분 시장에 다른 고객들의 욕구를 이해하고, 경쟁사 대비 차별점을 부각하는 노력이 필요하다.

넷째, 정보기술의 활용을 통한 고객 편의성을 향상해야 한다. 최근의 빅데이터 마케팅과 같이 축적된 고객의 정보는 다양한 형태로 활용될 수 있다. 이러한 고객정보를 통하여 소비자의 구매 예측이나 이탈 징후 파악, 구매 패턴 등을 분석하여 활용할 수 있다. 예를 들어, 아마존은 구매 고객의 데이터 분석을 통하여 구매 상품에 대한 예측정보를 고객에게 제공하고 있다. 이 밖에도 많은 기업이 고객데이터를 확보하고 이를 활용한 맞춤 마케팅을 시행하고 있다.

다섯째, 제품 중심 조직으로부터 고객지향적 조직으로 전환해야 한다. 모든 조직이 고객과의 접점에서 고객 편의를 증대하고 서비스 품질을 향상하려고 노력해야 한다. 그리고 사회적경제의 마케팅 담당자들은 고객점유율 향상을 위한 전략을 개발하고 모든 조직이 동참하도록 해야 한다.

여섯째, 철저한 고객 중심적 사고를 해야 한다. 당장 판매를 위한 근시안적인 마케팅 전략이 아닌 기본에 충실한 고객지향적 마케팅 전략이 요구된다. 예로 스웨덴의 스칸디나비아 항공사는 고객 접점 15초가 중요함을 인식하고 기업의 성패를 가르는 MOT(MOT : Moment of Truth)을 마련하였다. 이를 통하여 항공사의 모든 직원은 고객을 만나는 순간에 철저한 고객 중심적 사고로 무장하고 행동하고 있다.

사회적경제 조직이 고객 중심적 사고를 해야 하는 것은 당연하다. 소비자 없이 사회적경제 조직의 존재는 불가능하기 때문이다. 특히 사회적경제 조직은 일반 소비자뿐만 아니라 조합원, 지역사회 주민 등 다양한 소비자의 층을 가지고 있다. 따라서 일정한 기준으로 고객을 유형화하고 고객들의 욕구에 기반한 제품과 서비스의 개발이 필요하다.

3) 사회적경제에서 소비자의 인식

사회적경제는 사회문제 해결을 통한 사회적 가치 창출을 위해 소비자에게 제품과 서비스를 제공한다. 따라서 사회적경제에서 소비자의 참여는 사회적경제 활성화에 필수 불가결한 사항이다. 그동안 사회적경제의 영역은 새로운 창업이나 육성에 초점이 맞춰져 왔다. 그리고 정부의 정책에 의존하는 측면이 강하게 나타났다. 사회적경제의 활성화를 위해서는 사회적경제가 소비자를 이해하고 참여할 수 있는 개선이 필요한 시점이다. 시장에서 사회적경제의 활성화를 위해 제품과 서비스에 담긴 가치를 소비자들에게 전달하고, 공감을 통해 구매하도록 해야 하며, 동시에 소비자들에게 고객가치를 전달하는 것이 중요하다.

한국소비자원(2018)의 조사에 따르면, 소비자의 사회적경제에 대한 전반적인 인식이나 인지의 수준이 매우 낮게 나타났다. 최근 사회적경제를 이용한 경험자와 미경험자를 각각 1,000명씩 할당하여 조사한 결과 사회적경제 및 조직에 대한 인식에서 경험자 중에 사회적경제를 들어본 적이 없거나 잘 모른다는 응답이 전체의 53.5%에 해당했다. 그러나 미경험자는 78.6%가 모른다고 응답하였다. 다만, 그동안 소비자에게 비교적 많이 노출된 사회적기업의 경우는 경험자의 26.1%만이 인식을 못 하는 것으로 나타났다.

또한 사회적경제의 제품이나 서비스가 영리기업과 비교하면 경쟁력이 높지 않다고 평가하고 있다. 다만, 사회적경제의 제품이나 서비스를 경험한 소비자들의 경험 만족도는 경험하지 않은 소비자에 비해 높게 나타났다. 사회적경제에서 소비자는 윤리적 소비의 태도와 참여 정도에 따라 <표 5 - 1>과 같이 구분된다.

〈표 5-1〉 사회적경제에서의 소비자 구분

<table>
<tr><th colspan="2" rowspan="3">구 분</th><th colspan="3">윤리적 소비 태도 및 참여 정도</th></tr>
<tr><th rowspan="2">일반소비자</th><th colspan="2">윤리적 소비자</th></tr>
<tr><th>경영참여자(조합원)</th><th>비경영참여자</th></tr>
<tr><td rowspan="3">경제적 취약성</td><td rowspan="2">일반 계층</td><td rowspan="2">• 주요 고객
• 가치공유, 사회적경제 인식 개선
• 접근성 개선</td><td>• 조합의 사회적가치 창출 기여</td><td>• 사회적경제 접근성 개선</td></tr>
<tr><td colspan="2">• 일반소비자와 사회적가치 공유
• 사회적경제 소비확산에 기여</td></tr>
<tr><td>취약 계층</td><td colspan="3">• 사회적경제의 주요 수혜자
• 사회적경제 조직의 수혜자로 이용 역량 및 여건 마련</td></tr>
</table>

출처 : 이금노 · 정영훈(2018). 사회적경제에서의 소비자편익 증진방안 연구 재구성.

일반 고객은 사회적경제 활성화 정책의 주요 고객으로 사회적경제에 대한 인식개선과 사회적 가치를 공유하려는 마케팅 전략이 필요하다. 한편 윤리적 소비자인 경영참여자(조합원)는 조합의 사회적 가치 창출에 이바지하도록 해야 하며, 비경영참여자에게는 사회적경제 접근성을 더욱 개선해야 한다. 그리고 윤리적 소비자들은 일반 소비자에게 사회적 가치를 공유하고 사회적경제 소비확산에 이바지하도록 유도하는 마케팅 전략이 요구된다. 또한 사회적경제에 주요 수혜자인 취약계층은 일반 소비자와 비교하면 구매력은 약하나 사회적경제 조직의 수혜자로 사회적경제의 경제적, 비경제적 편익에서 소외되지 않도록 해야 한다(이금노 외, 2018).

사회적경제에서 소비자를 이해하는 것은 매우 중요하다. 소비자의 이해는 사회적경제가 고객 중심적 마케팅을 시행하기 위한 기본적인 필수조건이다. 사회적경제는 지속적인 마케팅 노력을 통하여 소비자가 사회적경제가 추구하는 가치를 이해하도록 공유하며, 관련 사회적 활동에 적극적으로 참여하도록 유도해야 한다. 이를 위해 사회적경제의 정책적인 측면과 사회적경제 조직의 복합적인 노력이 필요할 것이다.

한편 사회적경제는 자체적으로 고객 중심적인 조직인지에 대한 점검이 필요하다. 따라서 고객 중심적 마케팅을 시행하기 위해서는 다음의 몇 가지 고려사항을 점검해야 한다.

첫째, 사회적경제가 추구하는 사회적가치가 본질적으로 바람직한지 점검해야 한다. 사회적경제가 아무리 훌륭한 제품을 개발하였다고 하더라도 이것이 환경을 해치는 일이라면 추구하는 사회적 가치의 본질을 침해하게 될 것이다.

둘째, 고객들의 무지와 동기 결여가 마케팅의 성공에 장벽이 된다. 사회적경제에 대한 소비자들의 인식은 매우 낮다. 따라서 고객들에게 사회적경제에 대한 제품과 서비스의 차별적인 이미지를 심어주려는 노력이 필요하다. 이를 위해 고객을 변화시키기보다는 사회적경제 조직이 고객 중심적 사고로 변모해야 한다.

셋째, 고객에 대한 요구를 파악해야 한다. 고객 중심 조직은 고객을 알기 위한 노력이 필요하다. 사회적경제가 선한 의도로 제품과 서비스를 제공한다는 것으로 소비자의 욕구를 무시할 수 없다. 따라서 제품과 서비스 개발에 정기적인 소비자 조사 등 소비자의 의견을 수렴하여 반영하려는 노력이 필요하다.

넷째, 마케팅은 판촉이라는 오해를 버려야 한다. 마케팅은 단순히 홍보의 수단으로만 사용되는 것이 아니다. 판매 중심의 시기에는 마케팅이 일시적인 수단으로 활용되었으나 현재는 고객 중심 마케팅의 실천을 위해 전체 조직이 일관된 메시지를 전달하려는 노력이 필요하다.

다섯째, 자신의 조직에 맞는 마케팅 전략을 만들어야 한다. 특히 마케팅 전략을 수립할 경우, 시장변화에 민감하게 반응해야 한다. 그리고 소비자와 관계를 강화하고 지속적인 커뮤니케이션이 일어날 수 있도록 고려하는 것이 중요하다. 즉, 사회적경제에 시장변화를 고려한 적절한 마케팅믹스를 통해 소비자에게 교환 가치를 제안해야 한다.

사례연구 - 고객지향적 사고를 통한 프로그램 개발

The BASICS project, USAID(United States Agency for International Development), The Center for Disease and Prevention

USAID는 세계 최고의 국제개발기구이다. 개발도상국에서 위기에 처한 어린이들의 건강과 복지 증진을 위해 질병예방 프로그램을 마련하였다. 개발도상국에서는 설사, 급성감염, 영양실조, 말라리아, 홍역의 다섯 가지 질병이 어린이 사망률 원인의 70%로 나타났다. 여기서 주목할 것은 어린이들의 예방과 효과적인 치료의 열쇠를 찾기 위해 현지에서 연구와 자문을 통하여 돌봄을 행하는 사람들의 관점에서 실천할 수 있는 다섯 가지 영역에서 열여섯 가지 행동을 도출하여 실천하게 하였다.

주요한 행동수칙으로 가족계획, 산전 간호, 모유 수유, 예장 접종, 건강실천(손 씻기, 살균 치료제 사용, 요오드 섭취 등), 건강 보호시설에서의 치료 등이다. 따라서 USAID의 서비스는 돌보는 사람들의 행동에 초점을 두고 지역사회에서 산모와 아이들이 실천할 수 있는 행동을 중심으로 서비스를 개발하고 실천하도록 하는 고객 중심적 사고가 중심에 있다.

chapter 06 시장세분화와 표적시장

1. 시장세분화의 개념 및 절차

1) 시장세분화의 개념

고객지향적 마케팅을 시행하기 위한 출발점은 시장세분화이다. 고객지향적 마케팅은 소비자의 욕구와 구매 패턴에 적절한 대응을 통해 고객과의 관계를 강화하는 것을 말한다. 그러나 자원의 한계가 있는 기업은 모든 소비자를 상대로 동일한 마케팅 전략을 수행하기는 쉽지 않다. 따라서 시장세분화를 통하여 우리가 목표로 하는 시장에서 소수의 소비자를 대상으로 경쟁사보다 더 좋은 가치를 만들어 내려는 노력이 필요하다.

시장세분화(market segmentation)는 시장을 서로 다른 상품과 마케팅 믹스를 요구하는 독특한 욕구, 특징 및 행동을 갖는 보다 작은 소비자 집단으로 구분하는 것을 말한다. 쉽게 말하면 시장세분화는 표적시장을 선정하기 위해 시장의 고객을 동질적인 하위집단으로 세분화하는 과정이다.

기업들이 시장세분화를 하는 목적은 네 가지로 구분할 수 있다.

첫째, 시장에서 소비자의 구매 동기와 욕구 등을 보다 정확하게 파악하고, 변화하는 시장수요에 적극적으로 대응하기 위해서이다. 마케팅의 소비자 조사는 마케팅 전략 수립에 매우 중요한 기초자료가 된다. 하지만 마케팅 조사는 그 과정뿐만 아니라 비용 측면에서도 많은 자원이 소요된다. 그래서 기업은 시장을 세분화하여 동질적인 집단의 구매 동기와 욕구를 조사하는 것이 더욱더 효율적이다. 또한 이를 통하여 적절하게 시장의 변화를 파악하고, 이것을 제품이나 서비스에 반영할 수 있다.

둘째, 마케팅자원의 효과적인 배분이 필요하기 때문이다. 기업은 시장에서 마케팅 활동에 대한 소비자의 반응을 분석한다. 이러한 분석은 어느 시장에서 마케팅의 활동이 효과적으로 반응하는지를 점검하게 된다. 즉, 기업은 세분된 시장에서 소비자 반응분석에 따른 효과적인 마케팅자원을 배분할 수 있기 때문이다.

셋째, 기업의 경쟁목표 설정이 필요하기 때문이다. 시장세분화는 시장 내에서 현재 경쟁자의 역량을 확인하고 잠재적인 경쟁자의 진입 가능성을 점검하는 것을 통하여 기업의 강점과 약점을 확인할 수 있다. 이러한 분석을 통하여 기업은 세분 시장을 평가하고 더욱 유리한 목표시장을 선택할 가능성이 커진다.

넷째, 기업의 정확한 표적시장 설정을 위해 필요하기 때문이다. 기업은 시장세분화를 통하여 시장규모, 시장 성장성, 잠재수요 등 세분 시장의 매력도 분석에 따른 정확한 목표시장 설정이 가능하다. 또한 기업이 공략 가능한 정확한 표적시장이 설정되면 시장의 특성에 맞도록 마케팅 활동의 방향성을 설정하고 자원을 집중할 수 있기 때문이다.

사회적경제의 영역에서 시장의 소비자 구매 동기와 욕구 등을 조사하는 것에 소홀한 경향이 있다. 그것은 사회적경제의 자원 및 인력 부족에 기인한다. 그러나 시장세분화를 통해 세분 시장에서의 소비자의 욕구와 구매 동기를 정확히 파악하는 것이 필요하다. 그리고 시장의 정확한 분석을 통해 경쟁자를 인식하고 경쟁목표를 명확히 해야 한다. 더불어 각 사회적경제에 적절한 매력적인 세분 시장을 찾아서 제한된 자원을 집중할 필요가 있다.

2) 시장세분화의 기준

기업들은 이질적인 시장을 작은 세분 시장들로 나누고 세분 시장에 소비자의 욕구에 맞도록 제품과 서비스를 효과적으로 제공하여 마케팅 목적을 달성하려고 한다. 따라서 각각의 시장마다 시장세분화를 위한 주요 변수는 서로 상이하다. 여기에서는 사회적경제에 직접 관련이 있는 소비자 시장의 세분화 기준 및 시장세분화의 선결 요건을 살펴본다.

시장을 세분화하는 주요 변수는 일반적으로 지리적 변수, 인구통계적 변수, 심리 묘사적 변수, 행동적 변수로 분류할 수 있다.

〈표 6-1〉 소비자 시장에서 세분화를 위한 주요 변수

변 수	사 례
지리적 변수	국가, 지역, 도시, 인구밀도(도시, 지방), 기후
인구통계적 변수	나이, 생애주기, 성, 소득, 직업, 교육, 종교, 인종, 세대
심리 묘사적 변수	사회계층, 생활양식, 개성
행동적 변수	상황, 혜택, 사용률, 충성도 수준

(1) 지리적 변수

지리적 세분화(geographic segmentation)는 시장을 국가, 지역, 도시 또는 지역사회를 기준으로 지리적으로 세분화하는 것을 말한다. 많은 기업이 개별 지역, 도시, 지역사회의 소비자의 욕구에 맞추기 위하여 그들의 제품, 광고, 판매 노력을 지역화하고 있다. 그 이유는 지리적인 변수인 국가, 지역, 도시마다 문화와 시장의 특성이 다르게 나타나고 있기 때문이다.

그 예로 블랙박스를 들 수 있다. 우리나라의 자동차 대부분에는 블랙박스가 장착되어 있다. 그 이유는 길을 쉽게 찾을 수 있을 뿐만 아니라 사고 시 분쟁을 예방하고, 보험료가 할인되는 혜택이 있기 때문이다. 그래서 많은 한국의 기업들은 미국에 블랙박스를 수출하려고 했었다. 그러나 미국의 소비자들은 블랙박스에 대한 필요성을 느끼지 못한다. 그 이유는 미국은 교통 사고율이 많지 않고 사고가 나도 분쟁의 소지가 적으며, 설령 사고가 있더라도 운전사들이 분쟁하지 않고 비싼 보험료를 받는 보험회사에서 모두 처리해 주기 때문이다. 이 밖에도 지역에 따른 시장의 특성은 매우 다양한 사례를 찾아볼 수 있다. 그리고 국가뿐만 아니라 지역, 도시 간에도 시장의 특성은 다르게

나타나고 있다.

사회적경제는 유형이나 규모에 따라 차이가 있지만 대부분의 사회적경제는 지역사회를 기반으로 성장하고 있다. 따라서 시장을 지역사회 기준으로 지리적 세분화를 통해 구분하는 것은 매우 효과적이고 필수적인 방법이다.

최근 지역사회에서 사회적 가치에 대한 인식이 확산함에 따라 사회적경제의 기본적 토양이 지역이라는 인식이 확산하고 있다. 따라서 지역사회경제 조직이 지역자원을 활용하고 지역사회 구성원과 소비자의 참여 활동의 과정을 통하여 지역공동체와 동반 성장할 방법을 모색할 필요가 있다. 더불어 사회적경제가 지역사회 기준으로 나누어진 세분 시장을 기준으로 지역사회에 수요를 인식하고 지역자원을 활용하여 활동함으로써 지역사회에 이바지하고, 지역사회의 문제를 해결하는 마케팅 활동을 통하여 지속성장 기반을 형성할 필요가 있다.

(2) 인구통계적 변수

인구통계학적 세분화(demographic segmentation)는 시장을 나이, 생애주기, 성별, 소득, 직업, 교육, 종교, 인종, 세대별 기준으로 세분화하는 것을 말한다. 인구통계적 변수는 시장에서 고객집단을 세분화하는 데 가장 많이 이용되는 방법이다. 그 이유 중의 하나는 인구통계적 변수가 다른 세분화 변수들보다 세분시장에서 소비자의 욕구, 선호, 사용량 등과 상관관계가 높고 측정이 용이하기 때문이다. 특히 이 중에 성별, 나이와 생애주기는 인구통계적 시장세분화를 위해 가장 많이 사용되는 변수로 특징을 이해할 필요가 있다.

<표 6 - 2>는 인구통계적 변수를 이용한 세분화의 구체적인 예를 보여준다.

〈표 6-2〉 인구통계학적 세분화 변수

변 수	사 례
성 별	남, 여
나 이	유아, 취학 전, 초등학생, 중고등학생, 10대 후반~24세, 20대 후반, 30대, 40~50대, 60대 이상
학 력	중졸 이하, 고졸 이하, 대졸 이하, 대학원 이상
월평균 소득	100만 원 미만, 100~200만 원, 200~300만 원, 300~500만 원 미만, 500만 원 이상
혼인상태	미혼, 기혼, 기타
가족 생활주기	미혼, 신혼, 젊은 부부, 중년 부부, 노년 부부, 사별 후 독신
직 업	자영업, 판매업, 기능직, 공무원 및 사무직, 고급 공무원 및 기업체 간부, 전문직 자유직, 농림수산업, 대학(원)생, 중고등학생, 주부
주거형태	아파트, 연립주택, 단독주택, 상가주택

기업은 인구통계적 변수 중 나이와 생애주기에 단계마다 서로 다른 제품과 서비스를 제공하거나 서로 다른 마케팅적 접근을 사용하고 있다. 그 이유는 나이에 따른 사회적 학습의 배경이 다르고, 이에 따른 제품에 대한 감수성도 다르게 나타나기 때문이다. 실제 나이와 생애주기에 따른 세분화의 사례는 무수히 많다. 예를 들어, 비타민 영양제의 경우에 어린이용, 십대 청소년용, 성인 남자용, 성인 여자용 등으로 구분하여 제품을 제공하고 있다. 그리고 자동차도 연령대를 중심으로 제품을 구성하고 소비자들에게 홍보하고 있다. 또한 사회적경제에 사회서비스 제공 기관에서도 청소년을 위한 프로그램과 60대 이상 노인층을 대상으로 하는 프로그램을 구분하여 제공하고 있다. 이처럼 나이에 따라 다른 제품과 서비스가 제공되어야 하며, 마케팅의 접근방법도 다르게 적용해야 한다. 그러나 나이와 생애주기에 따른 시장세분화를 이용할 때는 고정관념의 영향을 받지 않도록 주의해야 한다(Kotler & Armstrong, 2016). 예를 들어, 보통은 40대 부부가 자녀를 학교에 보내지만, 결혼연령이 늦어짐에 따라 막 결혼하여 신혼생활을 시작하는 사례도 있기 때문이다. 그래서 나이만으로 개인의 생애주기와 건강, 가정상황, 욕구, 구매력 등을 예측하는 것은 좋은 지표가 될 수 없다.

다음으로 인구통계적 변수로 성별 세분화이다. 성별 세분화는 의류, 화장품,

잡지 등에서 오랫동안 사용되고 있다. 그래서 성별은 소비자의 나이와 함께 세분화의 대표적인 방법이다. 다만, 성별에 따른 세분화는 사회적 변화에 따라 많은 영향을 받는다. 예를 들어, 과거에 화장품은 여성들의 전유물이었다. 그러나 최근에 남성을 위한 화장품 산업이 폭발적으로 증가하고 있다. 따라서 주로 여성에 초점을 맞춘 화장품 제품들이 남성에게 어울리는 이름을 가진 다양한 제품들로 판매되고 있다. 한편 사회적경제의 영역에서도 다문화 여성 교육서비스를 제공하는 사회적기업의 경우에는 여성만을 대상으로 서비스를 제공하고 있는 것도 성별을 통해 시장을 세분화한 예라고 할 수 있다.

다음으로 인구통계적 변수에서 소득도 세분화의 중요한 변수로 사용된다. 소득 세분화는 자동차, 의류, 금융서비스, 여행과 같은 분야에서 오래전부터 사용한 세분화의 변수이다. 소득은 소비자의 구매력을 나타내는 변수로 소비자의 욕구나 구매 행동에 직접적인 영향을 미치는 가장 중요한 특성이 있다. 그래서 이와 관련하여 귀족마케팅이나 소득별 고객등급에 따른 차별화된 혜택 부여 등의 서비스가 시행되고 있다. 따라서 많은 회사가 사치품과 같은 제품을 판매하기 위해 부유층의 환심을 사기 위한 다양한 마케팅을 전개하고 있다. 대표적으로 항공기 좌석의 경우에는 비즈니스석과 이코노미석의 차별화를 통하여 소득에 따른 세분 시장을 구분하고 있다. 한편 사회적경제는 소득에 따른 시장세분화를 적용하는 데 신중해야 한다. 만약 소득 세분화가 잘못 적용되면 사회적경제가 추구하는 사회적 가치 창출의 이미지가 시장세분화 전략으로 사회적 차별이라는 오해를 만들어 브랜드 이미지에 큰 타격을 줄 수 있기 때문이다.

(3) 심리 묘사적 변수

심리 묘사적 세분화(psychographic segmentation)는 사회계층, 생활양식, 개성의 특징을 근거로 시장을 세분화하는 것이다. 소비자들이 같은 인구통계학적 집단에 속해 있는 경우에도 심리 묘사적 특징은 서로 다를 수 있다. 그 이유는 소비자들 각자의 취미나 관심, 느낌, 영감 등이 다르기 때문이다.

코틀러(Kotler)는 생활양식은 개인의 삶을 살아가는 방식을 말하는데, 그 사람의 심리 묘사적 특성을 표현한다고 하였다. 즉, 생활양식은 AIO의 주요 차원으로 설명된다고 하였다. 소비자의 생활유형을 나타내는 AIO는 Activity(일, 취미, 스포츠, 쇼핑, 사교모임), Interest(음식, 패션, 가족, 레크리에이션), Opinion(자신에 대해, 사회적 이슈, 비즈니스, 제품)을 말한다. 이러한 생활유형은 사회적 계층이나 성격보다 더 많은 정보를 제공한다. 따라서 소비자들은 단순히 제품을 구매하는 것이 아니라 자신들의 생활양식을 함께 구매한다.

국제적인 홍보 기관은 상업적으로 이용하는 시스템에서 소비자의 생활양식을 유형화한 대표적인 것으로 VALS(Values and Lifestyle Segmentation)로 알려진 시스템이 있다. 이것은 소비자의 목표, 동기, 가치에 기초하여 측정하는 것을 말한다. 스탠퍼드 리서치 기관의 아놀드 미첼(Arnold Mitchell)에 의해 연구된 이 시스템은 사람들을 아홉 가지의 라이프스타일로 유형화하고 있다.

- Survivors : 일반적으로 불리한 입장이고 절망하는 경향
- Sustainers : 불리한 입장, 가난에서 벗어나기 위해 싸우는 경향
- Belongers : 전통적이고 과거지향적으로 도전을 꺼리는 경향
- Emulators : 야망이 있고 권력 지향적인 경향
- Achievers : 일을 만들어 인생을 즐기는 경향
- I am me : 자기 자신에게 몰두하며 일반적으로 젊은 사람
- Experiential : 삶이 제공하는 다양성을 경험하길 원하는 사람
- Socially conscious : 사회적으로 책임감과 사회조건이 개선되길 원하는 사람
- Integrateds : 정신적으로 완전히 성숙하는 내부와 외적으로 가장 좋은 요소로 조화된 사람

VALS(Values and Lifestyle Segmentation)의 연구자들은 개인은 궁극적으로 여러 가지 복합적인 성향이 통합된 영역으로 나타난다고 말하고 있다. 이러한 라이프스타일의 유형은 서로 다른 욕구를 하고 있어 마케팅 영역에서 제품과 서비스에 차별적인 접근이 필요함을 말한다. <표 6 - 3>은 심리 묘사적 세분화 변수의 사례를 보여주고 있다.

〈표 6-3〉 심리 묘사적 세분화 변수

변 수	사 례
사회계층	극빈층, 서민층, 중하층, 중상층, 상하층, 상상층
라이프스타일	예술, 요리, 여행, 오락, 운동, 휴양 · 힐링
인성 · 성격 · 개성	실속, 과시, 소심, 도전, 권위적, 완고, 사교적

사회적경제의 영역에 소비자는 비참여적 소비자인 일반 소비자와 참여적인 소비자인 조합원 등으로 구성되어 있다. VALS의 유형화는 사회적경제의 소비자 유형화에도 시사하는 바가 크다. 또한 사회적경제에 서비스 대상자와 취약계층 근로자는 사회 계층적인 세분화 변수로 세분화에 해당한다. 따라서 소비자의 유형에 대한 탐색을 위한 시장조사를 통하여 소비자를 유형화에 따라 구분하고, 세분된 시장에 고객들의 욕구를 바탕으로 하는 제품과 서비스의 공급이 필요할 것이다.

(4) 행동적 변수

행동적 세분화(behavioral segmentation)은 구매자들을 그들의 지식, 태도, 사용상황 또는 제품의 반응, 충성도 등에 근거하여 세분화하는 것을 말한다. 행동적 세분화는 소비자가 기술격차를 느끼는 제품군의 경우에는 제품성능에 대한 차별화를 통하여 시장세분화를 진행한다. 그러나 기술격차가 없는 경우는 디자인이나 상표 인지도와 같은 감성적인 부분을 통한 세분화가 필요하다. <표 6 - 4>는 행동적 세분화 변수의 사례를 보여주고 있다.

〈표 6-4〉 행동적 세분화 변수

변 수	사 례
사용상황	규칙적, 산발적, 특수적
사용량	다량, 중간, 소량
추구효용	상품, 서비스, 경제성, 편리성, 사교적
상품 태도	무관심, 만족, 보통, 불만족
충성도	열광적, 우호적, 보통, 비우호적, 적대적

변 수	사 례
가격 민감도	낮음, 보통, 높음
구매 준비 단계	모름, 알고 있음, 관심 있음, 구매 욕구, 구매 예정

이러한 행동적 세분화는 크게 사용자의 사용상황, 추구되는 혜택의 수준, 사용자의 상태, 사용률, 소비자의 충성도 수준에 따라 세분될 수 있다.

첫째, 소비자의 사용상황에 따른 세분화이다. 사용상황은 소비자들이 어떤 상황에서 물건의 구매를 결정하고 실제 구매행위가 일어나는지에 따라 구매자 집단을 나누는 것을 말한다. 이것은 실제 기업에서 제품의 용도를 개발하는 데 도움을 준다. 예를 들어, 소비자들이 아침에 우유를 마신다면 신선하고 건강한 아침 제품을 제안하는 것을 말한다.

둘째, 소비자들이 제품으로부터 추구하는 혜택에 따른 세분화이다. 혜택 세분화는 소비자들이 추구하는 혜택에 따른 유형과 혜택을 제공하는 브랜드에 따른 세분화를 말한다. 예를 들어, 자전거를 사는 사람들은 여가, 운동, 관광, 교통, 단순한 재미 등 다양한 혜택을 추구한다. 따라서 이러한 혜택에 따른 다양한 상품을 준비하여 소비자의 욕구를 충족시키려는 마케팅 노력이 필요하다.

셋째, 소비자의 상태에 따른 세분화이다. 시장에 사용자는 잠재고객, 단골고객, 첫 번째 사용자, 비사용자, 과거 사용경험자 등으로 구분된다. 따라서 마케팅 전략은 단골고객과의 거래 관계를 강화하고, 비사용자의 구매를 활성화하는 방향으로 설정된다.

넷째, 소비자의 사용률에 따른 세분화이다. 소비자는 제품의 사용량에 따라 소량 소비자, 중간 소비자, 대량 소비자로 구분된다. 대부분 대량 소비자의 비율은 낮지만 이들의 사용량은 전체의 80% 이상을 소비하고 있다. 따라서 대량 소비자의 소비를 촉진하는 전략을 사용한다.

다섯째, 소비자의 충성도 수준에 따른 세분화이다. 소비자는 충성도 수준에 따라 나뉠 수 있다. 어떤 소비자는 항상 한 브랜드만을 구매하고, 다른 사람에게 적극적으로 제품에 관하여 이야기하며, 제품에 대한 옹호자의 임무를 수행한다. 또한 다른 소비자들은 적당한 수준의 충성도 수준으로, 2~3개의 브랜드를 사용한다. 그리고 한 브랜드를 선호하지만 때때로 다른 브랜드를 구매하는 소비자들도 있다. 한편 어떤 소비자들은 브랜드에 전혀 충성도가 없다. 따라서 기업은 소비자를 확보하기 위해 충성도가 낮은 소비자의 태도를 통해 경쟁사와의 차이를 발견하고 자사의 약점을 보완하는 마케팅 활동이 필요하다.

지금까지 가장 보편적인 시장세분화 기준의 변수를 살펴보았다. 사회적경제의 영역에서 지금까지의 지리학적, 인구통계학적, 심리 묘사적, 행동적 세분화의 기준을 적용할 수 있다. 하지만 사회적경제의 소비자의 특성을 먼저 파악하고 이에 따른 적절한 시장세분화 기준을 마련하는 것이 필요할 것이다. 예를 들어, 사회적경제의 시장세분화는 일반적인 세분화 기준에 추가하여 서비스 구매 주체에 따른 시장세분화도 가능하다. 서비스 구매 주체가 집단, 개인, 기업으로 분류된다. 그리고 개인의 경우에는 연령대 및 직업군 등으로 세분화가 가능하다. 또한 기업의 경우에도 병원, 기업, 비영리기관 등으로 대상을 세분화할 수 있을 것이다.

시장세분화는 많은 변수를 통해 구분할 수 있다. 기업에서는 마케팅 프로그램의 효율성을 높이기 위해 단일 변수만 사용하기보다는 복수의 변수를 사용하여 세분 시장을 분석하는 것이 필요하다. 따라서 마케팅 전략을 수립하기 위해 세분 시장을 어떤 기준으로 구분하고 세분된 시장에서 소비자의 욕구 차이, 세분 시장의 규모, 기업의 사용 가능한 자원 등을 함께 고려해야 하는 것이 필요하다.

3) 시장세분화의 절차

사회적경제는 각각 구분된 세분 시장에서의 매력도를 분석하고, 한정된 자원을 가장 효과적으로 활용할 수 있는 세분 시장을 선정해야 한다. 이러한 세분 시장을 선정하는 단계는 얼마나 많은 고객을 하나의 집단으로 구분할 것인지를 먼저 결정해야 한다. 다음으로 세분화의 변수를 선정하여 시장을 세분화한 다음 각 세분 시장의 특성을 파악하는 단계를 거치게 된다.

시장세분화에 대한 절차는 학자마다 조금씩 다르게 설명하고 있으나 이 장에서는 시장세분화의 중심개념을 3단계로 구분하여 설명하고자 한다.

첫 번째 단계는 조사 단계이다. 시장세분화를 위하여 세분화 대상의 제품시장을 명확히 결정해야 한다. 그리고 제품시장의 조사를 위해 구체적인 설문이나 면접 계획을 세우는 것이다. 그리고 시장조사와 함께 시장세분화의 기준 변수를 설정한다. 즉, 시장을 제품 속성, 상표 인식, 제품 사용 유형, 제품 범주에 대한 태도, 응답자의 인구통계학적, 심리적, 지리적, 행동적 변수 등으로 구분하는 것이 필요하다.

두 번째 단계는 분석 단계이다. 분석 단계에서는 표적시장 결정을 위하여 제품시장의 특성과 기업의 목적에 따라 제품시장을 하나 또는 여러 개의 변수에 의해 세분화하기 위한 분석을 시행한다.

세 번째 단계는 세부 요약 및 설명 단계이다. 세분화된 여러 시장을 분석하고, 구분된 세분 시장에 대한 구체적인 해석과 설명이 필요하다. 또한 구분된 세분 시장별로 특징을 대변하는 이름으로 명명하는 작업도 필요하다. 예를 들어, 자동차 시장에 대한 세분화인 경우, 세분 시장별로 특징을 나타내는 이름으로 자동차 이용 목적, 자동차 이용 횟수, 자동차 전문지식, 차량 구매 시 고려요소, 소득 수준 등으로 특징을 명명하게 된다. 이렇게 명명된 특징을 기준으로 시장별 자료를 정리하게 되면 각각의 세분 시장이 결정된다.

시장을 세분화하는 방법은 많지만 모든 세분화가 효과적인 것은 아니다. 따라서 효과적인 시장세분화를 위해 다음과 같은 조건을 갖추어야 한다(Kotler & Armstrong, 2016).

- **측정 가능성**(measurable) : 세분 시장의 크기, 구매력, 속성 등이 측정될 수 있어야 함.
- **접근 가능성**(accessible) : 세분 시장은 효과적으로 도달되고 만족시킬 수 있어야 함. 즉, 효과적으로 마케팅믹스의 설계가 쉬워야 함.
- **규모의 적정성**(substantial) : 세분 시장은 공략할 만한 충분한 규모와 수익 창출의 가능성을 갖고 있어야 함. 세분 시장은 맞춤형 마케팅 시행이 가능

하면서 규모가 크고 동질적인 집단으로 구성되어야 함.

- **차별화 기능**(differentiable) : 세분 시장은 세분된 시장 간에 이질적으로 구분되어 있고, 다른 마케팅믹스 요소와 마케팅 프로그램에 대해 다르게 반응함. 예를 들어, 미혼여성과 기혼여성이 향수에 대해 유사한 반응이 있다면 결혼 여부는 세분화 기준으로 불가함.
- **구현 가능성**(actionable) : 세분 시장에서 효과적인 프로그램을 통해 서비스 제공이 가능해야 함. 예를 들어, 세분 시장을 발견했지만 세분 시장이 너무 작아 각 세분 시장별로 다른 마케팅 프로그램을 개발하기 어려움.

2. 표적시장의 이해

1) 표적시장의 선정

표적시장(target market)은 기업이 자신의 마케팅 노력을 집중하는 공통된 욕구와 특성을 가진 구매자들의 집단이다. 표적시장을 선정하기 위해 각 세분 시장의 매력도를 평가하여 이들 시장 중에 자신의 조직에 가장 매력적인 하나 혹은 그 이상의 세분 시장을 선정해야 한다.

표적시장 선정을 위해 세분 시장을 평가하는 방법은 마케팅의 3C(Customer, Competition, Company) 관점에서 기준을 설정하고 평가할 수 있다. <표 6 - 5>는 논리적이고 체계적으로 시장세분화를 위한 세분 시장을 평가하는 방법을 나타낸다(구자룡, 2019).

〈표 6-5〉 세분 시장의 평가 기준 및 평가방법

3C	평가요소	평가기준	세분 시장 평가		
			1	2	3
고객 (Customer)	시장규모	해당 세분 시장이 적절한 시장규모인가?			
	시장 성장성	성장 가능성이 높은 시장인가?			
	잠재수요	각 세분 시장별 잠재수요는 어느 정도인가?			
경쟁사 (Competition)	현재의 경쟁사	현재의 경쟁사가 공격적이고 강력한가?			
	잠재적 경쟁사	새로운 경쟁자 진입가능성이 높은가?			
자사 (Company)	조직목표	조직의 목표와 일치하는가?			
	자원	인적, 물적, 기술적 자원을 갖추고 있는가?			
	시너지 효과	기존의 브랜드 마케팅믹스 요소를 연계하여 시너지 효과를 가져올 수 있는가?			
전략적 우선순위(합계)					

세분 시장의 평가 기준 및 평가방법은 3C 관점에서 각 세분 시장별 평가 기준과 가상의 마케팅믹스의 테스트 결과가 포함된다. 이를 토대로 5점 척도로 평점을 매긴 다음 점수를 합계해 가장 높은 점수를 획득한 세분 시장을 표적시장으로 선정하면 된다.

한편 산업구조 분석을 경영전략에 처음으로 도입한 포터(Michael E. Porter)는 그의 저서 『경쟁전략(Competitive Strategy)』을 통하여 표적시장 매력 결정요소 다섯 가지를 소개하고 있다.

첫째, 산업 내 경쟁의 정도를 평가해야 한다. 특정 산업에서는 일부 기업들은 다른 기업에 비하여 유리한 위치를 차지하기 위해 경쟁하고 있다. 기업 간의 경쟁은 가격경쟁, 광고, 신제품 출시, 대고객 서비스 등 다양한 형태로 전개된다. 특히 가격경쟁이 주류를 이루면 산업 내 기업들의 수익성은 악화한다. 따라서 산업 내에 경쟁업체가 적고, 시장이 팽창할 가능성이 클수록 매력적인 세분 시장이다.

둘째, 대체재의 위협을 평가해야 한다. 특정 산업의 제품을 대체할 수 있는 대체제품은 그 산업제품의 적정가격을 책정하는 데 제약조건으로 작용한다. 일반적으로 대체재의 위협이 있는 경우에는 제품 차별화 및 원가절감을 통해 대응한다. 따라서 세분 시장은 대체재의 위협이 적을수록 매력적인 시장이다.

셋째, 구매자의 협상력을 평가해야 한다. 소비자도 공급자에게 가격 인하, 품질향상, 양질의 서비스 제공 등을 요구하며, 압력을 행사할 수 있다. 구매자의 협상력이 높을수록 기업은 구매자의 욕구를 충족하기 위한 비용이 소요된다. 따라서 일반적으로 세분 시장은 구매자의 협상력이 약하면 약할수록 유리하다.

넷째, 공급자의 협상력을 평가해야 한다. 공급자가 소비자에게 행사할 수 있는 교섭력이 강한 경우, 상대적으로 가격 인상을 통해 수익성을 향상할 수 있다. 예를 들어, OPEC(석유수출국기구)는 회원국의 협조와 단합으로 원유가격 인상을 통해 공급자의 협상력을 보여주고 있다. 따라서 세분 시장은 공급자의 협상력이 약하면 약할수록 유리하다.

다섯째, 진입장벽을 평가해야 한다. 일반적으로 수익성 높은 시장일수록 많은 기업이 그 시장에 참가하려고 한다. 만약 일부 사회적경제의 소규모 기업이 초과이익을 누리는 시장이 있다면 기존 기업들이 시장에 진출하여 치열한 경쟁이 일어나 수익성이 저하되는 현상이 발생한다. 따라서 세분 시장은 진입장벽이 높고 탈출장벽이 낮을수록 매력적이다.

사회적경제의 영역에서도 표적시장을 선정하기 위해 일정한 변수로 구분된 세분 시장을 각 세분 시장별로 평가하고, 시장세분화를 결정하는 중요한 요인을 충분히 고려하여 선정해야 한다. 특히 표적시장이 이익을 창출할 수 있을 정도의 충분한 현재와 미래의 시장규모를 가졌는지, 잠재적 경쟁의 정도는 어떠한지, 기업 목표와 표적시장이 일치하는지, 자사가 가진 능력과 자원이 표적시장에 욕구를 만족시키는 데 충분한지를 고려해야 한다.

2) 표적시장의 선정 전략

세분 시장이 도출되었으면 이 시장을 어떻게 공략할 것인가에 대한 의사결정이 필요하다. 먼저 세분 시장에 맞는 마케팅믹스를 어떻게 구성할 것인지를 결정해야 한다. 그리고 세분 시장을 동시에 공략할 것인지 아니면 순차적 또는 일부만 공략할 것인지를 결정해야 한다.

|그림 6-1|은 기업들이 표적시장을 매우 넓게, 매우 좁게, 중간 정도로 선정할 수 있는 것을 보여준다. 이러한 표적시장의 크기에 따라 세분화 마케팅 전략도 비차별적 마케팅, 차별화 마케팅, 집중적 마케팅, 미시 마케팅 전략으로 구분할 수 있다.

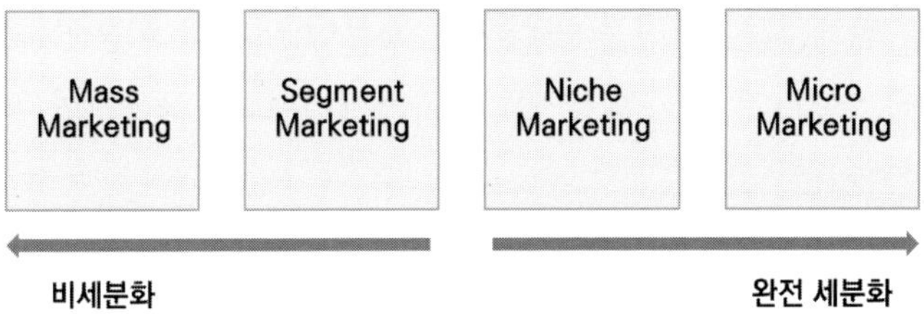

|그림 6-1| 시장세분화 수준

(1) 비차별적 마케팅

비차별적 마케팅(undifferentiated marketing)은 대량 마케팅(mass marketing)으로 세분시장 간의 차이를 무시하고 하나의 제공물로 전체 시장을 공략하는 것이다. 그래서 대량 마케팅은 고객의 욕구에 초점을 두기보다는 고객의 공통적인 속성에 초점을 맞추는 것이 특징이다. 보통 다수의 고객이 일상생활에 필요한 생필품이나 라면과 같은 상품이 여기에 해당한다. 따라서 기업은 모든 소비자를 대상으로 정기적으로 대대적인 판촉 행사를 진행하게 된다.

대표적인 사례가 포드자동차의 '모델 T'이다. 모델 T는 1920년대를 전후하여 1,500만 대나 판매되는 대기록을 세운 초대박 히트 상품이었다. 그러나 소비자들은 하나의 색상에 만족하지 못하고 다양한 세분 시장에 차별적으로 대응한 GM으로 서서히 이동하게 되었다. 그래서 오늘날 대부분 기업은 새로운 시장의 기회를 놓치지 않기 위해 차별화된 마케팅 전략을 시행하고 있다.

(2) 차별화 마케팅

차별화 마케팅(differentiated marketing)은 세분화 마케팅(segmented marketing)으로 여러 세분 시장을 공략하기 위해 각 세분 시장별로 마케팅믹스를 구성하여 대응하는 것을 말한다. 차별화 마케팅은 세분 시장에서 소비자의 다양한 욕구를 충족시키고, 세분 시장이 소비자가 가치를 느낄 수 있도록 제품과 서비스를 제공할 수 있다.

차별화 마케팅은 승용차 시장에서 낮은 비용을 추구하는 구매자, 고급스러운 운전 경험을 추구하는 구매자 등과 같이 유사한 욕구의 고객집단으로 구분하여 제품, 가격, 유통, 촉진 등 마케팅 믹스를 다르게 구성한다. 하지만 차별화 마케팅은 전체 세분 시장을 공략하기 때문에 마케팅 비용이 증가하고, 순이익은 줄어드는 단점을 가지고 있다. 이러한 문제를 극복하기 위해 집중화 마케팅이 필요하다.

(3) 집중화 마케팅

집중화 마케팅(concentrated marketing) 전략은 큰 시장에서의 점유율을 추구하는 것이 아닌 특정한 세분 시장에 집중해 독자적인 지위를 구축하는 방식이다. 이는 기업의 자원이나 역량이 많지 않을 때 사용하기에 매우 효과적인 방법이다. 이러한 집중화 마케팅은 자원이 한정된 사회적경제와 같은 중소기업이나 소규모 창업기업에 유리한 마케팅 방법이다. 그런데 집중화 마케팅은 수익성은 높을 수 있으나 하나의 세분 시장이 악화되면 위기를 맞을 수 있다. 또한 규모가 큰 경쟁자들이 풍부한 자원을 가지고 세분 시장에 진입할 위험이 존재한다.

쌍용자동차의 경우에는 과거부터 SUV 차종에 집중했다. 그 결과 SUV 시장에서 다른 자동차회사와 비교하여 막강한 경쟁력을 갖추고 있다. 그러나 최근 다른 자동차회사가 고급형, 레저형, 도심형 등 다양한 SUV를 출시함에 따라 쌍용자동차의 경쟁력은 점차 사라지는 현상이 발생하고 있다.

(4) 미시 마케팅

차별화 마케팅이나 집중 마케팅을 사용하는 마케팅 전략은 세분 시장에 고객의 욕구에 맞춰 제품과 서비스를 제공한다. 그러나 각 개별 소비자의 욕구에 맞추는 고객화는 하지 않는다. 그래서 미시 마케팅(micro marketing)은 개별적인 고객 수준에서 각 고객의 욕구에 맞춰 제품과 마케팅 프로그램을 개발하여 제공하는 것을 말한다. 즉, 시장의 세분화 수준이 가장 높은 경우를 말한다. 이러한 미시마케팅은 지역마케팅(local marketing)과 개인마케팅(individual marketing)을 포함한다.

지역마케팅은 도시, 인근, 지역사회 등과 같은 지역 고객집단의 욕구에 맞추는 마케팅 전략을 말한다. 예를 들어, 전국에 매장을 두고 있는 마트의 경우에는 로컬푸드를 각 지역에 맞게 개별화하여 운영하고 있다. 또한 최근 스마트폰, IoT 기술의 발전으로 소비자의 행동을 추적하고, 데이터 분석을 통한 적절한 제안을 제공하는 서비스를 시행하고 있다. 그러나 지역마케팅은 규모의 경제를 감소시켜 마케팅 비용이 상승하고, 제품의 다양성에 따른 브랜드 이미지가 희석되는 단점을 가질 수 있다.

개인마케팅은 개별 고객의 욕구와 선호에 제품과 마케팅 프로그램을 맞추는 것을 말한다. 이는 일대일 마케팅, 개인 시장 마케팅 등으로 불리기도 한다. 통신의 발달과 커뮤니케이션 기술의 발달은 고객과의 관계 강화를 가능하게 함으로써 개인마케팅의 발전에 크게 이바지하고 있다. 오늘날 많은 기업은 고객의 개별욕구에 맞춰진 제품이나 서비스를 제공하기 위해 다수의 고객과 일대일로 상호작용을 하기 위해 노력하고 있다. 따라서 최근에 기업들은 음식에서 미술품, 이어폰, 운동화, 심지어 자동차까지 모든 것을 개별화하고 있다.

기업의 표적시장 선정은 회사의 자원이 한정적일 때 집중화 마케팅이 합리적이다. 또한 비차별적 마케팅은 표준화된 제품에 적합하고, 첨단기계나 자동차와 같이 차별성이 있는 제품은 차별화 혹은 집중화 마케팅이 적합하다. 한편 회사가 신제품을 출시할 때는 비차별적 마케팅이나 집중적 마케팅이 합리적일 수 있다. 또 다른 요인으로 시장의 가변성으로 모든 소비자가 같은 기호를 갖고 있다면 비차별적 마케팅이 적합하다. 마지막으로 경쟁사 전략에 따라 경쟁사가 차별적 마케팅이나 집중적 마케팅을 사용하는 경우 비차별마케팅 전략을 선택하면 안 된다. 반대로 경쟁사가 비차별마케팅을 선택할 때는 개별적 마케팅이나 집중화 마케팅을 통한 경쟁우위를 확보할 필요가 있다.

지금까지 설명한 세분화 시장에 대한 마케팅 전략을 정리하면 <표 6 - 6>과 같다. 다만, 어떤 세분화 전략이 절대적으로 옳다고 주장할 수는 없다. 따라서 시장의 상황에 따라 어떤 방법에 고착되지 말고 유연하게 접근하는 사고가 필요하다.

〈표 6-6〉 표적시장의 마케팅 전략

전 략	특 징	장단점
비차별적 전략	• 대중 시장 겨냥 • 보편성 높은 제품	• 경제적 • 규모의 경제 • 시장기회가 적음 • 야채, 설탕과 같은 필수품
차별화 전략	• 다양한 고객 욕구 충족 • 각 세분 시장별 프로그램 수행	• 소비자 인식, 이미지 강화 • 마케팅믹스 복잡 • 각 세분 시장이 명확할 경우 • 비용 과다/ 수익 저하 우려
집중화 전략	• 특정 세분 시장만 대응 • 틈새시장 개념	• 한정된 자원으로 효율 극대화 • 마케팅 활동의 전문화 • 특정 시장의 거점 확보 • 고객 욕구 변화 시 위험 • 조직의 자원이 제한적이거나 추가적인 세분 시장 진출의 교두보 확보 필요시
미시 전략	• 지역사회와 개인의 욕구 충족을 위한 프로그램 수행	• 지역사회나 개인의 욕구 충족 • 개별 고객과 상호작용 강화 • 규모의 경제 감소로 비용 증가

3. 사회적경제의 시장세분화와 표적시장

사회적경제의 시장세분화를 통한 표적시장의 선정은 시장의 이해로부터 출발해야 한다. 초창기 많은 사회적기업가들은 사회적 가치 창출의 대의명분으로 시장에서 제품과 서비스에 대한 소비자의 호응이 있을 것이라는 착각을 한다. 하지만 시장의 소비자들은 냉정하다. 하나의 예로 시장에 재활용 재료로 업사이클링 제품을 만드는 사회적기업이 있다. 이 기업은 환경문제 해결이라는 사회적 가치 창출의 대의명분을 가지고 있었다. 따라서 우리나라에서는 아직 패션 시장으로 정착되지 않은 업사이클링 실험시장을 패션 시장의 일부로 가정하고, 그에 맞는 전략을 바탕으로 사업을 시작하였다. 그러나 업사이클링 실험시장과 패션 시장이 각각 다른 원리로 작용하고 있다는 것에 대한 사전의 분석과 준비가 부족한 상황에서 사업을 시작하였기 때문에 어려움을 겪었다. 이 사례는 시장에 대한 사전 조사와 분석을 통해 세분 시장을 구분하기 위한 기초자료를 확보하는 것이 필요함을 말해 주고 있다.

다음으로 시장세분화의 변수를 적용하여 시장을 세분화해야 한다. 사회적경제 영역에서 세분화 변수를 선택하는 기준은 소비자에게 제공하는 제품과 서비스의 속성에 따라 결정해야 한다. 첫째, 시장세분화 변수에서 지리적 변수는 지역사회에 기반한 사회적경제 영역에 매우 유효한 세분화 방법이 된다. 둘째, 인구통계학적 변수로 나이에 따른 취약계층이나 가족 생활주기에 따른 가족 형태에 따른 세분화 변수도 적용이 가능한 영역이다. 셋째, 심리 묘사적 변수는 사회계층에 따른 세분화가 가능하고, VALS(VALS : Values And Lifestyle Segmentation)의 라이프 스타일 분류에 따라 사회적으로 책임감과 사회조건이 개선되기를 원하는 자로 구분하여 표적시장으로 접근이 가능할 것이다. 넷째, 행동적 세분화 변수로 사용자의 사용상황, 추구되는 혜택의 수준, 사용자의 상태, 사용률, 소비자의 충성도 수준에 따른 세분화를 통해 가장 경쟁력 있는 세분 시장을 표적시장으로 선정하려는 노력이 필요하다.

사회적경제 영역의 표적시장 전략은 사회적경제 주체의 상황에 따라 다르게 선택되어야 한다. 그러나 대부분의 사회적경제 영역은 한정된 자원으로 효율을 극대화하기 위해 집중화 마케팅을 선정하는 것이 유리하다. 이를 통한 마케팅 활동의 전문화를 통해 특정 시장의 거점을 확보하는 것이 가능하다. 그러나 집중화 마케팅에서 표적시장에 고객의 욕구 변화와 경쟁여건에 대한 면밀한 시장조사가 필요하며, 이러한 변화에 신속하게 대응하기 위한 전략이 요구된다. 또한 기업이나 협동조합의 규모가 커짐에 따라 비차별적 전략이나 차별화 전략으로 확장을 검토해야 한다. 특히 세분 시장에서 사회적경제가 추구하는 사회적 가치에 대한 차별화를 통해 소비자의 인식개선 및 이미지 개선을 추구하는 전략이 요구된다.

보시(Boschee, 2006)는 사회적기업 전략적 마케팅 매트릭스를 통하여 사회적기업의 전략적인 마케팅 전략을 통해 어느 시장을 선택할 것인지에 대한 시사점을 제공하고 있다. <표 6 - 7>은 사회적기업가를 위한 전략적 마케팅 매트릭스를 나타낸다.

〈표 6-7〉 사회적기업가를 위한 전략적 마케팅 매트릭스

구 분	재정적 수입 있음 (Positive financial returns)	재정적 수익보다 더 큰 비용 발생 (Negative financial returns)
사회적 영향이 큼 (significant social impact)	확대(expand)	육성(nurture)
사회적 영향이 작음 (minimal social impact)	수확(harvest)	포기(kill)

사회적 영향이나 재정적 수익 여부에 따라 제품이나 서비스를 확대할 것인지, 육성, 수확, 포기할 것인지를 결정해야 한다고 한다. 요약하면 사회적 영향이 크고 재정적 수입보다 더 많은 비용이 발생하는 제품이나 서비스는 비용부담이 있어도 미래를 위해 더 투자하고 경쟁력을 키워나가는 육성정책을 펴야 한다. 반대로 사회적 영향이 적고 재정적 수입보다 큰 비용이 발생하는 제품이나 서비스는 포기정책이 바람직하다. 그리고 사회적 영향이 적고 재정적 수입이 나는 제품은 자금확보에 집중하는 수확 정책을 사용해야 한다. 마지막으로 사회적 영향도 크고 재정적 수입이 나는 제품이나 서비스는 더욱 확대하는 전략이 필요함을 강조하고 있다. 즉, 사회적경제는 표적시장에서 사회적 영향을 중심으로 재정적 수입에 따라 확대 또는 육성정책을 사용하는 것이 바람직함을 말한다.

사회적경제는 소비자로부터 대의명분의 사회적 가치 창출이라는 이미지를 갖도록 노력하고 있다. 따라서 표적시장 마케팅에도 사회적으로 바람직한 전략이 필요하다. 현명한 표적시장 전략은 수익성이 높은 세분 시장에 집중하여 회사가 효과적이고 효율적으로 운영하도록 돕는다. 그러나 고객의 욕구에 기반하여 표적시장에 접근하다 보면 사회적 문제를 일으키거나 잠재적으로 해를 끼칠 수 있는 제품을 가지고 취약한 소비자들을 표적으로 하는 경우가 있다. 예를 들어, 패스트푸드 체인점들이 저소득층이 거주하는 도시에서 저소득 소비자들에게 저가로 고지방과 소금이 들어간 음식을 판매하는 것을 말할 수 있다. 이는 장기적으로 저소득층의 건강을 해치는 결과를 가져올 것이다. 따라서 사회적경제는 제품의 제조, 유통, 소비자에게 제공되는 가치 등에서 또 다

른 사회적 문제를 초래하고 있지는 않은지에 대한 면밀한 검토와 전략이 필요하다. 그 이유는 사회적경제가 취약계층에게 일자리를 제공하는 사회적 가치를 창출한다고 하여도 환경오염의 제품을 생산하는 업체라고 한다면 소비자들로부터 쉽게 외면받을 것이다. 따라서 정당하지 않게 취약한 세분 시장을 표적시장으로 선정하거나 소비자들에게 의심스러운 제품을 제공하여 논란이 발생하는 것을 주의해야 한다(Kotler & Armstrong, 2016). 결과적으로 사회적경제는 기업뿐만 아니라 고객에게도 이익을 가져다줄 수 있는 시장세분화와 표적시장 선정이 요구된다.

▌사례연구 - 개인화 마케팅 넷플릭스

동영상 콘텐츠 스트리밍 서비스의 강자 넷플릭스는 국내에서 2016년에 서비스를 시작하였다. 현재 190개국에 1억 400만 명 이상의 회원을 확보하고 있다.

넷플릭스는 정보통신기술이 비약적으로 발전하여 소비자들의 콘텐츠 소비 형태가 빠르게 바뀌고 있는 시장환경에서 세계 최대 오프라인 비디오 · DVD 대여 서비스 기업이었던 블록버스터의 2010년 파산으로 태동하게 되었다.

이런 시장환경의 변화를 포착하고 스트리밍 서비스에 집중적으로 투자하여 기존의 무료 다운로드 및 스트리밍으로 동영상을 시청하던 고객들을 유료 콘텐츠 소비자로 끌어들였다.

넷플릭스는 시장의 변화를 빠르게 포착하고, 다양한 요금제, 고객의 욕구 충족을 위한 지속적인 혁신 등을 통해 성장하고 있다.

특히 넷플릭스의 개인화 추천 서비스는 매우 큰 역할을 하였다. 넷플릭스 이용자가 고를 수 있는 영화는 무려 7만 5천 편이 넘는다고 한다. 추천 서비스를 통하여 소비자의 결정장애를 극복하도록 하였다. 또한 빅데이터 분석 시스템을 개발하여 이용자가 시청한 콘텐츠의 장르, 시청 시간, 좋아요의 추천 행동 등을 모두 분석하여 개인 맞춤형 콘텐츠를 추천하여 주고 있다. 이러한 맞춤형 추천은 이용자들이 한번 서비스를 이용하면 지속해서 넷플릭스를 이용하도록 하는 중요한 마케팅 전략이 되고 있다.

chapter 07 포지셔닝 및 브랜딩

시장을 세분화하고 어떤 시장을 표적시장으로 삼을 것인지를 결정한 후에는 어떻게 표적시장에서 경쟁사 대비 차별화된 가치를 만들어 고객들의 마음속에 좋은 이미지로 남을 것인지에 대한 포지셔닝 전략이 필요하다.

오늘날 포지셔닝은 마케팅의 핵심으로 자리 잡고 있다. 시장을 세분화하여 제품과 서비스를 통하여 목표시장에 고객들의 욕구를 만족시키고 지속해서 제품과 서비스가 고객의 욕구와 필요에 꼭 맞는 것임을 알려 주어야 한다. 그러므로 전략적이고 효과적인 포지셔닝은 소비자가 원하는 방향으로 제품과 서비스의 차별화가 이루어지는 것이 중요하다.

또한 사회적경제 영역에서도 포지셔닝 및 브랜딩은 고객의 욕구를 기반으로 하여 고객에게 차별화된 사회적 가치를 제공하고자 하는 전략적 마케팅의 핵심으로 사용된다. 그래서 포지셔닝은 사회적경제 조직의 제품과 서비스를 이용하는 소비자의 욕구를 토대로 다양한 변수를 활용하여 시장을 세분화하고, 전략적으로 접근할 표적시장을 선정한 후, 고객의 마음속에 회사의 이미지나 제품을 심어주는 과정이 필요하다. 이것이 마케팅 프로세스의 STP(Segmentation-Targeting-Positioning) 과정을 말한다.

이 장에서는 포지셔닝 개념, 포지셔닝 맵 그리고 브랜드 포지셔닝에 대해 살펴보고 사회적경제에 포지셔닝을 어떻게 활용할 것인지에 대해 알아보고자 한다.

1. 포지셔닝

1) 포지셔닝의 개념

포지셔닝이라는 용어는 1972년 미국의 마케팅 전문가였던 잭 트라우트(Jack Trout)와 알 리스(Al Rise)가 「포지셔닝의 시대」라는 논문을 내면서 사용되었다. 이들은 포지셔닝에 대하여 "진실은 무의미하다. 중요한 것은 고객 마인드에 존재하는 인식이다"라고 소비자의 마음속에 인식의 변화가 중요함을 강조하고 있다.

포지셔닝의 개념은 초기에는 상품을 사람의 눈높이로 진열하는 것이 가장 좋은 포지셔닝이라는 것과 같이 제품 진열과 관련하여 외부환경과 관련된 것으로 사용되었다. 현재도 이러한 개념은 대형 마트나 편의점 등 진열대에 놓인 상품들이 소비자들의 눈에 가장 잘 보이도록 상품을 배열하고 위치시키는 방법으로 사용되고 있다. 그러나 현대에는 진열의 물리적인 개념을 넘어 고객의 마음속에 잘 기억되어야 한다는 것을 강조하는 심리적인 접근을 말한다. 마케팅에서 포지셔닝이 중요한 이유는 소비자의 마음속에 남아 있는 긍정적인 이미지는 소비자의 구매 행동과 구전 효과에 긍정적인 영향을 미치고 있기 때문이다.

포지셔닝에 대한 개념은 학자마다 조금씩 다르게 정의하고 있다. 1982년 리스와 트라우트(Rise & Trout)는 "상품에 대해서 어떻게 하는 것이 아닌 잠재고객의 마인드에 어떤 행동 변화를 일으키게 하는 것이다. 즉, 잠재고객의 마음속에 해당 상품의 위치를 잡아주는 실천 전략으로 자기 자신을 차별화하는 방식이다"라고 정의하고 있다. 즉, 기업의 제품과 서비스의 차별화를 통하여 고객에게 접근하는 단순한 방법이 필요함을 지적하고 있다.

한편 코틀러와 암스트롱(Kotler & Armstrong, 2016)은 "제품 포지셔닝은 주요 속성들을 근거로 소비자들의 제품을 정의하는 방식이다"라고 하였다. 즉, 제품이 소비자들의 마음속에서 경쟁제품에 비교하여 상대적으로 차지하고 있는 위치이다. 그래서 "제품은 공장에서 만들어지지만, 브랜드는 소비자의 마음속에서 만들어진다"는 말이 있다.

또한 그린과 툴(Green & Tull, 1978)은 소비자의 심리적인 평가 차원에서 차별적인 위치를 강조하였으며, 코헨(Cohen, 1981)은 경쟁 상표가 차지하고 있는 위치 내에서 매력 공간을 발견하고, 그 공간에 제품을 위치시키는 것을 포지셔닝으로 정의하고 있다.

<표 7 - 1>은 포지셔닝에 대한 학자들의 다양한 정의를 보여주고 있다. 이러한 정의에서 공통적인 사항은 포지셔닝은 제품과 서비스의 이미지를 경쟁 브랜드에 비교하여 고객의 마음속에 차별적으로 자리잡게 하는 전략을 말한다는 것이다. 그래서 포지셔닝의 방법은 고객의 마음속에 이미지를 심어주는 것으로 제품의 물리적 특성, 소비자편익, 가격과 품질, 사용자, 제품 범주 등 다양한 유형이 포함될 수 있다.

〈표 7-1〉 포지셔닝의 개념

구 분	정 의
Kotler & Armstrong	제품 포지셔닝은 주요 속성들을 근거로 소비자들의 제품을 정의하는 방식이다.
Jack Trout & Al Rise	포지셔닝이란 무엇을 하는 것이 아니라 잠재고객의 마음속에 어떤 행동 변화를 일으키게 하는 것이다.
Green & Tull	포지셔닝은 소비자의 심리적인 평가 차원에서 자사의 제품 및 이미지를 타사와 구별시키는 과정이며, 소비자의 마음속에서 자사 제품의 상대적인 위치를 말한다.
Cohen	포지셔닝은 경쟁 상표 범위 내에서 매력 공간을 발견하고 그러한 공간상에 제품을 위치시키는 능력이다.
Aaker & Shansby	포지셔닝이란 단독적으로 존재하는 개념이 아니라 준거점이나 공통요인을 포함하고 있는 개념으로 경쟁의 의미를 내포하고 있으며, 시장세분화와 이미지에 관련된 문제를 의미한다.

예를 들어, 에이스는 '편안한 침대'로 포지션되어 있고, 유한킴벌리는 '우리 강산 푸르게 푸르게'라는 이미지로 포지션되어 있다. 자동차 시장에서도 혼다(Honda)는 경제적인 차로, 벤츠(Benz)와 캐딜락(Cadillac)은 최고급 승용차로, 비엠더블유(BMW)와 포르쉐(Porsche)는 성능이 좋은 차의 이미지로 포지션되어 있다. 또한 사회적경제 영역에서도 아직 인식은 적으나 사회적경제가 사회적 가치

를 창출한다는 이미지로 고객의 마음속에 자리하고 있는 것을 말한다.

이처럼 좋은 포지셔닝은 제품과 서비스를 차별화하여 만들고, 소비자가 제품과 서비스를 이용하는 것에 분명한 혜택이 있도록 해야 한다. 즉, 잘된 포지셔닝은 소비자에게 제품의 특성과 소비자의 혜택을 구체적으로 제시하는 것이다. 시장에는 유사한 혜택을 제공하는 제품과 서비스가 많다. 이러한 상황에서 좋은 포지셔닝은 브랜드, 제품, 서비스 등을 나머지 경쟁사와 차별화하고 더욱 합리적인 가격을 제시하여 경쟁에서 우위에 설 수 있는 능력을 부여한다. 또한 소비자의 마음속에 좋은 포지셔닝은 회사가 어려운 시기를 쉽게 극복하도록 돕는 역할을 수행한다.

2) 포지셔닝 전략 및 절차

소비자들은 제품과 서비스를 구매하고 이용하는 소비활동을 통하여 자연적으로 마음속에 제품과 서비스를 포지셔닝한다. 따라서 마케팅 전략은 선정된 표적시장에서 소비자에게 자사 제품과 서비스를 가장 좋은 우위에 위치시키기 위해 포지션을 기획하고, 마케팅 믹스를 통하여 포지션을 실행하는 것을 포함한다.

기업이 포지셔닝을 위해서는 모든 소비자의 접점에서 접근하는 것에 자원과 시간의 한계가 존재한다. 따라서 포지셔닝의 대상을 무엇으로 할 것인지에 대한 의사결정이 필요하다. 대체로 포지셔닝 전략의 유형은 네 가지로 구분한다.

(1) 제품 속성(product attributes)에 의한 포지셔닝

표적시장에 소비자들이 중시하는 제품 속성에서 자사 제품의 차별적 우위를 직접 강조하는 방법이다. 즉, 제품 자체가 가지고 있는 속성을 부각함으로써 소비자들에게 제품 우위를 나타내는 것이다. 예를 들어, 자동차 시장에서 소비자에게 하이브리드 및 전기차의 환경적인 강점을 집중적으로 강조하는 것이 있다. 경차는 저가격의 경제성을 강조하고, 대형차는 안정성을 강조하여 제품이 속성에 따라 소비자들에게 강조하는 것이다.

(2) 사용상황(usage occasion)에 의한 포지셔닝

소비자에게 제품과 서비스가 사용될 수 있는 적절한 상황과 용도를 자사 제품과 연계하는 방법을 말한다. 예를 들면, 술 마시기 전후에 숙취해소제, 갈증 해소를 위한 이온음료, 김치를 보관하기 위한 김치냉장고 등이 사용 용도에 따른 포지셔닝이다.

(3) 제품 사용자(users)에 의한 포지셔닝

표적시장 내의 전형적인 소비자에게 자사 제품이 적절한 제품이라고 호소하는 방법을 말한다. 즉, 소비자에게 그들의 욕구를 가장 잘 충족시키는 제품이라고 호소하면서, 제품의 전형적인 사용자로 묘사하여, 제품을 떠올리면 사용하는 소비자 그룹 또한 생각나게 하는 방법이다. 예를 들어, 남성들이 사용하는 화장품이라는 것을 강조하여 남성 고객들이 화장품을 선택할 때 떠오르게 하는 것을 말한다.

(4) 경쟁자(competitors)에 의한 포지셔닝

소비자의 마음속에 강하게 자리 잡은 경쟁제품과 명시적 또는 묵시적인 비교를 통해서 자사의 제품이나 서비스의 우위를 강조하는 것으로, 비교 광고 등이 이 방법에 속한다. 예를 들어, 인터넷, IPTV 등 설치가 경쟁사 대비 저렴하다는 것을 주장하는 광고가 여기에 속한다. 사회적경제 영역에서도 품질이 떨어질 것이라는 소비자들의 생각에 일반 기업의 제품에 비해 품질도 우수하고 사회적 가치도 창출함을 강조하는 것이라 할 수 있다.

(5) 이미지(image)에 의한 포지셔닝

소비자의 마음속에 자리 잡은 제품과 서비스에 대한 이미지를 중심으로 포지셔닝하는 방법이다. 예를 들어, '마몽드' 하면 산소 같은 여자, '스타벅스' 하면 품질 좋은 커피, '에비앙' 하면 알프스의 가장 깨끗한 천연 광천수(mineral-water)라는 이미지로 포지셔닝하는 것을 말한다.

(6) 재포지셔닝(repositioning)

기업이 원하지 않아도 시장환경이 변화하여 다시 포지셔닝을 해야 한다. 이것이 재포지셔닝이다. 이것은 이미 소비자에게 인식된 이미지를 다른 이미지로 변화시키는 것이다. 재포지셔닝(repositioning)은 이미 각인된 이미지를 바꾸는 것이기 때문에 많은 노력과 비용이 들어가게 된다. 따라서 처음부터 많은 조사와 고민을 통해 브랜드에 걸맞은 포지셔닝을 하는 것이 필요하다. 예를 들어, 박카스는 예전에 나이 드신 분들을 위한 음료로 포지셔닝하였다. 그러나 최근에는 광고를 통하여 젊은이들이 공감할 수 있는 문구를 사용하여 표적고객을 젊은 층으로 하여 재포지셔닝하였다. 또한 KT&G의 에쎄는 1996년 출시될 때만 해도 여성 흡연가를 위한 니치 브랜드로 출시하였다. 그러나 여성 담배 시장이 크지 않아 성장 가능성에 한계가 있었다. 그런데 실제 사용자를 조사해 보니 중년남성들의 소비가 많은 것으로 조사되었다. 그래서 KT&G는 에쎄의 포지셔닝을 변경하여 '부드럽고 순한 초슬림 담배'라는 이미지의 남성 담배로 재포지셔닝을 하였다. 이러한 재포시셔닝 전략으로 담배 시장에서 1위를 차지하였다.

포지셔닝 전략을 수행하기 위해 몇 가지 절차가 필요하다.

첫째, 소비자분석을 통해 경쟁사 대비 경쟁적 강점 파악이 필요하다. 고객이 우리 기업을 어떻게 인식하고 있는지를 소비자 관점에서 점검해야 한다. 이 단계에서는 경쟁사의 제품과 서비스를 확인하는 것도 포함된다. 즉, 소비자가 시장에서 우리의 제품과 서비스를 이용하려고 할 때 함께 고려되는 경쟁사의 제품과 서비스를 파악해야 한다. 이를 통하여 제품 차별화, 서비스 차별화, 인적 차별화, 이미지 차별화 등의 관점에서 경쟁사 대비 경쟁적인 강점이 무엇인지를 파악해야 한다. 예를 들어, 제품의 속성, 가격, 디자인 등에서 우수한 요인이 무엇인지, 제품에 부가적인 서비스가 우수한지, 기업 구성원들의 능력이나 친절도가 차별적인지, 이미지에 독특한 차별점이 있는지에 대하여 파악하는 것이 필요하다. 따라서 경쟁사 대비 자사의 경쟁력을 파악하는 것은 표적시장 내에서 우리 제품과 서비스의 포지션을 파악하는 것이다. 즉, 소비자의 머릿속에 우리 기업의 제품과 서비스가 경쟁사와 대비하여 어떠한 위치를 차지하고 있는지를 점검하는 것이다.

둘째, 자사 제품과 서비스의 최적 경쟁우위를 선택해야 한다. 경쟁사 대비 가능한 경쟁적 강점을 파악한 후 어떤 경쟁우위를 선택할 것인가를 결정해야 한다. 이것은 자사가 가진 경쟁우위 중에 몇 개의 우위점을 가지고 차별적인 포지셔닝 전략을 시행할 것인지를 결정하는 것이다. 만약 하나의 차별점에 집중하기 위해서는 소비자에게 중요한 차별점에 집중하도록 하는 전략을 시행해야 한다. 그러나 몇 개의 차별점을 이용하여 포지셔닝의 전략을 수립할 수도 있다. 이러한 경쟁우위를 선택할 때는 소비자에게 편익을 제공하면서 기업에 이익을 제공할 수 있도록 하는 것이 중요하다.

그러나 모든 차별점이 경쟁우위를 주지 않는다. 각각의 차별점은 고객에게 혜택을 주지만 기업에는 비용을 발생시킬 가능성이 있다. 따라서 다음과 같은 기준을 만족하는 경우에 추진할 가치가 있다(Kotler & Armstrong, 2016).

- **중요성**(important) : 확실히 가치 있는 편익을 제공해야 함
- **차별성**(distinctive) : 경쟁자들이 똑같은 차별점을 제공할 수 없거나 다른 방법으로 제공하도록 함
- **우수성**(superior) : 소비자들이 동일한 혜택을 얻을 수 있는 다른 방법보다 뛰어나야 함
- **전달성**(communication) : 차별점이 소비자들에게 전달할 수 있고 보여줄 수 있어야 함
- **선점 가능성**(preemptive) : 경쟁자들이 쉽게 모방할 수 없어야 함
- **구매 가능성**(affordable) : 소비자들이 차별점에 대해 지불할 수 있어야 함
- **수익 가능성**(profitable) : 기업에 이익을 제공할 수 있어야 함

소비자들에게 내세울 수 있는 가능한 경쟁우위 요소를 한 문장으로 표현하는 것이 USP(USP : Unique Selling Proposition)라고 한다. 그러므로 USP는 소비자들이 꼭 선택해야만 하는 이유이고, 제품과 서비스의 차별화 요소를 말한다. 예를 들어, 사회서비스를 제공하는 사회적경제의 경우에는 취약계층들을 위한 프로그램을 제공함으로써 서비스를 쉽게 이용하지 못하는 취약계층에게 포지션을 개발할 수 있을 것이다.

셋째, 선택한 포지션을 고객에게 전달하는 것이 필요하다. 포지셔닝을 위해 USP가 결정되면 선택된 상품 및 서비스 포지션을 고객에게 전달해야 한다. 경쟁자와 차별화된 나의 위치를 고객에게 정확하게 알리는 커뮤니케이션의 과정이 포지셔닝이다. 모든 기업의 마케팅 믹스의 활동은 포지셔닝 전략을 뒷받침하고 있다. 따라서 기업의 선택된 경쟁우위가 소비자에게 잘 전달될 수 있도록 제품, 가격, 매장, 광고, 직원, 판촉 등을 통하여 드러날 수 있도록 하는 총체적인 기업의 활동이 필요하다.

또한 포지셔닝 전략이 실행된 후에도 자사 제품이나 서비스의 목표한 위치에 포지셔닝이 되어있는지를 점검해야 한다. 이를 위해 전문적인 소비자 조사를 통하여 구체적으로 고객과 시장에 대한 분석이 필요하다. 그리고 포지셔닝이 성공적으로 이루어졌어도 시간이 흐름에 따른 시장변화에 따른 고객 욕구의 변화를 분석하고 이를 통한 표적시장을 재설정하는 재포지셔닝이 필요하다.

3) 포지셔닝 맵

고객의 마음속에 있는 자사 제품과 서비스의 위치를 통하여 차별화 및 포지셔닝의 전략을 기획할 때 많이 사용되는 것이 포지셔닝 맵(positioning map)이다. 포지셔닝 맵을 지각도(perceptual map)라고도 한다. 포지셔닝 맵은 각 제품군에 있어 선택의 기준이 될 만한 중요한 두세 가지 지표를 선정하여 2차원 및 3차원의 도면상에 자사 제품과 경쟁제품의 위치를 표시하는 지도를 말한다.

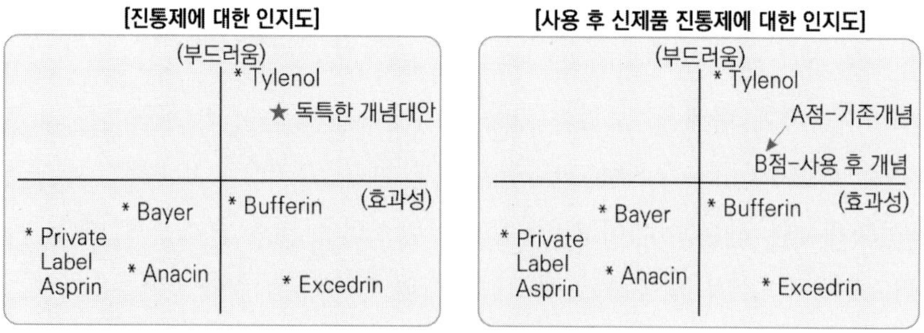

[그림 7-1] **포지셔닝 맵의 사례**

출처 : 담덕의 경영학노트. https://mbanote2.tistory.com/397

포지셔닝 맵을 작성하기 전에 고객이 제품을 구매할 때 가장 중요하게 생각하는 두세 가지의 지표를 선정해야 한다. 이 지표는 소비자가 제품 구매 시 감정적인 좋고 나쁨을 의미하는 것이 아닌 구체적인 지표를 선정하는 것이 중요하다. 만약 소비자가 구매 결정 시 별로 중요하지 않게 생각하는 지표로 제품 및 서비스를 개발하거나 마케팅 전략이 시행된다면 소비자에게 외면당할 확률이 높아진다.

포지셔닝 맵은 경쟁사와 구별되어 차별화할 수 있는 독자적인 지표를 찾는 것이 필요하다. 예를 들어, |그림 7 - 1|과 같은 진통제의 경우, 소비자의 인지도 조사에서 Excedrin은 가장 높은 효과성을 보였고, Tylenol은 가장 부드러운 것으로 인지되는 것으로 조사되었다면, 효과성과 부드러움이 있는 부분(독특한 개념 대안)에 신제품을 개발하고, 포지셔닝하는 것이 중요하다는 것이다.

또한 포지셔닝 맵에서 중요한 것은 포지셔닝을 실행한 이후, 소비자 인식에 대한 조사를 통하여 A점에서 B점으로 소비자의 인지의 위치의 변화를 반드시 확인해야 한다. 이를 통하여 마케터는 제품의 개념을 재정립할 것인지 재포지셔닝을 해야 할 것인지를 결정해야 한다.

마케터는 포지셔닝 맵을 통하여 다음과 같은 유용한 정보를 얻을 수 있다.

(1) 경쟁의 축을 찾을 수 있다

소비자들이 시장에서 제품 및 서비스를 구매할 때 가장 중요하게 생각하는 경쟁요소를 파악할 수 있다. 즉, 자사 제품이 고객에게 어떻게 인식되고 있는지를 평가할 수 있다.

(2) 표적시장 및 빈틈을 찾을 수 있다

포지셔닝 맵을 통하여 표적시장 내에서 고객이 가장 이상적으로 생각하는 제품 및 서비스의 속성을 파악하여 새로운 표적시장이나 기존 표적시장 내에 새로운 공략 지점을 찾을 수 있다.

(3) **상대적 위치를 파악할 수 있다**

포지셔닝 맵을 통하여 소비자가 중요하게 생각하는 지표를 중심으로 자사 및 경쟁사의 위치를 나타낼 수 있다. 즉, 포지셔닝 맵에서 가장 가까운 거리에 위치한 제품일수록 경쟁 관계가 있고, 대체가 가능한 제품인 것이다. 그리고 정기적으로 자사 제품에 대한 소비자의 인식 변화를 점검하고, 포지셔닝의 전략을 수정할 수 있다.

정리하면 사회적경제뿐만 아니라 모든 기업은 표적시장 내에 소비자의 인식으로 들어가서 강력한 브랜드를 구축하기 위해서는 포지셔닝 맵이 필요하다. 따라서 기업이 강력한 포지셔닝을 위해서는 소비자들이 추구하는 차별적인 핵심 가치를 제대로 파악하고, 이런 핵심 가치를 중심으로 고객과 커뮤니케이션을 해야 한다.

4) 사회적경제에 적용 방안

소비자들이 사회적경제의 제품과 서비스를 구매하고 찾는 것에는 이유가 있다. 한국소비자원의 연구에 따르면 사회적경제 조직에 공급하는 구매 및 이용을 결정하게 된 이유에 대한 조사결과, 사회적 가치가 내재한 소비목적이나 사회적경제 조직 및 조직원에 대한 신뢰가 가장 높은 응답을 나타냈다. 포지셔닝은 소비자가 사회적경제를 찾는 주된 목적을 찾아 이를 강화해 주거나 혹은 바람직하게 인식되지 않은 것을 원하는 인식으로 바꾸는 활동이다. 이러한 활동을 위해 몇 가지 고려할 사항이 있다.

(1) **사회적경제의 제품과 서비스를 한마디로 표현하는 한 단어나 문장을 찾아라**

데이비스와 던(Scott Davis & Michael Dunn, 2002)은 『브랜드 : 비즈니스를 움직이는 힘』이라는 책을 통하여 "훌륭한 비즈니스는 브랜드가 상징하는 바를 몇 단어로 요약할 수 있다. 이것은 내부적으로나 대외적으로 기업의 존재 이유를 가장 효과적으로 알리는 방법이다"라고 했다. 이 말은 어떤 브랜드가 속한 표적시장에서 강력한 하나의 키워드를 소유하고, 이를 포지셔닝하는 것이 중요함을 시사하고 있다.

우리는 지금 커뮤니케이션의 과잉 사회에서 살아가고 있다. 그만큼 커뮤니케이션이 중요한 시대를 사는 것이다. 뇌 과학자들에 따르면, 사람들의 기억력은 그리 오래가지 못한다. 단순 기억은 암기 후 20분 이내에 가장 빨리 잊어버려 단지 50%만 남고 이것도 이틀 뒤에는 30%만 남는다고 한다. 그래서 소비자 인식 속에 딱 한 단어만 심으려는 노력이 중요하다.

사회적경제에는 다양한 유형의 사회적기업, 협동조합, 마을기업 등이 존재한다. 소비자들은 시장에서 제품과 서비스를 구매하기 전에 그들의 기억 속에 이미 제품 및 서비스에 대한 인식이 들어있다. 그래서 사람들의 마인드에 들어가는 가장 손쉬운 방법은 '첫 번째'가 되는 것이다. 알 리스(Al Rise)와 잭 트라우트(Jack Trout)는 『마케팅 불변의 법칙』에서 "시장에서 최초가 되기보다는 사람들의 기억 속에 최초가 되는 편이 낫다"라고 하였다. 즉, 사람들의 인식에 기억되는 것이 중요함을 시사한다. 이러한 원칙은 오랫동안 마케팅에 적용되었다. 우리는 첫 번째로 달 표면을 걸은 사람이 닐 암스트롱임을 기억한다. 그러나 두 번째로 달에 착륙한 사람은 기억하지 못한다. 또한 사회적경제에서도 사회적기업 1호는 다솜이재단으로 기억하지만, 2호는 기억하지 못한다. 그러나 여기서 중요한 것은 실제 최초가 아니더라도 고객의 인식 속에 최초로 생각할 수 있도록 포지셔닝하는 것이 중요하다는 것이다.

이것이 원 워드(one word) 마케팅이다. 예를 들면, 볼보는 안전으로, 페덱스는 보증으로, 사우스웨스트항공은 낮은 원가와 재미로 포지셔닝되어 있다. 국내 기업에서도 청정원은 정성으로, 풀무원은 자연으로, 딤채는 발효과학으로, 락앤락은 완벽한 밀폐로 포지셔닝에 성공하였다. 따라서 그러한 한 단어는 고객들이 쉽게 기억할 수 있도록 연속적으로 진행될 수 있는 말로 개발하는 것이 필요하다. 예를 들면 우리나라 제품의 경우, "고향의 맛 다시다", "전자제품 살 땐 하이마트"와 같은 연속적인 문장을 말한다.

(2) 포지셔닝 기술문을 만들어라

포지셔닝 기술문은 기업이나 브랜드의 포지셔닝을 요약하여 기술하는 것을 말한다. 기술문에는 우리의 제품 또는 브랜드가 표적시장에서 고객의 욕구에 어떤 차이를 가져다주는지에 대한 내용을 포함한다. 일반적으로 포지셔닝 기술문에는 누가 표적시장이며, 표적고객들의 어떤 목표를 달성하는 데 제품 또는 브랜드가 필요한지, 그 제품이나 브랜드를 구매하는 이유가 무엇인지, 그리고 소비자에게 어떤 도움이 되는지에 대한 내용이 포함되어야 한다. 예를 들어, Evernote의 포지셔닝 기술문은 "바쁜 사람들을 위해 일상으로부터 나오는 순간마다 아이디어를 찾아내고, 이를 기억하기 쉽게 만들어 주는 디지털 콘텐츠 관리 지원회사이다"라고 표현하고 있다.

(3) 포지셔닝이 커뮤니케이션에 녹아들게 하라

성공적으로 포지셔닝을 수행하는 브랜드의 공통점은 포지셔닝한 단어를 TV 광고나 홍보 매체에 동일한 의미를 담아 소비자에게 성공적으로 전달하고 있다. 특히 TV 매체는 현실적으로 포지셔닝을 구축하기 위한 가장 강력한 수단이다. 예를 들면, 에이스 침대의 경우에는 '침대는 가구가 아닙니다. 과학입니다'라는 소비자와의 커뮤니케이션을 통해 강력한 포지셔닝을 구축하였다.

사회적경제의 영역에서도 소비자들이 중요시하는 사회적 가치 창출과 연관하여 포지셔닝을 위한 한 단어나 문장을 만들어 지속해서 소비자들에 인식시키는 노력이 필요하다. 이를 위해 다양한 마케팅 활동을 통하여 소비자들에게 진정성 있게 다가가는 노력이 필요하다.

2. 브랜딩

성공적인 포지셔닝은 소비자의 인식 속에 제품이나 기업의 긍정적인 차별점을 구축하는 결과로 이어진다. 즉, 많은 조직은 포지셔닝을 통해 자신의 제품 및 조직을 차별화하고 브랜드 이미지를 구축하려고 노력하고 있다. 그리고 이렇게 구축된 브랜드 이미지는 실제로 조직의 성공에 핵심 요소로 인식되고 있다.

브랜드의 의미는 최초에 자기 소유와 타인 소유의 가축을 구별하기 위해 불에 달군 인두로 낙인을 찍는 것에서 유래하였다. 이후 상업이 발달하면서 상인들은 간단한 도형이나 모노그램으로 구성된 표시를 사용하여 자신의 소유권을 입증하였다. 또한 중세시대에는 길드 가입자를 통제하는 수단으로도 상표가 사용되었다. 근대적 의미의 브랜드는 18세기 초에 제조업자의 신용을 나타내는 기능을 갖추었다. 그리고 대량생산의 시기에 매체 광고를 통해 소비자에게 브랜드를 알리는 기능으로 발전하였다. 현재 브랜드는 무형의 재산 가치를 가지고 있다. 이러한 가치는 기업의 매수, 합병 등의 과정에서 상당한 대가를 지급해야 하는 새로운 무형의 자산으로 인식되고 있다.

세계의 많은 기관이 해마다 브랜드에 대한 가치를 평가하여 발표하고 있다. 브랜드 가치는 브랜드가 가지고 있는 무형의 자산으로, 시중에 상표를 팔 때 받을 수 있는 추정가치로 브랜드의 지명도만으로 현재 또는 미래에 거둘 수 있는 이익을 금액으로 환산한 것이다(KBMA). 따라서 이를 측정하기 위해 시장점유율, 소비자의 브랜드 인지도, 가격 결정능력, 매출과 순이익 등의 항목을 평가하여 지수화한다.

산업정책연구원은 기업의 재무적 측면과 소비자들의 의견을 반영하여 기업의 브랜드 가치 평가를 진행하고 있다. 국내 기업 중 브랜드가치가 높은 기업들의 공통점은 모두가 고객의 마음속에 강력한 브랜드 이미지가 있다는 것이다. 또한 이러한 브랜드 이미지는 고객에게 주고자 하는 가치를 인식하고, 고객은 브랜드로부터 그 가치를 찾으려는 기대가 있다는 것이다.

모든 조직에서 브랜드를 개발하고 계속하여 유지하기는 쉽지 않은 과제이다. 사회적경제의 영역은 양적으로 크게 성장하였다. 그러나 사회적경제에 지속 가능성을 위해 브랜드 개발 및 유지 정책은 매우 절실한 과제이다. 이러한 목적으로 일부 지방자치단체의 경우에는 사회적경제에 공동 브랜드를 개발하여 사용하고 있다. 대표적인 것이 강원도의 사회적경제 공동 브랜드 '마음고리'이다. 강원도 사회적경제 기업들은 공동 브랜드 개발을 통하여 홍보 및 마케팅 활동에 적극적으로 활용하고 있다.

따라서 이 장에서는 브랜드에 대한 개념 및 다양한 모델, 전략을 살펴봄으로써 사회적경제에 어떻게 적용될 수 있는지에 대해 살펴보도록 하겠다.

1) 브랜드의 이해

브랜드에 대한 명확한 개념을 쉽게 이해하기 어려운 이유는 브랜드의 용어가 외래어로 쉽게 다가오지 않고, 브랜드의 개념이 고정되기보다 상황, 시간, 목적에 따라 다르게 적용되고 있기 때문이다.

브랜드의 개념을 이해하기 위해 마케팅, PR, 광고, 브랜딩을 이해할 필요가 있다. |그림 7 - 2|는 마케팅, PR, 광고, 브랜딩에 대한 차이를 쉽게 설명하고 있다.

(1) 마케팅(marketing)

마케팅을 단순하게 정의하면 직접 자신을 알리는 것을 말한다. 이는 판매를 포함한 넓은 의미로 고객의 욕구를 파악하고, 이를 제품과 서비스에 반영하여 소비자에게 전달하는 모든 체계적 경영활동을 말한다. 예를 들면, |그림 7 - 2|에서 왼쪽의 새가 오른쪽의 새에게 일방적으로 '나는 멋진 가수야'라고 말하는 것을 의미한다.

(2) 홍보(PR : Public Relation)

홍보(PR : Public Relation)는 조직이 다양한 대중과의 호의적인 관계를 이용하여 여론을 유리하게 형성시키고 그들에게 좋은 이미지를 만드는 것이라 할 수 있다. 간단히 말하면 대중과의 호의적인 관계를 만드는 것이다. 예를 들자면 사회적경제가 경영활동의 이익을 사회에 환원하는 활동을 시행하고, 다음날 신문에 기업이 신문광고를 게재하면 광고이지만, 신문기사를 통하여 제3자를 통해 올라간다면 이것은 PR에 해당한다. 그림에서는 왼쪽의 새가 오른쪽의 새에게 '그 새는 멋진 가수야'라고 말하는 것과 같다.

(3) 광고(advertising)

광고는 지속해서 자신을 알리는 행위를 말한다. 미국마케팅협회(1963)는 "광고란 명시된 광고주에 의한 아이디어, 상품 및 서비스에 대해 비인적(nonpersonal)으로 소개되고, 판촉되는 유료 형태"라고 정의하고 있다. 즉, 조직들이 소비자의 태도나 행동에 영향을 주고 궁극적으로 자신의 제품과 서비스를 구매하도록 하기 위한 매체를 통한 유료 형태의 정보전달 활동을 의미한다. 그림에서는 왼쪽의 새가 오른쪽의 새에게 지속해서 '나는 멋진 가수야'라고 반복하는 것을 말한다. 이러한 광고의 형태는 우리에게 매우 익숙하다. 따라서 조직들은 이런 광고의 행위를 통하여 지속해서 소비자에게 기업의 가치를 커뮤니케이션하기 위해 노력하고 있다.

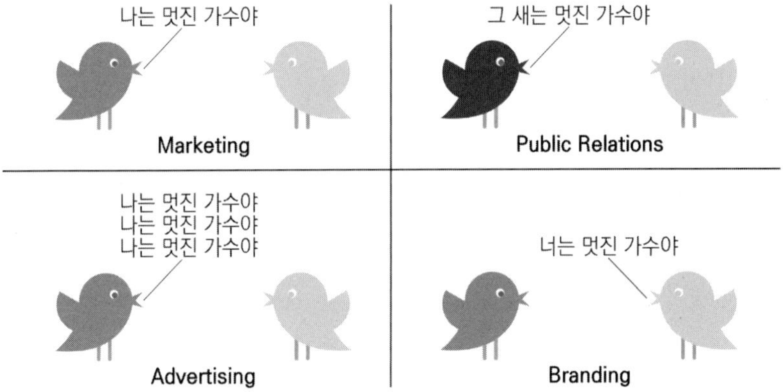

|그림 7-2| **마케팅, PR, 광고, 브랜딩의 이해**

출처 : https://www.tutorialspoint.com, marketing_vs_advertising

(4) **브랜딩**(branding)

브랜딩은 상대가 먼저 자신을 알아보게 하는 것이다. 우리가 가전제품 하면 생각나는 기업이나 제품을 생각하면 된다. 브랜드의 사전적 의미는 상표에서 받은 모든 인상의 집합을 말한다. 여기에서 핵심은 우리가 전달하는 메시지가 아니라 소비자들이 느끼는 이미지라는 것이다. 그래서 브랜딩은 기업이 원하는 브랜드에 대한 느낌과 이미지를 소비자에게 심어주는 행동의 일체라고 할 수 있다. |그림 7 - 2|에서 오른쪽의 새가 먼저 '너는 멋진 가수야'라고 말하고 있는 개념이다.

브랜드의 개념은 흔히 기업의 상표로 생각한다. 소비자들은 상표를 통해 가치를 구매할 수 있을 거라는 믿음이 있다. 그래서 브랜드는 '가치에 대한 약속'이라고 한다. 현대의 무한경쟁 시대에 조직과 기업을 차별화하는 가장 강력한 수단이 브랜드인 것이다. 따라서 브랜드란 제품 혹은 서비스의 제조업자나 판매업자가 누구인지 식별할 수 있는 이름, 용어, 심벌, 디자인 혹은 이들의 결합을 의미한다(Kotler & Armstrong, 2016).

브랜드는 National Brand, Private Brand, Private National Brand 등으로 구별된다. National Brand는 원칙적으로 전국적인 규모로 판매되고 있는 브랜드를 말한다. 이는 오랫동안 시장에서 폭넓게 사용되어 온 상표와 디자인의 명칭을 주로 말한다. 따라서 소비자들이 상품과 서비스 선택에 중요한 기준이 된다.

Private Brand는 유통업체가 독자적으로 기획하고 제조업체에 생산을 위탁하거나 직접 생산하여 판매하기 위해 자체 개발한 상표를 부착하여 판매하는 브랜드를 의미한다. 이는 1920년경 미국에서 체인 오퍼레이션(chain operation)에 기초를 둔 소매업의 규모가 커짐에 따라 소매업자들이 시장지배력을 높이기 위해 자신의 상표를 만들어 사용한 것에서 비롯되었다(정무성 외, 2011). 우리나라에서도 대형할인점의 자체상표 상품을 쉽게 접할 수 있다.

Private National Brand는 제조업자와 소매업자가 공동으로 기획하여 개발한 상표를 말한다. 즉, 제조업체가 특정 유통업체에 공급하는 제조사 브랜드를 말하는 것으로 Private Brand와 National Brand의 중간 형태를 말한다. 예를 들어, 최근 K쇼핑 대표 크리에이터 신수지가 '마이비밀 다이어트 도시락'과 협력하여 '신수지 마이비밀 다이어트 도시락'을 출시한 것이다.

이러한 브랜드는 다양한 기능이 있다.

첫째, 브랜드의 본원적인 기능이다. 이는 브랜드 출처 및 구별(Brand Identity) 기능이다. 생산자와 회사의 신분 또는 지역을 표시하는 기능으로 경쟁 브랜드와 구별하는 기능을 말한다. 오늘날 네임, 로고, 캐릭터, 마크 등이 혼합되어 표시되는 형태이다.

둘째, 브랜드는 파생적인 기능을 갖는다. 기업이나 조직은 브랜드를 통해 인지도를 강화하고, 차별화를 통한 브랜드 가치를 제고하여 소비자에게 상품과 서비스에 대한 선명한 기업의 이미지를 심어주는 수단으로 사용한다. 따라서 브랜드의 기능은 생산자뿐만 아니라 소비자에게도 긍정적인 영향을 미친다. 브랜드는 소비자들에게 자신들에게 편익을 제공할 제품과 서비스를 선택하는 데 도움을 준다. 또한 같은 브랜드를 구매하는 소비자들에게 같은 특징, 편익, 품질에 대한 신뢰를 제공한다. 브랜드는 제조업자나 판매업자에게도 이점을 제공한다. 이들이 생산하는 제품이나 서비스는 브랜드명으로 인해 법적 보호를 받아 경쟁자들로부터의 모방을 예방한다. 또한 브랜드명을 통하여 시장세분화를 통하여 다양한 계층의 소비자들에게 제품과 서비스를 제공하는 전략에 활용된다.

2) 브랜드 구성요소

모든 조직은 브랜드를 가지고 있으며, 이러한 브랜드 가치를 높이기 위한 활동을 수행하고 있다. 브랜드 마케팅은 브랜드 Identity와 브랜드 차별성을 전략적으로 관리하기 위해 제품 기획부터 상품개발에 이르는 일련의 과정으로 브랜드 커뮤니케이션 전략, 실행 프로그램 제안, 브랜드 평가 등의 업무를 포함하는 과정이다.

브랜드(brand)는 소비자들이 인식하고 있는 현상을 말하고 있으며, 이러한 브랜드를 전략적으로 육성해 가는 과정이 브랜딩(branding)이다. 모든 조직은 이러한 브랜딩 과정을 통하여 회사의 이름, 로고, 상표 등을 대중에 인지시키는 활동을 수행한다. 사회적경제의 영역에서도 소비자들의 인식 제고를 위해서 전략적인 브랜딩 관리 활동을 전개해야 한다.

브랜드 관리는 기업에서 소비자에게 연상시키려는 브랜드에 대한 기획된 연상이나 의미를 소비자의 연상작용으로 형성된 브랜드에 대한 전체적인 인상의 집합과 일치시키는 것을 말한다. 즉, 브랜드 Identity와 브랜드 Image를 일치시키는 것이다. 그러므로 브랜드를 관리하는 구체적인 요소는 브랜드 네임, 심볼, 로고, 슬로건, 브랜드를 표현하는 CM, 포장 등과 같은 것들이 있다. 이러한 다양한 브랜드 요소들은 소비자들에게 기억될 만한 브랜드, 여러 가지 환경변화에 적응력이 있으며, 다른 영역으로 브랜드 확장이 가능한 브랜드가 되도록 해야 한다.

브랜드의 개념은 시대적 환경의 변화에 따라 단순한 인식을 위한 표식에서 조직의 무형자산으로 변모하였다. 브랜드 자산은 브랜드명을 안다는 것이 제품 혹은 서비스에 대한 고객 반응에 미치는 긍정적인 차별적 효과이다(Kotler & Armstrong, 2016). 브랜드 자산은 소비자의 회의적인 태도나 적대적인 태도에 따라 긍정적 또는 부정적인 자산으로 해석될 수 있다. 브랜드 자산에 대한 2020년 영국 브랜드 컬설팅 회사의 조사에 따르면, Amazon의 브랜드 가치는 2,207억 달러, Google은 1,597달러, Apple의 브랜드 가치는 1,405억 달러, Microsoft는 1,170억 달러, 삼성은 944억 달러로 추정된다.

높은 브랜드 자산은 기업에 커다란 경쟁력을 제공한다. 아커(Aaker, 1991, 1996)는 브랜드 자산의 구성요소를 지각된 품질(perceived quality), 인지도(awareness), 충성도(loyalty), 연상 이미지(association), 기타 독점적 자산(brand asset)으로 보았다. |그림 7 - 3|은 아커(Aaker)의 브랜드 자산의 구성요소를 보여주고 있다.

(1) **지각된 품질**(perceived quality)

지각된 품질(perceived quality)은 소비자가 브랜드의 제품에 대한 품질을 어떻게 인식하고 있는가를 말한다. 이것은 품질에 대한 기술적인 지식 등을 말하는 것이 아니다. 소비자들이 제품이나 서비스를 접할 때 지각된 품질이 좋을 때 구매에 큰 영향을 미칠 수 있다. 또한 지각된 품질이 좋은 제품 및 서비스에는 품질이 보증되었다고 믿기 때문에 프리미엄 가격정책을 사용할 수 있다.

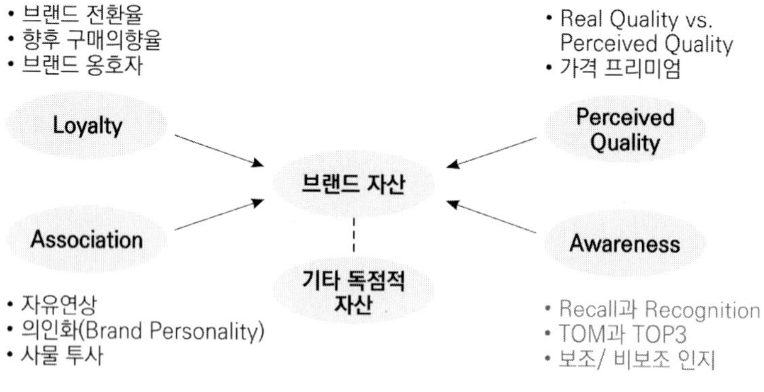

|그림 7-3| Aaker의 브랜드 자산 구성요소

기업이나 조직은 전사적 품질관리(TQM : Total Quality Management)를 통하여 지각된 품질을 관리한다. 즉, 기업의 단일제품 차원의 기능적 편익에 초점을 맞추기보다 소비자 관점에서 전체적인 품질관리를 하도록 하고 있다. 더 나아가 지각된 품질은 시장에서 경쟁상황을 정의하고 브랜드 포지셔닝의 중요한 판단 근거를 제공한다.

소비자가 인식하는 품질은 실제의 품질과는 다를 수도 있으므로 품질에 대한 정확한 인식을 창출하는 것이 중요하다. 소비자에게 한번 지각된 품질은 다시 회복하기가 상당히 어렵다. 그래서 이전에 좋지 않은 품질의 인식이 새로운 제품에 대한 품질을 왜곡시키는 역할을 한다. 예를 들어, 폭스바겐은 값싼 소형차의 이미지를 벗어나기 위해 '폭스바겐'을 버리고 고급 승용차로서 '아우디'라는 별도의 브랜드를 만들어 성공했다.

소비자들은 품질을 판단하는 데 잘못된 단서를 찾을 수도 있다. 지각된 품질을 높이기 위해 소비자들이 품질을 평가할 때 기초로 삼는 사소한 단서를 이해하는 것이 중요하다. 예를 들어, 타이어의 견고성을 평가하려고 발로 타이어를 친다면, 타이어는 딱딱할수록 좋은 품질이 되는 것이다. 또한 1985년 코카콜라는 가장 인기 있는 탄산음료인 코카콜라 생산을 중지하고, 새로운 제조법을 만든 뉴 코크(New Coke)로 대체하려 했다. 원조 콜라의 강한 맛에 익숙한 소비자들은 블라인드 테스트의 결과와 달리 뉴 코크에 대해 격렬히 반대하였다. 그 결과 뉴 코크의 판매는 저조했고, 코카콜라는 원조 코카콜라를 '코카콜라 클래식(Coca-Cola Classic)'이라는 이름으로 재출시하였다. 그러나 뉴 코크와 코카콜라 클래식의 판매는 과거 원조 코크의 판매에 미치지 못하였다. 이것이 바로 소비자의 지각된 품질과 실제의 품질은 다를 수 있다는 것을 보여주는 사례이다.

그래서 리스와 트라우트(Rise & Trout)는 마케팅 불변의 법칙에서 "마케팅은 제품의 싸움이 아니라 인식의 싸움이다"라고 말하고 있다. 결과적으로 소비가 인식하고 있는 품질에 집중하는 것이 브랜딩의 핵심 요소임을 알 수 있다.

(2) **인지도**(awareness)

브랜드 인지도(awareness)는 잠재적인 소비자가 어떤 제품군에 속한 특정 브랜드를 회상 또는 재인식할 수 있는 능력을 의미한다. 즉, 소비자가 얼마나 쉽게 떠올리고 기억할 수 있느냐를 말한다. 소비자는 브랜드 인지도를 통하여 고려대상 제품군에 포함하고, 제품 및 서비스 구매에 영향을 미친다.

브랜드 인지도는 소비자들이 기억해 낼 수 있는 회상의 범위에 따라 브랜드 피라미드를 구성하고 있다. |그림 7 - 4|는 소비자의 회상에 대한 image 수준에 따른 피라미드 구성요소를 보여주고 있다.

|그림 7-4| **브랜드 피라미드**

최초 상기(TOM : Top of Mind)는 맨 처음으로 떠오는 브랜드를 말한다. 최초 상기 브랜드는 타사 브랜드들보다 경쟁우위를 점유하고 있으며, 소비자의 마음속에 특별한 위치를 점하고 있다. 예를 들어, 드럼세탁기 하면 TROMM, 김치냉장고 하면 딤채, 휴대전화 하면 삼성 갤럭시 등으로 해당 카테고리 중에서 가장 먼저 떠오르기 때문에 카테고리 내에서 지배적 브랜드(dominant brand)라고 한다. 최초 상기는 소비자가 구매 의사결정 시 구매 고려 브랜드 내에 특정 브랜드를 포함하는 역할을 하며, 특히 저관여 제품(소비자의 자아 개념이나 의지와 상관없이 구매행위가 일어나는 것으로 잘못된 구매 결정에 지각된 위험이 거의 없는 제품)의 경우, 최초 상기는 구매 결정에 아주 중요한 역할을 한다. 일반적으로 기업들

은 브랜드의 인지도를 측정하기 위해 소비자 조사를 통해 최초 상기(TOM)를 측정하여 관리하고 있다.

비보조 상기(brand recall)은 브랜드 회상이라고 한다. 이는 소비자가 브랜드를 회상할 때 떠올리는 상표군들을 말한다. 즉, 소비자가 한 제품 범주 내에서 생각나는 브랜드를 열거하는 것이다. 예를 들어, "세탁세제 하면 떠오르는 상표는 무엇인가?"라고 질문하면, 소비자들이 '비트, 슈퍼 타이, 한 스푼 등'이라고 응답하는 것을 말한다. 이런 비보조 상기는 소비자 머릿속에 보관하고 있는 구매 가능 리스트이다. 따라서 비보조 상기율이 높으면 구매율을 확보할 수 있다는 것이다.

다음으로 보조인지(brand recognition)는 브랜드 존재 자체를 다시 인식하는 것을 말한다. 즉, 보조인지는 소비자에게 한 제품 범주 내에 있는 여러 브랜드를 제시하고 각 브랜드를 과거에 듣거나 본적이 있는지를 조사하는 것이다. 예를 들어, "'마음고리'라는 브랜드를 아십니까?"라고 했을 때 "아 사회적경제 강원도 브랜드 '마음고리'가 있었군요"라고 다시 인지하는 것을 말한다. 따라서 보조인지가 높다고 반드시 강력한 브랜드를 가지고 있다고 말할 수는 없다. 높은 보조인지도를 가지고 있으나 낮은 비보조 상기도를 가진 브랜드는 한때 유명한 브랜드였으나 점차 사멸하는 브랜드일 수 있다. 또한 틈새시장을 집중적으로 공략하는 브랜드의 경우에는 잠재 수요자들에게 잘 알려지지 않아서 보조인지도는 낮지만 비보조 상기도가 높아 강력한 로열티를 형성하고 있을 수가 있다. 따라서 기업이나 조직들은 보조 인지도뿐만 아니라, 비보조 상기도를 높여서 시장점유율을 확대하려는 전략을 구사하고 있다.

브랜드 피라미드의 맨 아래는 무인지(unware of brand)가 자리하고 있다. 무인지(unaware of brand)는 브랜드에 대한 인지가 하나도 없는 것을 말한다. 즉, 소비자들이 전혀 인지하지 못하는 브랜드를 말한다. 보통 초기의 조직이나 기업의 브랜드가 여기에 해당한다.

브랜드 인지도는 소비자들의 구매 의사결정의 판단 기준이 되며, 넓은 판매망을 확보하는 데 유리한 위치를 점할 수 있는 무형의 자산이 된다. 그러므로 조직이나 기업에서는 브랜드 인지도를 높이기 위해서 독특한 브랜드 네임, 슬로건, CM송, 심벌, 언론 PR, 각종 이벤트 등의 모든 경로를 통하여 소비자에게 통합적으로 커뮤니케이션(IMC : Integrated Marketing Communication)을 해야 한다. 결국 이러한 통합적 관점의 커뮤니케이션을 통하여 소비자에게 오직 바람직한 이미지가 인지될 수 있도록 브랜드 마케팅 전략을 시행할 필요가 있다.

(3) 브랜드 충성도(loyalty)

브랜드 충성도는 특정 브랜드에 대한 소비자의 지속적인 재구매 성향을 뜻한다. 충성도는 브랜드 자산의 핵심 요소이며, 브랜드 자산의 집약이라고 할 수 있다. 소비자의 브랜드 충성도가 높으면 경쟁자의 마케팅 활동 영향력을 감소시킬 수 있다. 또한 유통에서 자사의 영향력을 증대시킬 수 있다. 이러한 브랜드 충성도는 가격 프리미엄과 사용 만족도를 통해 측정한다.

따라서 브랜드 충성도가 강하게 형성되면 경쟁사가 소비자 행동의 전환을 일으킬 수 있는 마케팅 활동이나 시장환경의 영향에도 불구하고, 소비자는 지속해서 선호하는 상품이나 서비스를 재구매하는 일관된 구매행위를 지속하게 된다. 또한 기업이나 조직의 입장에서는 브랜드 충성도가 강한 기존고객의 유지가 신규고객 유치에 드는 비용보다 적게 들고, 긍정적인 구전 효과를 통한 장기적인 수익성 증가에 중요한 요인으로 작용한다.

"브랜드 충성도의 원천은 기억과 감정이다"라는 말이 있다. 뇌과학적 관점에서 인간은 좌뇌와 우뇌로 이루어졌다고 한다. 좌뇌는 이성적, 논리적, 합리적 사고를 하고, 우뇌는 감성적, 관계 지향적인 사고를 담당한다. 그런데 인간에는 좌뇌와 우뇌뿐만 아니라 이성을 지배하는 전전두엽이 있다고 한다. 이는 감정 절제와 도덕성, 판단력에 영향을 미친다. 보통 범죄자의 경우에는 전전두엽의 활동이 상당히 약하게 나타난다고 한다. 즉, 소비자가 충성도가 강한 브랜드를 봤을 때 전전두엽은 마치 생존을 위협하는 위기상황인 양 착각하여 이를 극복하기 위해 변연계(limbic system)를 움직인다. 그래서 그 브랜드를 구매하여 위기상황을 극복하고 쾌락을 느끼게 하는 도파민(dopamine)을 분비한다고 한다. 이러한 과정은 다음에 또 그 브랜드를 재구매하게 만드는 것이다. 따라서 뇌과학적인 관점에서도 브랜드 충성도는 감성적인 측면과 깊은 연관성이 있다. 이런 관점에서 브랜드에 대한 충성도는 제품의 기능적인 편익 이외에 브랜드가 가진 상징성이나 개성과 같은 감성적인 요소에 의해 고객가치가 창출되는 것이다.

따라서 고객의 브랜드 충성도에 따라 고객을 세분화하고 전략적으로 관리할 수 있다. 아커(Aaker)의 고객 충성도 매트릭스에 따르면, 고객의 신뢰 및 수익 기여도의 정도와 반복거래 및 거래 유지의 정도에 따라서 네 가지 유형으로 구분하고 있다.

첫째, 습관적·편의적 로열티 고객이다. 브랜드 충성도는 부족하고 제품도 자주 구매하지 않는 집단을 말한다. 이들은 브랜드에 큰 관심이 없는 고객으로 브랜드에 관한 관심과 행동을 유발하기 위한 프로그램을 시행하는 것이 필요하다. 예를 들어, 항공사 마일리지 제도나 카드사 할인 혜택 등이 여기에 해당된다.

둘째, 가격·인센티브 로열티 고객이다. 브랜드 충성도보다는 인센티브나 가격할인의 매력 때문에 고객화된 고객으로 브랜드 충성도는 낮지만, 구매력은 높은 고객집단이다. 따라서 지속적인 인센티브 제도의 시행과 함께 스토리텔링과 같은 것을 통해 고객의 감성적인 측면에 접근하여 고객의 충성도를 확보해 나가는 것이 중요하다.

셋째, 잠재적 로열티 고객이다. 이 고객집단은 브랜드 충성도는 높지만 재구매가 지속해서 일어나지 않는 고객이다. 잠재적 로열티 고객은 구매력이 높지는 않지만, 신제품 출시 및 신제품 체험을 통해 충성고객으로 확보하는 전략이 필요하다.

넷째, 프리미엄 로열티 고객이다. 프리미엄 로열티 집단은 단지 한 브랜드에 국한된 근시안적 생각에서 벗어나 사업을 다각화하고 확장하기 위한 잠재력 있는 고객으로 중요하게 관리되어야 한다. 보통 기업이나 조직에서 충성스러운 고객에 대한 지나친 자신감으로 낭패를 당하는 경우가 있다. 따라서 고객등급화 등을 통해 각종 혜택을 주면서 특별한 존재로 대우받고 있다는 느낌이 들도록 해야 한다.

(4) 연상 이미지(association)

연상 이미지(association)는 특정 브랜드가 소비자의 감각기관을 통해 받아들여져 해석되는 의미이다. 기업이나 조직이 강력한 브랜드 자산을 형성하기 위해서는 소비자 마음속에 호의적이고 강렬한 이미지를 심어야 한다. 예를 들어, 나이키라는 브랜드를 말했을 때, 'just do it', '달리기', '독특한 개성소유자들', '자신을 위해 열심히 사는 사람들'처럼 연결성 있게 이야기들이 이어지는 것을 말한다.

바람직한 브랜드 연상을 위해서는 호감(favorable), 강력한 연상(strong), 차별화된 연상(unique) 등의 특성을 가져야 한다. 즉, 소비자에게 호감 있는 브랜드로 강력하면서도 차별화된 연상을 떠올리도록 하는 것이 중요하다.

브랜드 연상은 관점에 따라 제품속성과 기업에 대한 이미지 등을 통하여 일어난다. 제품속성과 직접 관련이 있는 연상은 제품이 범주와 속성, 품질 및 가격 등을 통한 연상을 말한다. 예를 들어, '껌이라면 롯데 껌', '매운 라면 신라면', '가격의 거품을 뺐다(파크랜드)' 등이 있다. 그러나 이러한 연상은 경쟁 브랜드에서 모방이 쉽고, 시장 상황이 변했을 때 적절한 대응이 어려운 단점이 있다.

제품속성과 관련이 없는 연상은 소비자의 브랜드에 대한 느낌과 개성 표현과 같은 것을 통한 연상을 말한다. 예를 들어, '말보로맨', '해서웨이 셔츠'로 소비자들이 자아개념과 일치한 정보를 잘 기억하고, 일치되는 브랜드를 더 선호한다는 것을 기본 전제로 하고 있다.

마지막으로 기업과 관련한 브랜드 연상은 기업의 문화, 기업 구성원의 특성, 최고 경영자의 가치관 등과의 연상을 말한다. 예를 들어, 잭 웰치 GE, 유한킴벌리의 '우리 강산 푸르게 푸르게', 삼성의 '제일주의' 등이 있다.

(5) 기타 독점적 자산(brand asset)

기타 독점적 자산(brand asset)은 브랜드와 관련한 특허, 등록 상표와 같은 자산을 말한다. 독점적 자산은 경쟁사들이 고객과 브랜드 충성도를 잠식하는 것을 막아줄 수 있는 기능을 한다. 따라서 기업이나 조직들은 자신의 네임, 로고, 워터마크, 패키지 등 저작권 및 등록 상표의 법적 보호를 받아 경쟁사와 차별화를 위한 요소로 활용한다.

브랜드 자산은 위의 다섯 가지 구성요소를 통하여 구축된다. 일반적으로 기타 독점자산인 상표 등록을 마친 후 광고, PR, 커뮤니케이션을 시작하여 브랜드 인지도를 높이고, 해당 제품을 시현하거나, 소비자의 평가를 통해 품질을 지각하게 된다. 이러한 과정을 통해 소비자의 마음속에 연상 이미지가 생기게 되며, 소비자의 구매 의사결정에 긍정적인 영향을 미친다. 또한 소비자가 실제로 제품 및 서비스를 이용하고 만족을 한다면 점차 브랜드 충성도가 생기는 것을 말한다.

3) 브랜드 전략의 필요성

사회적경제의 영역에도 브랜드 전략은 필수 불가결하다. 많은 사회적경제의 조직들이 습관처럼 어렵다는 말을 하고 있다. 급변하는 시장환경 속에서 사회적경제의 존재를 드러내고, 소비자의 마음속에 뚜렷한 사회적경제의 브랜드 이미지를 심어주지 못한다면 소비자로부터 외면받을 수밖에 없을 것이다. 사회적경제의 역사는 짧다. 이제 사회 속에서 뿌리내리기 시작하였고, 성장하는 단계에서 브랜드 전략을 통한 차별화로 충성고객의 확보와 추가적인 사업영역의 확대를 위한 장기적인 전략이 필요한 때이다. 여기서 성공적인 브랜드 전략을 통해 나타나는 현상에 대하여 살펴보면 다음과 같다.

(1) 차별화(differentiation)

브랜드 아이덴티티(brand identity)는 조직이 소비자나 이해관계자들에게 제시하고자 하는 자신을 정의하는 모습이다. 반면에 실제 소비자가 특정 브랜드에 대하여 연상을 브랜드 이미지라고 한다. 브랜드 차별화는 조직이 전달하고자 하는 모습과 소비자가 느끼는 연상의 차이를 좁히는 것에서부터 시작된다. 따라서 차별화는 선택이 아닌 필수조건이다. 브랜드의 차별화 전략을 통하여 소비자에게 강한 인상을 남겨서 소비자들이 반드시 특정 브랜드를 통하여 기능적, 상징적, 경험적, 감성적 편익을 얻을 것이라는 확신을 심어주어야 한다.

기능적인 차별화는 제품이 외형적인 특성과 기능을 통한 차별화를 말한다. 사회적경제의 영역에서는 차별화된 제품 특성이나 새로운 기술 개발을 통한 콘셉트와 디자인을 새롭게 출시하는 경우가 많다. 따라서 소비자들이 기대하는 이상의 품질과 기능을 통한 차별화를 통하여 브랜드에 대한 확고한 이미지와 활동 영역을 명확히 구별시킬 수 있다. 예를 들어, 업사이클링 사회적경제의 경우에는 버려지는 쓰레기를 활용하여 새로운 제품을 생산한다. 따라서 초록색을 활용한 로고를 통해 조직의 정체성을 드러내고, 이러한 이미지를 홈페이지, 상품 포장, 홍보지 등 전반적인 부분에 적용함으로 차별적인 브랜드를 구축해야 한다.

상징적인 차별화는 소비자의 잠재 욕망을 상징적 이미지를 사용해 브랜딩하는 것이다. 여기에는 업계 1위라는 상징적 이미지와 인간의 본성인 섹스어필한 상징성, 인기스타를 활용한 고급스러운 열망과 욕망을 상징화할 수가 있다. 특히 사회적경제는 각 영역에서 창출하는 사회적 가치를 통하여 소비자에게 착한 기업의 상징적 이미지를 인식시키는 것이 필요하다. 예로 더 바디샵(The Bodyshop)은 동물실험 반대 캠페인과 함께 동물 실험한 원료를 사용하지 않는다. 또한 공정무역을 실천하며, 인권 보호, 환경보호 등의 활동을 통해 세계에서 가장 책임감 높은 브랜드로 선정되기도 하였다.

경험적 차별화는 소비자가 브랜드와 상호작용에서 어떻게 느끼는지에 초점을 둔다. 이런 고객의 특별한 경험은 브랜드에 대한 충성도를 향상한다. 이를 위해서 소비자의 경험을 일관되게 유지하는 능력이 필요하다. 그리고 소비자가 브랜드에 대해 갖는 기대를 관리해야 한다. 소비자들의 브랜드에 대한 경험은 반복적으로 일어난다. 이런 반복의 경험에 만족을 통해 브랜드의 차별화가 구축된다.

사회적경제의 조직들은 각 조직이 추구하는 사회적 가치가 존재한다. 이런 사회적 가치를 상징화하는 이미지를 개발하고, 제품과 서비스에서 차별적인 요소를 발굴하여 이것을 소비자의 반복적인 경험에 노출하도록 기회를 창출하는 것이 필요하다. 이런 차별화 전략은 사회적경제가 다른 경제조직과 차별화되는 브랜드를 구축하도록 할 것이다.

(2) **향상된 성과**(enhanced performance)

효과적인 브랜드는 사회적경제 조직의 제품과 서비스가 향상되도록 돕는다. 장시간에 걸쳐 고객에게 인식된 브랜드 이미지는 조직의 제품과 서비스에 신뢰를 향상시킨다. 비영리단체에서도 월드비전, 기아대책, 공동모금회의 사랑의 열매, 아름다운 재단 등은 장시간에 걸친 브랜드 이미지를 통하여 복지기금 조성에 성공하고 있다. 사회적경제 영역에서도 이미 구축된 브랜드 이미지는 기업의 성과로 이어지고 있다. 사회적기업 1호 다솜이재단은 간병서비스 분야에서 양질의 일자리 제공과 사회적 약자의 삶의 질 향상을 위해 활동했다. 이렇게 구축된 브랜드 이미지는 간병 시장에서 꾸준한 매출 성장으로 이어지고 있다.

(3) **명성보험**(reputation insurance)

브랜드는 명성보험의 이익을 제공한다. 장수 브랜드는 다양한 위기상황을 슬기롭게 극복해 왔다. 여기에는 강력하게 구축된 브랜드의 역할이 크다. 장기적으로 장수하는 기업들은 오랫동안 소비자들에게 신뢰를 받고 이해를 증진함으로 긍정적인 이미지를 형성하고 있어 단기간의 위기에서 생존할 수 있다. 우리가 잘 알고 있는 2008년 3월에 새우깡에서 생쥐 머리가 발견된 사건은 뉴스 및 인터넷에서 크게 이슈화되었다. 이 사건으로 노래방에 새우깡 판매가 중단되고 생산설비 전체가 중단하는 위기를 맞았다. 농심의 대책은 소비자에 대한 소극적인 커뮤니케이션으로 미흡했으나 장수 브랜드라는 명성은 위기를 극복할 수 있게 하였다.

(4) **고취된 충성심**(enhanced loyalty)

사회적경제의 브랜드를 오랫동안 선택하는 소비자들은 기능적이고 감정적인 이익을 얻을 수 있다. 소비자들은 긍정적인 사회적 가치를 창출하는 사회적경제의 조직과 자신이 연결되어 있다는 심리적인 만족감을 얻는다. 따라서 브랜드 전략을 통해 얻어지는 소비자들이나 이해관계자들에게 감정적인 이득은 고취된 충성심으로 나타나게 된다. 이를 통하여 사회적경제의 충성고객들은 제품 및 서비스의 반복적인 사용뿐만 아니라 주위에 사회적경제의 가치를 전하는 옹호자의 역할도 수행할 수 있다.

(5) 추가되는 파트너십(additional partnership)

성공적인 브랜드 구축은 제3의 파트너와의 새로운 사업기회를 제공한다. 실제 브랜드 이미지가 잘 구축된 비영리단체는 비영리의 상표를 통한 공익연계 마케팅 등을 통하여 새로운 성과를 창출하고 있다. 또한 잘 구축된 브랜드 명성은 제3의 파트너와 새로운 파트너십을 구축할 때 협상력을 높여 주도적인 역할을 하게 함으로써 새로운 기회를 얻을 기회를 증가시켜 준다.

4) 브랜드전략 수립

강력한 브랜드 자산은 기업이나 조직에 많은 경쟁우위를 제공한다. 강력한 브랜드는 높은 수준의 브랜드 인지도와 충성고객을 가지고 있다. 이를 통하여 유통업체와 거래조건 협상에 우위를 가질 수 있고, 신제품 출시나 치열한 가격경쟁에서 기업에 유리한 위치를 제공한다. 실제로 기업이나 조직의 브랜딩을 위해 마케팅 담당자들은 일정한 단계에 걸쳐 의사결정을 해야 한다. 코틀러와 암스트롱(Kotler & Armstrong, 2016)은 강력한 브랜드를 구축하기 위한 브랜드 전략에서의 주요한 의사결정과정을 제시하고 있다. 즉, 브랜드 전략에서의 주요한 의사결정은 브랜드 포지셔닝, 브랜드명 선정, 브랜드 소유권자의 결정, 브랜드의 개발 등을 포함한다.

브랜드 포지셔닝	브랜드명 선정	브랜드 소유권자 결정	브랜드 개발
속성 편익 소비자 신념 및 가치	선정 법적인 보호	제조업체 브랜드 사적 브랜드 라이선싱 공동브랜딩	라인 확장 브랜드 확장 복수 브랜드 신규 브랜드

|그림 7-5| **브랜드 전략에서의 주요 의사결정과정**

출처 : 안광호 외 공역(2017). Kotler의 마케팅 원리(제6판). 서울 : 시그마프레스.

(1) 브랜드 포지셔닝

기업이나 조직은 목표 고객의 마음속에 자사의 브랜드 이미지를 명확하게 포지셔닝해야 한다. 포지셔닝하는 방법은 제품 속성, 제품 편익, 소비자의 신념 및 가치의 수준에 따라 시행된다. 제품 속성에 대한 포지셔닝은 제품 자체의 특성을 활용하여 포지셔닝하는 방법이다. 이는 가장 하위수준의 포지셔닝으로 경쟁자에 의해 쉽게 모방되고, 소비자에게도 매력도가 떨어진다. 다음으로 소비자의 편익과 연결하는 브랜딩이다. 즉, 우수한 제품을 통하여 소비자들이 얻을 수 있는 편익을 통하여 브랜딩을 하는 것이다. 예를 들어, 사회적기업이 유기농 콩을 활용한 제품을 사용하는 경우에는 소비자 건강증진의 편익이 있음을 강조하는 것이다. 또한 브랜딩은 제품 속성, 소비자편익을 넘어 소비자의 신념 및 가치와 연결하는 것이 중요하다. 제품과 서비스를 이용하는 소비자의 정서적인 측면인 가정의 행복, 건강, 편안함 등을 활용하는 것이 필요하다.

(2) 브랜드명 선정

좋은 브랜드명은 기업 및 기업의 제품과 서비스가 성장하는 데 중요한 가치를 제공할 수 있다. 적절한 브랜드명을 선정하는 것은 매우 어려운 작업이다. 코틀러 등(Kotler et al., 2016)은 좋은 브랜드명이 가져야 할 특성에 대하여 다음과 같이 제시하고 있다. 첫째, 좋은 브랜드명은 제품이 품질과 편익을 전달할 수 있어야 한다. 둘째, 좋은 브랜드명은 말하기 쉽고 기억하기 쉬워야 한다. 셋째, 좋은 브랜드명은 뚜렷해야 한다. 넷째, 좋은 브랜드명은 다른 제품으로 확장할 수 있어야 한다. 다섯째, 좋은 브랜드명은 외국어로 쉽게 변경할 수 있어야 한다. 여섯째, 좋은 브랜드명은 법적 이슈가 없어야 한다.

새로운 브랜드명을 선정하기는 쉽지 않은 과정이다. 좋은 브랜드명이 결정되면 법적인 보호를 받을 수 있도록 조치하는 것이 중요하다. 또한 브랜드명을 통한 기업이나 조직의 로고를 사용하는 데 주의해야 한다.

(3) 브랜드 소유권자 결정

브랜드 소유권은 제조업체가 생산하는 제품에 자체상표를 부탁하는 제조업체 브랜드(national brand), 제조업체의 제품을 받아 유통업체가 자체 브랜드명을 부탁하여 판매하는 사적 브랜드(privity brand), 다른 제조업체의 브랜드를 임차하여 사용하는 라이선싱 브랜드(licensed brand), 두 기업 이상이 제휴하여 사용하는 공동 브랜드(co-branding)로 구분된다.

그동안 제조업체의 브랜드가 시장을 지배해 왔다. 그러나 최근 들어 유통업체의 PB 상표가 확대되고 있다. 특히 대형유통 업체인 Walmart, Amazon 등의 브랜드 인지도는 이미 제조업체의 브랜드 명성 이상의 가치를 가지고 있다. 또한 유통업체들은 자체의 브랜드를 중심으로 다양한 상품을 개발하고 판매하고 있으며 제조업체의 브랜드 수준의 제품 품질을 갖추고 있다. 향후 제조업체 브랜드와 유통업체의 브랜드 경쟁은 더욱 치열해질 것이다. 그러나 더욱 중요한 것은 신규 브랜드 도입, 새로운 제품 특성 개발, 품질향상 등을 위해 투자함으로써 브랜드 차별화를 통한 경쟁이 필요하다. 또한 높은 브랜드 인지도 및 선호도를 유지하기 위한 강력한 고객과의 커뮤니케이션 전략을 개발하는 것이 필요하다.

대부분의 제조업체가 자신이 브랜드를 개발하는 데 많은 시간과 비용을 수반한다. 따라서 라이선싱 브랜드는 다른 제조업체의 창출된 이름 혹은 캐릭터, 상표, 유명인의 이름 등을 일정한 수수료를 지급하고 사용하는 것을 말한다. 이미 소비자에게 알려진 브랜드를 통하여 쉽게 시장에 진출할 수 있는 장점이 있다. 그 예로 판매업자들은 블라우스, 넥타이, 가방 등에 유명한 디자이너의 이름을 사용하기 위해 거액의 수수료를 지급하고 있다.

공동 브랜딩은 다양한 장점이 있다. 우리나라의 사회적경제의 영역에서도 강원도, 춘천시 등은 사회적경제 공동 브랜드를 출시한 사례도 있다. 공동 브랜드는 서로 다른 제품이 범주에서 시장지배력을 가진 2개 이상의 기업들이 참여함으로써 더 넓은 소비자들에게 소구할 수 있다. 또한 공동 브랜딩은 두 브랜드의 강점을 서로 보완할 수 있는 이점을 가지고 있다. 그리고 자체적으로 진출하기 어려운 시장으로 브랜드를 확장할 기회를 제공한다. 그러나 공동 브랜드는 제휴 관계에 따른 복잡한 법적 계약과 라이선스 등을 수반한다. 또한 공동 브랜드 참여자들의 마케팅 역할을 잘 구분해야 한다. 그리고 어떤 일로 인하여 브랜드 명성에 피해가 생기면, 공동 브랜드에 타격을 줄 수 있다.

(4) 브랜드 개발

브랜드 개발과 관련하여 브랜드명과 제품 범주에 따라 라인 확장, 브랜드 확장, 복수 브랜드, 신규 브랜드의 선택 대안을 고려할 수 있다.

라인 확장은 제품 범주 내에서 신제품 출시에 기존 브랜드명을 함께 사용하는 것이다. 기업은 라인 확장을 통하여 낮은 원가와 낮은 위험을 실현하려고 한다. 그러나 과도한 라인 확장은 기존에 브랜드가 가졌던 구체적 의미를 상실하게 하거나 소비자의 혼란을 유발할 수 있는 단점이 있다. 따라서 라인 확장은 자사의 다른 품목에 대한 매출에 영향이 없으며, 경쟁업체의 소비자를 확보할 수 있는 것이 가장 효과적인 방법이다.

다음으로 브랜드 확장은 현재의 브랜드명을 새로운 제품 범주의 신제품으로 확장하는 것이다. 브랜드 확장은 신제품이 출시되자마자 소비자들에게 인지되고 빠르게 수용될 수 있다. 또한 새로운 브랜드명 도입에 대한 높은 광고비를 절약하게 한다. 그러나 확장제품으로 인해 주력제품이 이미지에 혼선을 줄 수 있고, 확장제품의 실패로 같은 브랜드를 사용하는 다른 제품에 영향을 미칠 수 있다. 따라서 브랜드 확장은 확장제품이 기존의 주력제품과의 연관성이 있는지를 점검하여 신중하게 결정하는 것이 필요하다.

복수 브랜드는 기존이 제품 범주 내에서 여러 개의 브랜드 제품을 도입하는 경우이다. 복수 브랜딩은 서로 다른 세분 시장에 맞추어 제품을 공급하고, 다양한 제품으로 시장점유율을 확보하기 위한 전략으로 사용된다. 그러나 여러 브랜드를 관리해야 함에 따른 마케팅 비용의 분산과 각 브랜드의 수익성이 매우 낮을 수 있다. 따라서 복수 브랜드를 사용하기 위해 기존의 제품 범주에 기존 브랜드의 수를 줄이고 신규 브랜드를 출시하는 엄격한 선별기준을 적용해야 한다.

마지막으로 신규 브랜드의 개발이다. 신규 브랜드는 기존 브랜드명의 이미지가 약하여 새로운 브랜드의 도입이 필요할 때 선택한다. 즉, 새로운 제품 범주로 진출하고자 할 때 신규 브랜드를 개발하여 사용하는 것을 말한다. 이는 복수 브랜딩과 같이 너무 많은 브랜드로 기업의 자원이 분산되는 단점이 있다.

한편 코틀러 등(Kotler et al., 2016)은 '마켓 4.0'을 통하여 디지털시대에 브랜드 전략은 4A에서 5A로 확대해야 함을 강조하고 있다. 즉, 과거의 고객 경로는 AIDA로 주의(Attention), 관심(Interest), 욕구(Desire), 행동(Action)을 말하였다. 그러나 디지털 경제의 시대에는 5A의 고객 경로로 인지(Aware), 호감(Appeal), 질문(Ask), 행동(Act), 옹호(Advocate)가 필요함을 말한다. 고객이 반드시 5단계를 거칠 필요는 없으나, 고객의 구매행위가 옹호의 단계로 전환되도록 노력하는 것이 중요하다. 고객이 옹호자가 되면 브랜드의 매우 높은 브랜드 충성심을 가지고 재구매뿐만 아니라 다른 사람에게 제품과 서비스를 추천하고 옹호하는 행동을 한다.

결론적으로 브랜드 관리는 고객과의 접촉점에서 시작된다. Disney의 이전 CEO는 '브랜드는 생명을 가진 개체이며, 시간이 흐름에 따라 점점 더 풍요로워지거나 혹은 쇠퇴할 수 있다. 브랜드는 수천 가지의 작은 몸짓들이 누적되어 구축된다'라고 하였다. 다양한 브랜드 전략과 더불어 무엇보다 중요한 것은 기업이나 조직의 모든 구성원이 브랜드에 대한 가치를 공유하고, 고객 중심적 사고를 하도록 하는 것이 필요하다. 이를 바탕으로 기업이나 조직은 고객에 대한 다양한 고객 참여 및 경험의 기회를 제공하여 고객과의 접촉점을 확대하는 전략이 필요하다.

5) 사회적경제 브랜드 전략

최근에 기업들은 IMC(IMC : Integrated Marketing Communication) 관점에서 체계적이고, 전략적으로 브랜드 마케팅을 시행하고 있다. IMC의 개념은 지속적이고 긍정적인 브랜드 이미지 형성을 위해 조직의 내부 및 외부 이해관계자들의 의사소통 채널을 통해 일관된 메시지를 전달하도록 조정하고, 다양한 마케팅 활동을 통합적으로 관리하는 것을 말한다. 예를 들어, 조직에서 'Caring' 관련 사회서비스를 제공하는 사회적경제에서는 로고를 보풀(fuzzy) 모양의 작은 동물을 사용하여 Caring의 이미지를 떠오르게 하고, 직원들이 전화나 대면 방식을 통해 고객을 응대할 때, 목소리 톤이나 태도를 Caring한 방식으로 접근하도록 하는 것을 말한다.

브랜딩의 과정은 커뮤니케이션 과정이다. 비영리단체 전문 커뮤니케이션 빅 덕(Big Duck)의 설립자인 더럼(Sarah Durham)은 브랜드 마케팅 전략을 통하여 비영리조직의 브랜딩 전략을 제시하고 있다. |그림 7 - 6|은 Brand-raising을 위한 기본 구조를 보여주고 있다.

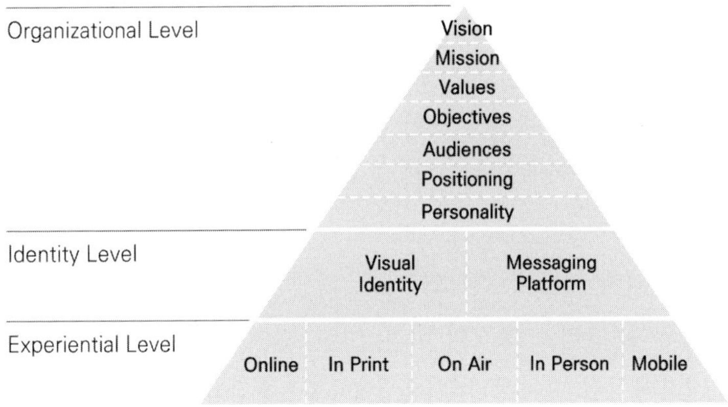

|그림 7-6| Brand-raising Model

출처 : Sarah Durham(2013). 브랜드레이징. 박여진 역(2013).

(1) **조직 수준**(organizational level)

모든 조직은 브랜딩 전략을 수립하기 위해 우선 조직의 비전, 미션, 가치, 목표, 소통대상, 포지셔닝, 개성 등을 미리 확립해야 한다. 조직 수준에서는 조직 업무의 모든 부분에서 영향을 미치는 핵심 요소를 포함하는 것이 중요하다. 비전은 사회적경제가 만들고자 하는 세상에 대한 관념이다. 그리고 미션은 조직이 성취해야 할 일을 명시하는 것이다. 가치는 조직의 신념체계이며, 목표는 미션을 달성하기 위한 구체적인 것을 말한다. 한편 소통대상은 조직이 소통하고 조직의 목표를 달성하기 위해 행동을 장려하고, 변화시키려는 소비자 집단을 말한다.

특히 포지셔닝과 개성은 대다수의 사회적경제 조직에게 익숙하지 않다. 포지셔닝은 소통 대상인 소비자 집단에게 비슷한 조직들과의 차별성을 보여주는 것을 말한다. 그리고 개성은 모든 커뮤니케이션의 어조, 분위기, 태도 등을 말하는 것으로 언어적, 시각적 이미지를 포함하는 부분이다.

(2) 정체성 수준(identity level)

조직이 모든 면에서 영향을 미치는 요소들이 정의되면 브랜드의 정체성 수준을 결정한다. 정체성 수준은 소비자들이 브랜드라는 단어를 듣고 떠올릴 만한 내용을 포함한다.

먼저 시각적 정체성은 커뮤니케이션에 사용된 로고, 색상, 서체, 이미지 등이 포함된다. 이러한 정체성은 사회적경제 조직이 추구하는 가치와 일치하도록 설정하는 것이 필요하다. 예를 들어, 아름다운재단은 재활용 의류를 상징하는 초록색을 사용하고 있다.

다음으로 메시지 전달에 조직의 이름, 핵심 슬로건 등과 같이 문자로 된 메시지가 포함된다. 그리고 조직의 비전, 미션, 가치 등의 선언문도 포함한다. 예를 들어, 엘리베이터 피치(엘리베이터 안에서 짧은 시간에 효과적으로 조직을 소개할 수 있는 잘 정리된 짧고 강력한 문장) 및 비전 선언문 등이 있다.

(3) 경험적 수준(experiential level)

경험적 수준은 잠재고객과의 커뮤니케이션 전략을 의미한다. 즉, 다양한 의사소통의 통로와 수단을 마련하고 소비자와 지속적인 상호작용 방식을 포함한다. 이러한 통로는 온라인, 인쇄 매체, 직접 대면, 방송, 모바일 등의 방법들이 사회적경제가 가진 자원과 전달하고자 하는 메시지의 종류에 따라 적절하게 활용될 필요가 있다. 소비자들은 넘쳐나는 정보의 홍수 속에서 살아간다. 따라서 단체의 소식지나 웹 사이트의 기사에 집중하지 않을 수 있다. 또한 TV 방송이나 스마트 폰에서 조직의 소식들에 대하여 크게 관심을 두지 않을 수 있다. 따라서 무엇보다 소비자와 커뮤니케이션에서 중요한 것은 소통대상 중심의 커뮤니케이션 채널을 선택하는 것이다. 예를 들어, 사회적경제의 소통대상 고객의 집단이 인스타그램에 활동하는 빈도가 높다면 이 매체를 활용하여 그들이 관심을 두는 주제를 통해 접근하는 방식이 필요하다. 최근에 소셜미디어, SNS, 유튜브 등 소비자들의 소통방식이 급속하게 변화하고 있다. 새로운 수단들은 조직의 주요한 소통대상과의 혁신적인 커뮤니케이션 방식으로 관계를 강화할 기회를 제공한다.

일반적으로 브랜드 개발을 위해서는 많은 시간과 자원이 투입된다. 브랜드 전략 개발을 위해 자신의 조직과 경쟁사의 현재 위치를 파악하고, 조직이 추구하는 가치를 기반으로 방향성을 결정해야 한다. 그리고 조직에서 자원을 집중할 수 있는 브랜드 포지션을 선정하고, 다양한 채널을 통해 고객과 지속적인 커뮤니케이션을 시행해야 한다. 또한 모든 조직의 통합된 커뮤니케이션 전략이 필요하고 지속적인 모니터링을 통해 전략을 점검해야 한다. 따라서 사회적경제는 브랜드 자산을 창출하기 위해 장기적으로 브랜드 전략을 수립하고, 조직의 내부 및 외부에서의 일관된 메시지를 전달하려는 노력이 필요하다. 그러나 대부분의 사회적경제는 규모가 적고, 활용할 수 있는 자원도 제한적이다. 그래서 큰 기업이나 조직과 다른 접근 방식이 필요하다. 즉, 사회적경제는 브랜딩 과정을 좀 더 단순화하고, 합리적인 방법론을 적용할 필요가 있다. 다음은 사회적경제에 브랜딩 접근방식을 제시하고 있다.

① 첫째, 브랜드 개념(concept)화를 명확히 해야 한다

사회적경제 조직이 추구하는 브랜드 본질을 명확히 정의해야 한다. 그리고 조직이 지향하는 원칙들을 명확히 해야 한다. 브랜드 개념화는 경쟁자와 구분되어 명칭, 용어, 기호, 상징, 디자인들을 종합적하여 소비자에게 제공하고자 하는 핵심적인 가치 사상을 말한다. 즉, 브랜드의 차별화를 통하여 소비자에게 제안하는 브랜드 전체의 효용이다. 예를 들어, 사회적경제가 추구하는 노동, 환경, 문화, 공동체 의식 등에 대한 사회적 가치를 브랜드의 본질로 개념화하고 소비자의 혜택과 개성을 고려하는 것을 말한다.

② 둘째, 브랜드에 대한 언어적, 시각적 이미지를 시각화해야 한다

언어적 이미지는 소비자들이 기억하기 쉽고, 고객에게 사회적경제 조직이 추구하는 가치를 전달할 수 있는 조직명이 필요하다. 또한 소비자들은 자신이 받아들인 시각적 정보인 이미지를 머릿속에 저장한다. 이 과정은 브랜드 아이덴티티를 명확히 하는 단계이다. 브랜드에 대한 시각화는 브랜드 로고를 포함하여 이미지를 시각화하는 디자인적인 요소가 포함된다. 브랜드의 시각화는 색상의 선택 및 조화, 로고의 모양 등을 결정하는 것이다. 특히 브랜드 시각화에서 색상의 선택은 매우 중요하다. 예를 들어, 스타벅스 하면 초록색, 이마트 하면 노란색, 홈플러스 하면 빨간색 등의 이미지가 떠오르게 된다. 사회적경제 조직의 브랜드 개발은 매우 열악한 상황이다. 따라서 사회적경제의 브랜드 가시화를 위해 조직이 지향하는 가치와 조직 활동의 의미를 나타내는 언어적, 시각적 이미지의 표현에 대한 개발이 필요하다.

③ 셋째, 온 · 오프라인을 통한 고객과의 접점에서 일관적이고 통합적인 커뮤니케이션을 관리해야 한다

사회적경제 조직은 브랜드 개발에 스토리텔링(storytelling)의 활용이 필요하다. 이러한 스토리텔링(storytelling)은 사회적경제 창업자의 꿈과 철학에 관한 이야기나 사회적경제가 탄생한 지역의 이야기를 소재로 하여 개발된다. 또한 고객의 이야기를 적극적으로 발굴하여 커뮤니케이션의 수단으로 활용하는 것도 필요하다. 소비자들은 다른 이용자들의 이야기를 통하여 브랜드에 대한 긍정적인 이미지를 가질 수 있기 때문이다.

또한 가장 중요한 고객은 내부 직원임을 명심해야 한다. 사회적경제 조직의 특징은 이사회, 내부 구성원, 소비자, 기부자, 지역사회, 투자자 등 다양한 이해관계자들이 함께하고 있다. 따라서 조직의 내부 구성원들과 이해관계자들이 조직이 추구하는 가치에 대한 공감이 필요하다. 이를 위하여 조직의 브랜드 가치와 정체성에 대한 교육 및 세미나와 같은 조직 내에서 공유활동이 필요하다. 또한 기업이나 조직은 추구하는 고객이 추구하는 진정한 가치를 실현하기 위한 진정성 있는 활동이 필요하다. 이를 통하여 내부 구성원들은 소비자와 접점에서 조직의 철학과 가치를 소비자들에게 전달함으로써 기업의 브랜드 자산을 형성할 수 있다.

▌사례연구 - 브랜드와 마케팅은 '더러운' 단어다. - 애플(apple)

2005년부터 2011년까지 애플 커뮤니케이션 마케팅부의 부사장을 역임한 엘리슨 존슨(Allison Johnson)은 "애플에는 가장 '더러운' 단어 두 개가 있는데, 바로 '브랜드'와 '마케팅'이었다"라고 하였다. 사실 어느 회사보다 브랜드 가치가 높은 회사에서 이런 말을 하는 것은 놀라운 일이다.

애플의 관점에서 브랜딩은 사람들이 제품, 서비스에서 보이는 활동만으로는 우리 회사를 사랑해 주지 않고, 멋있다고 생각해 주지 않을 때 사용하는 단어라는 것이다. 또한 마케팅도 제품이 품고 있는 가치로는 고객에게 원하는 만큼 팔 수 없을 때 사용하는 단어라는 것이다. 그래서 애플은 브랜드 가치와 매출은 브랜드와 마케팅을 통해서가 아닌 상품 그 자체에서 나와야 한다고 믿는다. 그래서 먼저 좋은 제품을 만들고 이후에 멋진 소개를 한다는 것이다. 즉, 애플은 상품과 마케팅을 통합된 개념으로 접근하여 상품개발 초기부터 홍보까지 제품의 기능, 디자인, 마케팅을 시행한다. 이를 통하여 애플의 제품은 제조자의 관점과 소비자의 관점이 모두 고려되는 '좋은 제품'이 탄생한다. 그리고 좋은 제품은 당연히 소비자들의 관심을 지속해서 끌게 하여 브랜드 가치를 높이고 있다.

출처 : 동아비즈니스리뷰. The Two Words Steve Jobs Hated Most.

chapter 08 마케팅 믹스

1. 마케팅 믹스(Marketing Mix)의 이해

기업이나 조직은 시장분석을 통하여 표적시장을 선정하고 표적시장에서 경영성과 향상 및 고객가치 전달을 위해 통제 가능한 마케팅 전략이 필요하다. 앞장에서 마케팅은 3C, STP, 4P의 과정을 통하여 이루어짐을 설명하였다. 즉, 3C(Customer, Company, Competitor)의 시장 환경분석의 정보를 바탕으로 일정한 기준으로 시장을 세분화(Segmentation)하여 표적시장(Targeting)을 확정한다. 이러한 표적시장에서 소비자의 마음속에 기업이나 제품에 대한 긍정적 이미지를 정확하게 인식시키는 포지셔닝(Positioning)의 다양한 전략에 대하여 살펴보았다.

마케팅 전략 수립에서 가장 대표적인 것은 STP 전략과 마케팅 믹스(4P)전략이다. 이 장에서는 기업이나 조직이 표적시장에서 기업이나 제품에 대한 위상을 정립하기 위한 과정에 필요로 하는 마케팅 믹스의 개념과 전략에 대하여 알아보고자 한다. 또한 마케팅 믹스의 고전적인 구성요소와 마케팅 믹스의 변화 추세를 통한 사회적경제의 마케팅 믹스의 적용에 대한 시사점에 대해 알아보고자 한다.

1) 마케팅 믹스의 개념

마케팅 믹스(Marketing Mix)는 1960년대 하버드 대학 마케팅 교수였던 제롬 매카시(Jerome McCarthy)가 창안하고, 필립 코틀러(Philip Kotler)에 의해 체계적으로 정리되어 알려지게 되었다. 마케팅 믹스(Marketing Mix)는 마케팅 전략을 수립하기 위한 도구와 기법을 서술하기 위해 사용된 용어이다. 따라서 마케팅 믹스는 마케팅 전략을 수행하기 위한 전략을 말한다.

<표 8 - 1>은 대표적인 학자들의 마케팅 믹스에 대한 개념을 정리한 것이다. 매카시(McCarthy, 1960)에 따르면, 마케팅 믹스는 회사가 목표 고객을 만족시키기 위해 제품(Product), 가격(Pricing), 유통(Place), 홍보(Promotion)를 적절하게 섞어서 사용해야 한다고 하였다. 이후 보든(Borden, 1964), 코틀러(Kotler, 1997) 등도 목표시장에서 목적 달성을 위한 수단으로 마케팅 믹스를 정의하고 있다.

2000년대 이후 마케팅 믹스의 개념은 소비자 관점에서의 마케팅 믹스를 정의하고 있다. 길버트(Gilbert, 2001)는 마케팅 믹스를 마케팅 전략을 수립하기 위한 전제조건으로 소비자의 욕구 충족뿐만 아니라, 마케팅 목표를 효율적으로 달성하기 위해 사용되는 도구들의 집합들로 정의하였다.

〈표 8-1〉 마케팅 믹스의 개념

연구자	개 념
McCarthy(1960)	회사가 목표 고객을 만족시키기 위해 제품(Product), 가격(Pricing), 유통(Place), 홍보(Promotion)를 적절하게 섞어서 사용해야 함
Borden(1964)	목표시장에서 마케팅 목적을 달성하기 위하여 활용하는 마케팅 수단이나 도구들의 집합
Kotler(1997)	기업체가 목표시장에서 마케팅 목적을 달성하기 위해 이용하는 마케팅 도구들의 집합
Gilbert(2001)	마케팅 전략을 수립하기 위한 전제조건으로 소비자의 욕구 충족뿐만 아니라, 마케팅 목표를 효율적으로 달성하기 위해 사용되는 도구들의 집합
Zeithaml et al.(2012)	고객을 만족시키고 고객과 소통하는 데 사용할 수 있는 요소 중 조직이 통제할 수 있는 요소

초기의 마케팅 믹스의 개념은 제조업을 중심으로 목표시장에서 목표고객의 만족을 위해 마케팅의 도구를 적절하게 사용하는 것을 말하였다. 즉, 기업이나 조직의 목표달성에 초점을 맞추어 마케팅 믹스 전략을 정의하였다. 그러나 마케팅의 개념이 판매지향적인 관점에서 고객지향적인 관점으로 변화되면서 마케팅 믹스의 개념도 소비자의 욕구 충족 및 만족의 관점으로 변화하였다. 따라서 마케팅 믹스의 개념이 단순히 기업의 목표 달성을 위한 수단을 넘어, 목

표시장 고객의 욕구를 충족시키고 만족시키기 위한 마케팅 수단으로 발전한 것이다.

사회적경제의 조직은 사회적 가치 창출의 목표를 가지고 있다. 따라서 사회적경제에서 마케팅 믹스의 정의는 조직의 사회적 가치 실현을 목적으로 목표시장에서 소비자 및 이용자의 욕구를 충족하고, 고객가치 제안을 위한 마케팅 전략 수립에 필요한 구성요소들의 집합으로 정의할 수 있다.

2) 마케팅 믹스의 전략

마케팅 믹스(Marketing Mix)는 일정한 환경 조건과 일정한 시점에서 여러 가지 형태의 마케팅 수단을 적절하게 조화하여 사용하는 전략을 말한다. 이러한 마케팅 믹스 전략에 소비자의 구매력에 대한 영향력은 매우 크다. 고객들은 자신의 강력해진 구매력을 통하여 더 좋은 제품과 서비스를 선택하고 이용하게 되었다. 또한 기업이나 조직들은 고객의 욕구를 충족시켜야 더 높은 입지와 성공이 보장된다. 따라서 기업과 조직들의 경쟁은 더욱 치열해졌고, 고객에게 제품이나 서비스를 통하여 가치를 전달해야 하는 마케팅 활동은 더욱 중요하게 되었다. 이런 이유로 그동안 기업이나 조직들은 다양한 마케팅 믹스의 구성요소를 활용하여 마케팅 활동의 효과를 극대화함으로 고객가치를 창출하고 있다.

기업이나 조직의 마케팅 전략에 마케팅 믹스(Marketing Mix)를 사용하는 궁극적인 목적은 다음과 같다.

첫째, 마케팅 활동을 통해 고객에게 가치를 전달하는 과정이다. 기업이나 조직은 고객에게 가치를 전달하기 위해 시장조사를 바탕으로 소비자의 욕구를 조사해야 한다. 또한 이를 바탕으로 신제품의 기획과정부터 소비자의 욕구를 반영하고, 신제품이 출시될 때 소비자의 어떠한 욕구에 부응하는지 명확하고 일관성 있는 커뮤니케이션이 필요하다. 또한 소비자의 구매의 장애요인을 파악하고, 이를 제거할 수 있는 전략을 수립해야 한다.

둘째, 기업이나 조직은 모든 마케팅 활동을 총체적으로 결합하여 효과를 극대화해야 한다. 현대의 마케팅 활동은 일정한 시기에 시행하는 이벤트성이 아니라 전사조직이 소비자의 가치 창출을 위해 함께해야 하는 총체적인 활동이다. 마케팅 믹스 전략은 제품, 가격, 유통, 촉진 등의 구성요소를 잘 조화시켜서 시너지 효과를 낼 수 있도록 하는 마케팅 전략이다. 아울러 마케팅 믹스의 활동은 마케팅 부서만 아니라 이를 지원하는 인사, 재무, IT 등의 관련 부서들과의 밀접한 상호작용 커뮤니케이션을 통한 총체적인 활동이 필요하다.

마케팅 믹스의 구성요소인 제품, 가격, 유통, 홍보에는 하위 요인들이 존재한다. 예를 들어, 제품의 경우에는 제품의 디자인, 포장, 상표 등과 같은 하위 요인이 존재한다. 이러한 하위 요소들은 마케팅 부서에서 모두 직접 통제할 수 없는 요소이다. 따라서 기업이나 조직 내에 생산부서, 연구개발, 고객센터 등과 같은 부서들의 긴밀한 협조가 필요하다. 또한 촉진의 경우에도 상품에 대한 포지셔닝과 브랜드 전략을 기획하는 부서와 실제 광고를 집행하는 부서가 존재한다. 따라서 모든 부서들이 마케팅 목적을 달성하기 위해 조직의 비전이나 가치에 기반하여 동일한 활동과 메시지를 전달할 수 있도록 통제하고 조정하는 것이 필요하다.

사회적경제의 영역에서도 마케팅 전략은 필수적이다. 사회적경제의 궁극적인 목적인 사회적 가치 창출을 위해 소비자 및 이용자에 대한 욕구를 파악하고, 이를 바탕으로 제품 및 서비스를 개선해야 한다. 또한 기업이나 조직이 생산해 내는 제품이나 서비스를 통하여 고객에게 진정한 가치를 전달하려는 마케팅 믹스 전략은 조직 생존력을 향상하는 핵심 전략이 될 것이다.

2. 마케팅 믹스의 구성요소

매카시(McCarthy, 1960)는 마케팅 믹스의 구성요소는 제품(Product), 가격(Pricing), 유통(Place), 홍보(Promotion)의 마케팅 도구를 적절하게 혼합하여 사용해야 함을 강조하였다. 이후 많은 기업의 마케팅 실행과 전략을 통하여 마케팅 믹스의 구성요소들에 대한 다양한 전략들이 지속해서 발전해 왔다. 다만, 기존의 마케팅 믹스의 구성요소는 제조업을 중심으로 마케팅 전략을 개념화한 것으로 서비스 마케팅과 비영리 마케팅에 적합하지 않다는 비판이 있었다. 따라서 자이사믈 등(Zeithaml et al., 2012)은 마케팅 믹스의 정의를 고객을 만족시키고, 고객과 소통하는 데 사용할 수 있는 요소 중 조직이 통제할 수 있는 요소로 정의하였다.

이후에 붐스와 비트너(Booms & Bitner, 1981)는 서비스 조직에 필요한 마케팅 믹스로 전통적인 4P(Product, Price, Place, Promotion)에 3P(Physical evidence, Process, People)를 추가한 7P의 전략을 제시하였다. 또한 파인(Fine, 1992)도 비영리기관에서 전통적인 4P만으로는 최적의 마케팅 전략을 도출하는 것에 문제가 있음을 지적하고 3P(Producer, Purchaser, Probing) 등이 고려되어야 함을 제시하면서 전통적인 마케팅 믹스의 확대를 제안하였다.

최근에 인터넷 및 통신의 발달은 SNS와 모바일로 인해 소비자 시장에 새로운 패러다임이 생성되었다. 특히 젊은 소비자들을 중심으로 온라인을 통해 상품을 검색하고, 구매에 대한 의사결정을 하고, 제품을 구매하고 평가하는 일련의 구매 활동을 하고 있다. 따라서 최근에 마케팅 믹스는 공급자 중심의 전통적인 4P(Product, Price, Place, Promotion)의 전략에서 소비자 중심인 4C(Cost, Convenience, Consumer, Communication)의 마케팅 믹스 전략으로 변화되고 있다.

1) 고전적인 마케팅 믹스 구성요소

마케팅 믹스는 마케팅의 요소들을 잘 조화시켜서 효과를 창출하는 전략적인 계획의 과정이다. 기업이나 조직들은 마케팅 믹스를 통하여 고객의 욕구를 충족시키고, 기업의 이익과 매출을 극대화하거나 고객으로부터 긍정적인 이미지를 심어주기도 한다.

전통적인 마케팅 믹스의 도구는 제조업을 중심으로 발전하면서 지나치게 물질적 상품에 대한 마케팅 지향적이라는 비판을 받아왔다. 그러나 마케팅 믹스 전략을 수립하기 위해 고전적인 마케팅 믹스의 구성요소인 제품(Product), 가격(Pricing), 유통(Place), 홍보(Promotion)에 대한 기본적인 이해가 선행되어야 함은 분명한 사실이다. 따라서 고전적인 마케팅 믹스의 구성요소의 개념과 전략에 대해 자세히 살펴볼 것이다.

(1) 제품(Product)

제품은 고객의 욕구를 충족시키기 위해 제작되거나 생산된 품목을 말한다. 제품은 서비스 또는 상품의 형태일 수 있으며, 유형이거나 무형일 수도 있다. 기업은 시장에서 고객들이 요구하는 적절한 유형의 제품 및 서비스를 보유하고 있어야 지속적인 성장이 가능하다. 따라서 목표시장에서 고객의 욕구를 정확히 이해하고, 이러한 지식을 바탕으로 제품 및 서비스를 생산해야 한다. 또한 제품 및 서비스뿐만 아니라 이와 관련된 부가적인 상품인 포장, 디자인 등에 대한 개발도 포함해야 한다.

사회적경제에서 생산하는 제품 및 서비스는 상품, 서비스, 교육, 건강 돌봄, 다양한 프로그램을 통해 제공하는 것 등 다양한 상품의 개념이 존재한다. 제품은 핵심적인 부분인 핵심 가치(core benefit)와 부가적인 가치로 구성된다. 그래서 제품의 핵심 가치를 중심으로 소비자들의 기대와 관련한 기대 제품(expected product)과 기대하지는 않지만 있으면 고객들이 만족하는 부가 제품(potential product) 등의 요소로 확장하여 적용할 수 있다.

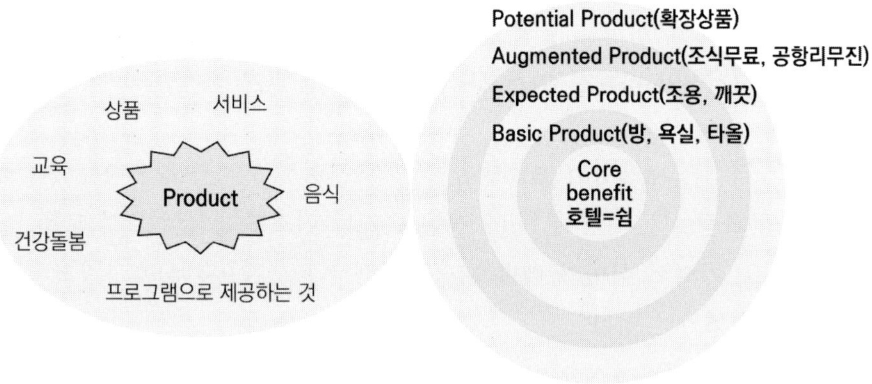

|그림 8-1| 제품의 단계

|그림 8-1|은 제품의 확장개념을 보여주고 있다. 호텔의 예를 들어보면, 호텔은 방이 있어야 하고 욕실이 있어야 한다. 따라서 기본적으로 제품이 갖춰야 할 요소인 핵심적인 가치와 기본적인 제품이 있다. 또한 고객들의 기대에 따른 기대제품이 존재한다. 기대제품은 소비자들이 서비스를 이용하면서 기

대하는 것들을 말한다. 예를 들어, 호텔을 이용하는 경우에 고객들은 조용하고 깨끗할 것이라는 기대를 한다. 따라서 호텔에서 이러한 고객의 기대를 고려하여 상품을 구성한다면 기대제품이 반영된 것이다. 기대제품은 고객의 기대를 충족시키지 못하면 바로 불만이 생기는 요소로 최소한의 욕구를 충족하려는 노력이 필요하다. 그 외에 호텔에서는 조식 무료 제공이나 공항리무진 서비스 같은 부가적인 제품을 제공한다. 이러한 부가적인 제품은 고객이 기대하지 않지만, 제공하면 고객의 만족과 감동이 커지는 요소이다. 일반적으로 기업이나 조직들은 부가적인 제품을 제품에 대한 차별화의 도구로 사용하고 있다(김상훈, 2007).

상품 및 서비스에는 수명주기가 있다. 어떤 것도 변하지 않는 것은 없다. 중요한 것은 변화를 받아들일 것인가 아니면 변화를 주도할 것인가이다. 많은 사례에서 보듯이 변화에 민감하지 못한 기업이나 조직들은 도태하고 말았다. 우리가 잘 알고 있는 코닥은 카메라 필름 판매를 통하여 세계적인 기업으로 성장하였다. 그러나 코닥은 130년 역사를 뒤로 하고 파산하였다. 심지어 코닥은 1975년에 세계 최초로 디지털 카메라를 개발하였다. 하지만 이러한 신기술은 내부조직의 변화에 대한 반대로 시장에서 출시되지 못하였다. 당시에 필름 산업은 굉장히 매력적이었고, 많은 수익을 창출하고 있었기 때문이다. 그러나 시장은 빠르게 변화하였고 결국 디지털 카메라로 인하여 시장을 빼앗기게 되었다.

마케팅 믹스 전략에서 제품의 수명주기에 대한 이해가 필요하다. 제품의 수명주기는 보통 도입기, 성장기, 성숙기, 쇠퇴기의 단계를 걸쳐 일어난다. 도입기는 제품의 인지도를 높이고, 성장기에는 시장점유율을 확대하며, 성숙기에 이익을 극대화하고, 쇠퇴기는 비용을 최소화하는 전략이 필요하다. <표 8 - 2>는 제품의 수명주기(PLC : Product Life Cycle)에 따른 4P 전략을 보여주고 있다.

〈표 8-2〉 제품의 수명주기에 따른 4P 전략

구분	도입기	성장기	성숙기	쇠퇴기
제품	기본 제품 제공	제품 확장, 서비스, 보증 제공	브랜드와 모델 다양화	약한 종목 제거
가격	원가 plus	시장 확산 가격	경쟁 대비 가격	가격 하락
유통	선택적인 유통망 구축	집중적인(intensive) 유통망 구축	더 집중적인 유통망 구축	선택적 유통망, 이윤이 나지 않는 유통망 철수
광고	초기 수용자들과 딜러들 사이의 제품 인지도 구축	대중 시장에서의 인지도와 흥미 구축	브랜드의 차별점과 얻을 수 있는 이익 강조	핵심적인 브랜드 충성도가 있는 고객을 유지할 정도의 광고만 유지
판촉	시범 사용을 끌기 위한 대대적인 판촉	소비자 수요가 늘어남에 따라 그에 따른 이득을 얻고자 판촉을 감소시킴	브랜드 전환을 유도하기 위해 판촉 증가	최소 수준으로 감소

요약하면, 제품의 수명주기에 따른 4P 전략은 도입기에 신제품의 성공적인 시장 도입을 위해 선택적인 유통망과 대대적인 판촉을 통한 인지도 제고의 전략을 시행한다. 성장기에는 대중 시장의 인지도 제고를 통해 매출 및 점유율 향상을 위한 4P 전략을 시행한다. 그리고 성숙기에는 이익을 극대화하기 위해 점유율을 유지하고, 제품을 차별화하기 위해 마케팅 믹스 전략을 적용한다. 마지막으로 쇠퇴기는 비용을 최소화하기 위해 수익성이 없는 제품이나 유통망을 철수하는 등의 마케팅 믹스 전략을 수행하게 된다. 그러나 모든 제품이 수명주기를 가지고 있는 것은 아니다. 일시적인 유행상품이나 장수식품 또는 일상용품과 같은 순환형 상품은 일반적인 제품 수명주기와 다른 주기를 가지고 있다.

일반적으로 기업이나 조직은 상품의 수명주기를 고려하여 계속해서 신제품을 개발하기 위해 노력해야 한다. 또한 신제품 개발을 위해 아이디어를 수립하고, 이를 제품으로 발전시킬 수 있는 체계적인 과정이 필요하다. 이런 신제품 개발의 과정에 가장 중요한 전제는 무엇보다 고객이 중심에 있어야 한다는 것이다. 기업이나 조직에서 신제품을 개발하는 단계는 보통 7단계를 통하여 설명할 수 있다. |그림 8 - 2|는 신제품 개발의 주요한 7단계를 보여주고 있다.

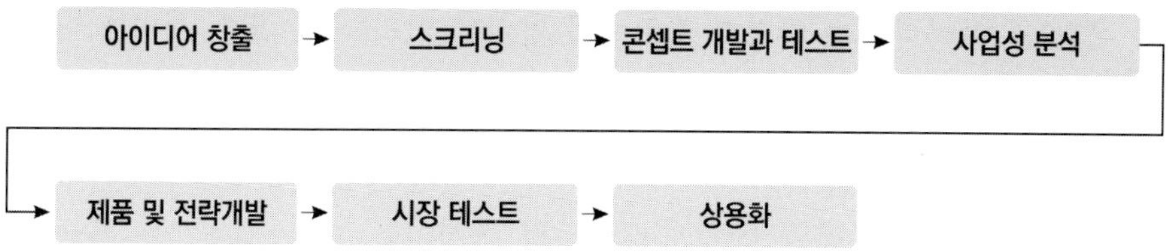

[그림 8-2] 신제품 개발의 주요 단계

첫 번째 단계인 신제품의 아이디어 창출은 내부 구성원, 소비자, 경쟁자, 유통업자 등과 같은 내부 및 외부의 모든 원천을 포함한다. 기업들은 보통 R&D 부서와 같은 조직을 이용하여 신제품에 대한 아이디어를 찾는다. 사회적경제에서는 이런 조직을 갖추기 어렵다. 대부분 사회적기업가와 내부 구성원에 의존할 수밖에 없다. 따라서 사내에서 신제품 개발에 대한 브레인스토밍과 같은 작업이 필요하다. 예를 들어, Google은 혁신 휴식 시간 프로그램을 통하여 Gmail 및 Google 뉴스와 같은 성공적인 제품 아이디어를 창출하였다.

또한 신제품 아이디어 창출에 가장 중요한 원천은 소비자이다. 기업이나 조직은 그동안 제품이나 서비스에 대한 고객의 불만족과 문의 사항을 종합하여 신제품 출시에 반영할 수 있다. 따라서 고객의 의견을 수렴할 수 있는 구체적인 전략이 필요하다. 그리고 소비자들은 소셜미디어나 SNS를 통하여 제품에 대한 다양한 의견들을 평가하고 공유하게 된다. 이러한 소비자의 정보는 신제품 출시에 중요한 정보의 원천이 된다.

최근에 기업들은 크라우드소싱(crowdsourcing)을 통하여 신제품 아이디어를 폭넓게 개발하고 있다. 크라우드소싱은 소비자, 직원, 연구자, 일반 대중까지 폭넓은 사람들의 커뮤니티의 집단지성을 활용한 신제품 개발을 말한다. 예로 Quirky는 50만 명의 회원이 있는 온라인 커뮤니티를 기반으로 신제품 아이디어를 창출하고, 제품의 설계, 제작, 법률 자문 및 마케팅 전략까지 포함하여 제품을 개발하고 있다(Kotler & Armstrong, 2016).

두 번째 단계는 스크리닝 단계이다. 이 단계는 창출된 다양한 아이디어를 선별하는 과정이다. 모집된 아이디어는 시장 환경, 경쟁사 제품, 예상되는 이익 등의 선별 기준을 중심으로 적용 가능한 아이디어를 분리하는 것이 필요하다. 신제품 아이디어는 일정한 보고서의 양식에 따라 제품 혹은 서비스, 소비자 가치 제안, 목표시장, 경쟁사 정보, 제품개발 소요시간과 비용, 수익성 정보 등을 평가하여 작성된다.

세 번째 단계는 콘센트 개발과 테스트의 단계이다. 이 단계에서는 목표 소비자를 대상으로 신제품을 시험해 보는 것을 말한다. 쉽게 접근하는 방법은 제품 콘셉트를 스토리보드에 제작하여 고객이나 협력사 등을 통하여 의견을 수렴하는 것이 있다.

네 번째 단계는 사업성 분석의 단계이다. 이 단계에서는 무엇보다 신제품이 기업의 미션에 적합한지를 확인해야 한다. 사회적경제의 경우에는 사회적 가치를 창출하는 대의명분을 가지고 있다. 따라서 제품이나 서비스 개발과정에서 새로운 사회적 문제를 발생시킬 가능성이 있는 제품이나 서비스는 주의해야 한다. 또한 신제품의 목표시장의 규모, 생산과 마케팅 비용, 예상 판매량 및 수익 등을 예측하여 시장성을 확인하는 것이 필요하다.

다섯 번째 단계는 제품 및 마케팅 믹스를 개발하는 단계이다. 사업성 분석이 완료된 후, 제품이나 서비스의 초기 디자인 또는 프로토타입(시제품)을 개발하게 된다. 또한 신제품 판매를 위한 마케팅 계획을 수립한다. 이 과정에서 마케팅 계획 수립을 위해 시장의 다양한 정보를 조사하는 것이 필요하다. 즉, 경쟁사의 가격, 유통망, 판매촉진의 방안 등에 대한 소비자 반응을 토대로 마케팅 전략을 수립해야 한다.

여섯 번째 단계는 시장 테스트 단계이다. 시장 테스트는 제품과 서비스를 실제적인 시장 상황에 도입하는 단계이다. 이를 통하여 제품뿐만 아니라 목표고객 및 포지셔닝 전략, 광고, 가격, 유통, 예산 등의 마케팅 전체 프로그램을 테스트하고 점검하는 것이 필요하다.

마지막 단계는 상용화 단계이다. 시장의 테스트 결과를 반영하여 신제품을 시장에 출시하는 것을 말한다. 기업이나 조직은 신제품을 출시하기 위해 제조공정을 마련해야 하고, 막대한 마케팅 비용을 통해 소비자에게 인식시켜야 한다. 따라서 신제품 출시의 경우, 기업이나 조직은 이용 가능한 자원 및 시장 상황을 종합하여 도입 시기를 먼저 결정해야 한다. 그리고 어디서 신제품을 출시할 것인지를 결정하는 것이 중요하다.

신제품 개발에 중요한 것은 소비자의 욕구를 반영한 차별화가 중요하다. 이를 위해 제품의 속성 및 특성뿐만 아니라 스타일, 포장, 디자인 등의 변수를 고려해야 한다. 또한 이 밖에도 조직의 내부 구성원, 유통, 가격, 브랜드 등 다양한 변수를 종합적으로 고려해야 한다. 즉, 단 하나의 변수가 아닌 여러 가지 변수를 동시에 고려하는 것이 중요하다.

(2) **가격**(Price)

가격은 제품 혹은 서비스에 부가된 화폐량을 말한다. 즉, 상품과 서비스에 대한 대가로 지급해야 하는 제품의 화폐가치를 말한다. 가격은 수익을 창출하는 면에서 마케팅 믹스의 구성요소 중의 다른 요소들과 구별된다. 가격은 오랫동안 구매자들의 선택에 영향을 주는 가장 중요한 요인이 되고 있다. 최근 비가격적인 요소의 중요성이 커지기는 하지만 여전히 가격은 기업의 시장점유율과 수익성을 결정하는 데 중요한 요인으로 작용하고 있다.

가격은 기업의 재무성과에 직접적으로 연결된다. 일부 기업이나 조직의 가격결정자들은 시장의 다양한 상황 및 내부적인 원가 측면을 고려하여 가격을 책정하고 있다. 그러나 많은 기업이 가격 결정에 어려움을 느끼고 있다. 가격은 고객가치를 창출하고 획득하기 위한 중요한 전략적 도구이다. 따라서 기업이나 조직에서는 가격을 결정하기 전에 고객들이 그 상품에 어떤 가치를 부여하고 있는지를 먼저 파악해야 한다.

가격 책정은 수요를 창출하기 위해 너무 높은 가격도 낮은 가격도 아닌 소비자들이 느끼기에 합리적인 수준에서 책정되어야 한다. 일반적으로 가격을 책정하는 전략은 원가기반 가격 결정(cost-oriented pricing), 경쟁기반 가격 결정(competition-oriented pricing), 가치기반 가격 결정(value-based pricing)의 방법이 있다.

① **원가기반 가격 결정**(cost-oriented pricing)

원가기반 가격 결정(cost-oriented pricing)은 제품 및 서비스의 생산, 유통, 판매하는 데 드는 비용에서 일정한 마진을 더하여 가격을 책정하는 방식을 말한다.

비용은 일반적으로 고정비와 변동비로 분류한다. 고정비는 임대료, 광열비, 이자, 임금 등과 같이 매출에 상관없이 발생하는 비용을 말한다. 반면에 변동비는 제품을 구성하는 단위의 원가처럼 생산의 수준에 따라 달라지는 비용이다.

일반적으로 기업이나 조직에서는 원가기반 가격 결정방식을 선호한다. 왜냐하면 가격 결정방식이 단순하고, 동일한 제품과 서비스를 생산하는 경쟁업체와 가격이 비슷할 가능성이 있기 때문이다. 또한 소비자의 관점에서 제품이나 서비스의 가격이 합리적으로 설정되었다고 생각하기 때문이다.

② **경쟁기반 가격 결정**(competition-oriented pricing)

경쟁기반 가격 결정(competition-oriented pricing)은 경쟁자들의 전략, 원가, 가격, 시장제공물 등을 고려하여 가격을 책정하는 방식이다. 경쟁기반 가격 결정에는 두 가지 접근 전략을 고려할 수 있다.

첫 번째는 경쟁사가 제공하는 시장제공물과 자사의 시장제공물이 갖는 고객가치를 비교할 필요가 있다. 만약 소비자들이 자사의 제품이나 서비스에 더 많은 가치를 느낀다면 좀 더 높은 가격을 책정할 수 있기 때문이다. 반면에 경쟁사의 제공물의 가치가 높게 인식되고 있다면 경쟁사보다 낮은 가격을 책정하거나 고객 인식 변화를 위해 노력해야 한다. 예를 들어, 극장에서 가격을 책정할 때, 경쟁 극장의 가격뿐만 아니라 극장의 시설이나 서비스에 대한 가치를 비교하여 가격의 수준을 결정해야 한다.

두 번째는 경쟁사가 어떤 가격전략을 채택하고 있는지 분석해야 한다. 만약에 경쟁사들이 가치에 비해 높은 가격을 책정하고 있다면 경쟁사들보다 낮은 가격을 채택할 수 있다. 또한 큰 시장에서 저가격의 경쟁자들이 지배하고 있는 시장이라면 경쟁자들을 무시하고 틈새시장을 찾아 고가전략을 사용할 수 있다.

③ **가치기반 가격 결정**(value-based pricing)

가격결정은 소비자의 지불 의사에 따라 결정되어야 한다. 따라서 고객이 제품이나 서비스를 구매할 때 지불하는 가격에 대하여 고객들이 얻어가는 편익이 교환되어야 한다. 이러한 고객지향적 가격 결정은 고객이 제품이나 서비스로부터 얻게 될 편익이 어느 정도의 가치가 있는지에 기반하는 것을 말한다.

가치기반 가격 결정(value-based pricing)은 판매자의 원가보다 고객의 가치지각에 중점을 두어 가격을 책정하는 것이다. 따라서 고객의 제품 가치지각을 분석하는 것이 필요하다. 그리고 제품의 가치에 맞추어 제품의 가격을 책정한다. 그러나 구매자들이 제공물에 대하여 느끼는 가치를 분석하기는 쉽지 않다. 그럼에도 불구하고 기업이나 조직은 시장조사를 통하여 소비자들의 지각된 가치를 분석하는 것이 중요하다.

이러한 가치기반 가격 결정은 소비자가 구매하는 제품이나 서비스에 인식된 가치를 기반으로 가격이 책정되므로 원가와 밀접한 관계가 없다. 소비자들은 자신들이 인식한 가치로 가격을 지급하고, 이에 상응하는 품질과 편익을 얻는다고 믿기 때문이다. 예를 들어, 30달러에 판매되는 고급 와인과 10달러 와인의 가격 차이는 3배가 난다. 그러나 30달러의 고가와인은 10달러 와인보다 원료인 포도를 3배 이상 사용하지는 않지만 고객들은 30달러 와인이 10달러 와인보다 3배의 가치가 있다고 인식하고 있는 것이다.

가치기반 가격 결정방식은 사회적경제 조직에 시사하는 바가 크다. 사회적경제가 창출하는 사회적 가치가 소비자들이 인식하는 가치가 된다면 우수한 가치에 상응하는 가격을 책정할 수 있을 것이다. 이를 위해 사회적경제에 대한 소비자들의 인식개선이 선행되어야 한다.

전략적인 가격 책정을 위해서는 고객이 느끼는 가치를 파악하고 이를 가격에 반영하려는 노력이 필요하다. 아이폰의 경우에는 신제품이 출시되면 밤새 줄을 서서 구매하는 풍경을 볼 수 있다. 아이폰의 가격은 국가별로 나타나는 차이가 이해가 되지 않는 수준이다. 그러나 소비자들은 제품의 가치를 더욱 소중하게 생각하기 때문에 고가의 아이폰을 구매하게 되는 것이다.

또한 장기적인 관점에서 브랜드 가치와 포지셔닝을 고려한 가격 책정이 필요하다. 즉, 단기적인 성과인 매출 증대를 위해 가격정책을 수립하기보다는 장기적으로 브랜드 가치를 제고하는 방향의 가격정책을 사용해야 한다. 예를 들어, 스와치 시계는 저가 시장을 공략하고 있지만 제품의 디자인과 품질이 우수하여 장기적으로 브랜드 가치를 높이고 있다.

또한 전략적 가격 책정을 위해 다양한 전술을 통해 가격 차별화를 고려해야 한다. 가격 차별화는 기업의 재화와 서비스를 차별적 가격으로 받는 전략을 말한다. 이런 차별화 전략은 시간대별, 지역별, 나이별, 구매량별에 따른 가격 정책을 수립할 수 있다. 예를 들어, 영화관에서 대인과 소인, 조조와 평일, 주말의 영화 관람료를 달리하여 판매하는 것을 말할 수 있다. 이 밖에도 KTX 요금 할인제도, 잉여시간에 싼 심야 전기요금 등 가격 차별화의 예는 일상생활에서 쉽게 찾아볼 수 있다.

사회적경제에 가격 차별화 전략을 적용하기 위해서는 제품 및 서비스에 대한 실제 비용을 확보하려는 노력이 필요하다. 또한 소비자가 인식하는 가치에 대한 분석을 통해 가격 차별화 전략을 수립해야 한다. 그리고 제품의 판매를 촉진하고, 서비스의 이용을 장려하기 위한 가격 차별화 전략이 시행되어야 한다. 결국 사회적경제의 가격 차별화는 소비자들이 기꺼이 지불하려고 하는 상품과 서비스에 가격을 차별화하여 부과함으로써 수익성을 최대화하는 데 매우 유용한 전략이다.

(3) 유통(Place)

유통은 공급자의 제품과 서비스를 소비자에게 전달하는 경로를 말한다. 유통경로는 공급자와 소비자 간의 시간 및 공간의 거리를 메우는 역할을 한다. 흔히 유통경로는 판매망을 말하는 경향이 있지만 제조업자와 도・소매업자, 운송업자, 소비자들의 일련의 상호 의존적인 조직의 형태를 보이고 있다. 따라서 전체 거래시스템의 성과를 향상하기 위해 제조업자, 공급업자, 유통업자, 최종소비자로 구성되는 가치전달 네트워크(value delivery network)를 구성하는 것이 필요하다. 가치전달 네트워크(value delivery network)는 성과를 향상하기 위해 공급체인의 다른 구성원들과 파트너십을 형성하는 것이다(Kotler & Armstrong, 2016).

한편 유통경로의 의미는 소비자들이 쉽게 접근하여 제품 및 서비스를 이용할 수 있는 본질이 담겨있다. 즉, 목표 소비자들이 제품이나 서비스를 쉽게 이용할 수 있도록 하는 기업활동을 의미한다. 사회적경제에서 제품 및 서비스에 대한 소비자 접근성을 향상하기 위한 유통전략을 수립하는 것이 매우 중요하다. 즉, 소비자들의 물리적 접근성뿐만 아니라 심리적 접근성까지 고려하는 전략이 필요하다.

이러한 유통의 구성원들은 핵심적인 많은 기능을 수행하는데, 대표적인 기능은 크게 여섯 가지로 구분하여 설명할 수 있다.

- 정보(information) : 소비자, 생산자 그리고 거래촉진에 필요한 마케팅환경에서 서비스 상품이 정보를 전달하는 기능을 수행
- 접촉(contact) : 예상되는 구매자를 탐색하고, 의사소통함
- 조정(coordination) : 상품을 구매자의 요구조건에 맞춤(제조, 등급화, 조립, 포장과 같은 활동 포함)
- 물적 유통(physical distribution) : 상품을 수송하고 저장함으로 거래가 성사되도록 도움
- 자금유통(financing) : 경로 활동에 따른 비용을 충당하기 위해 자금을 획득하고 사용함
- 위험부담(risk taking) : 재고로 남을 수 있는 상품을 여러 유통망을 통해 판매 및 수익 창출로 발생하는 위험을 부담함

이러한 유통의 기능에 대해 누가 수행 주체가 되느냐에 따라 비용의 배분 문제가 발생한다. 따라서 경로 활동을 분배할 때 비용 대비 최상의 가치를 창출하도록 경로에 참여자들에게 다양한 기능을 할당해야 한다.

한편 기업은 제품과 서비스를 소비자가 서로 다른 방식으로 구매할 수 있도록 유통경로를 설계한다. 유통경로는 크게 직접 유통경로(direct marketing channel)와 간접 유통경로(indirect marketing channel)가 있다. 직접 유통경로(direct marketing channel)는 중간상이 없이 기업이 직접 소비자에게 제품을 판매하는 것을 말한다. 직접 유통경로를 사용하는 경우는 소비자가 대규모로 특정 지역에 집중된 경우, 시장에 불확실성이 없고 안정적인 경우, 직접 경로로 높은 수익이 예상되는 경우, 고객들이 직접 거래를 선호하는 경우, 고객의 개별적 욕구에 맞추어야 하는 경우 등이 있다. 즉, 특정 고객이나 집단에 집중된 채널을 구축하는 형태

를 말한다.

반면에 하나 또는 그 이상의 중간상이 개입하게 되면 간접 유통경로(indirect marketing channel)이다. 간접경로를 선택하는 상황은 많은 제품을 일괄 구매하는 것이 중요한 경우, 구매의 용이성이 중요한 경우, 고객이 여러 지역으로 분산된 경우, 판매 후 서비스가 중요한 경우 등이 해당된다. 즉, 간접경로는 고객이 넓게 퍼져있거나 넓은 지역에 고객들에게 접근성 및 사후관리가 용이하도록 하는 경우라고 할 수 있다.

따라서 유통전략을 수립하는 경우에는 유통비용, 통제의 가능성, 시장 상황에 신축적인 적응, 제품의 수명주기, 고객의 욕구 변화 등에 맞춰서 기업이 보유하고 있는 물적, 인적자원에 따른 유통경로를 설계하고 변경해야 한다.

사회적경제의 제품과 서비스도 다양한 유통경로를 통해 소비자에게 전달되고 있다. 이러한 유통경로가 소비자들이 접근하기에 용이하게 설계되어 있는지, 제품과 서비스가 고객이 구매하기에 적합한 장소와 시간에 맞춰져 있는지에 대한 점검이 필요하다. 실제 시장에서 많은 사회적경제의 제품 및 서비스를 쉽게 찾아보기 어렵다. 따라서 사회적경제의 마케팅 담당자들은 고객들의 관점에서 접근성 및 가시성을 향상하고, 유통 네트워크 조직의 파트너십 등을 활용한 경제성 측면도 고려하는 것이 필요하다.

(4) 홍보(Promotion)

홍보(Promotion)는 고객의 마음에 구매할 의도를 자극하기 위해 사용하는 모든 판매촉진의 수단을 의미한다. 따라서 홍보는 판촉, 광고, 개별 판매, 공중관계(PR), 인적판매, 전시회 등을 통한 고객과의 커뮤니케이션이다. 즉, 고객에게 제품 및 서비스의 장점을 알리고, 자사 제품을 선택하도록 설득하는 마케팅 커뮤니케이션 전략인 것이다.

최근 마케팅환경의 변화에 따라 단순한 광고형태의 홍보뿐만 아니라, DM (Direct Mail), POP(Point of Purchase) 광고 등 다양한 커뮤니케이션 도구가 발달하고 있다. 대표적으로 마케팅 홍보전략에는 광고, 판매촉진, 공중관계, 인적판매의 전략이 있다.

① **광고**(advertising)

광고는 후원사가 비용을 지불하고, 제품 및 서비스에 대한 비대면적인 속성을 가지고 있다. 광고는 광고주가 통제할 수 있기 때문에 영업 시간, 가격, 제공서비스의 종류 등의 정보를 제공하여 고객을 설득하는 과정이다. 이를 통하여 소비자가 상품을 기억하게 하고 구매 행동을 유도하는 역할을 한다.

이러한 광고는 소구점(appeal point)을 사용하여, 소비자의 소구 속성과 소비자 관여도의 차이에 따라 다른 특성을 가진다. 소구점(appeal point)은 상품이나 서비스의 가장 어필하고 싶은 차별요소를 말한다. 소구의 대상인 소비자는 이성적이거나 감성적인 소구의 속성을 가지고 있다. 또한 관여도는 소비자가 제품 및 서비스에 대하여 개인의 관련성이나 중요성의 지각 정도를 말한다.

따라서 소비자의 소구 속성이 이성형이면 호감을 형성하는 것이 중요하지 않고, 저관여도일 때 혜택을 극단적으로 표현하면서 한두 번의 노출에 승부를 두는 광고전략을 수립한다. 또한 고관여도일 때는 사실적인 정보를 제공을 통해 경쟁사와 비교하는 광고전략이 유리하다. 반면에 소비자의 소구 속성이 감성형이면 광고에 호감을 가지는 것이 매우 중요하다. 그리고 혜택을 간접적으로 표현하여 반복적으로 강화하는 광고전략이 필요하다. 예를 들어, 자동차의 광고에서 연비가 좋다, 가격이 싸다는 정보의 전달 전략과 국민의 몇 %만이 탈 수 있는 차라는 감성적인 소구를 이용하는 전략에 차이가 있는 경우를 말할 수 있다.

② **판매촉진**(promotion)

판매촉진 활동은 단기적인 인센티브를 제공하여 단기적으로 매출을 증대시키는 전략이다. 소비자들은 구매 활동에서 프로모션이나 이벤트 등에 민감하게 반응한다. 그 예로 소비자들은 스타벅스에 '레디백'을 받기 위해 커피를 마시고 포인트를 모으고, 새벽부터 줄을 서서 기다리는 수고를 하는 것이다.

판매촉진 활동은 시장세분화를 통해 어느 표적시장을 대상으로 할 것인지를 선택하고 목표 고객에게 제공할 혜택, 소요 비용, 진행 시기와 경쟁사와의 차별성 등을 고려할 필요가 있다. 이러한 프로모션의 유형은 가격할인 또는 적립 등의 가격 지향적인 판촉 활동과 쿠폰, 서비스, 경품 등의 비가격지향적 판촉 활동으로 구분된다.

결국 모든 판매촉진 활동은 고객에게 제품 및 서비스의 정확한 정보를 전달하고, 자사의 제품 및 서비스에 호의적인 태도를 보이도록 설득하는 것이다. 또한 최종적으로 소비자의 행동에 영향을 주어 구매를 끌어내는 것을 말한다.

③ **공중관계**(public relations)

공중관계(public relations) 전략은 개인과 조직이 공중과 상호 간에 호의를 형성하기 위해 공중과 우호적인 관계를 구축하기 위한 커뮤니케이션을 말한다. 즉, 기업이나 조직은 호의적인 이미지를 구축하고, 부정적인 이미지나 이야기를 사전에 대처하거나 교정함으로써 회사의 다양한 공중들과 우호적인 관계를 구축하는 것이다.

최근에 공중관계(public relations) 전략이 매우 중요한 홍보전략으로 인식되고 있다. 그 이유는 생산 및 판매 중심의 시대에서 고객 중심의 시대가 도래하였기 때문이다. 또한 기업의 우호적인 이미지는 기업의 매출에 영향을 미치고 있으며, 다양한 커뮤니케이션 매체에 대한 통합적인 메시지가 필요하기 때문이다.

일반적으로 공중관계(public relations)의 도구로 보도자료, 후원, 특별이벤트 및 웹페이지들을 포함한다. 보도자료에는 기업이나 상표에 관련된 정보가 매체를 통해 기사화되는 퍼블리시티(publicity)와 기업에 대한 호의적인 이미지 형성과 비전, 철학 등을 전달하는 기업광고의 형태가 존재한다. 이 밖에도 특정 프로그램을 후원하는 경우나 특정 프로그램에 제품이 삽입되어 등장하는 제품삽입(PPL) 등이 사용된다.

④ **인적판매**(personal selling)

인적판매(personal selling)는 기업이나 조직이 판매를 시행하고, 고객 관계를 구축하기 위한 목적으로 수행되는 대면적 커뮤니케이션 전략이다. 즉, 영업사원이 목표 고객을 직접 대면하여 구매를 설득하는 것을 말한다. 인적판매는 판촉 활동에 속도가 느리고 비용이 높은 단점이 있으나 고객에게 선별적인 접근을 통하여 특정 고객 욕구에 신속하고 유연하게 대처할 수 있어 장기적인 관계 형성이 가능하다는 장점이 있다.

인적판매(personal selling)의 형태로는 판매 설명회, 트레이드 쇼, 인센티브 프로그램들이 여기에 해당한다.

홍보(promotion)의 도구들은 앞에서 설명한 것뿐만 아니라 제품디자인, 가격, 색상, 판매하는 매장 등 다양한 방법을 통해 구매자에게 메시지를 전달한다. 따라서 기업이나 조직의 커뮤니케이션 전략은 통합적으로 이루어져야 한다. 특히 오늘날 인터넷, 통신, 미디어 등의 다양한 커뮤니케이션 도구의 발달에 따라 소비자들은 광범위한 정보의 원천을 통하여 상업적 메시지를 접하고 있다. 소비자들의 마음속에 서로 다른 미디어 원천으로부터 전달되는 메시지가 단일하게 전달되도록 해야 한다. 이러한 이유로 오늘날 많은 기업은 통합적 마케팅 커뮤니케이션(IMC : Integrated Marketing Communication)의 개념을 도입하고 있다. 이를 통하여 기업이나 조직들은 브랜드에 대한 분명하고, 일관성 있고, 설득력 있는 메시지를 고객에게 전달하기 위한 커뮤니케이션 채널들을 통합하고 조정하는 활동을 하고 있다.

2) 마케팅 믹스 추가 구성요소

제조업을 중심으로 마케팅 전략이 발전함에 따라 전통적인 마케팅 믹스 구성요소 4P(Product, Price, Place, Promotion)는 서비스 조직에 맞지 않는다는 비판이 제기되었다. 즉, 전통적인 상품(Product)은 가시적이나, 상품을 생산하는 사람(People), 과정(Process), 물리적 환경(Physical environment)에는 무관심하였다. 이를 보완하기 위해 붐스와 비트너(Booms & Bitner, 1981)는 서비스 조직에서 고객이 직접 서비스의 생산에 참여하고, 직원들과 상호작용해야 함을 강조하였다. 따라서 서비스 마케팅에서는 전통적인 4P에 3P(People, Process, Physical environment)를 추가하여 7P를 마케팅 믹스로 제시하였다.

(1) 사람(People)

사람(People)은 서비스 생산 및 소비과정에서 참여하는 직원 및 고객 등을 포함하는 개념이다. 조직이 고용한 사람들은 전체 서비스에서 고객이 직접적으로 경험하는 접점에 있으므로 매우 중요한 요소이다. 특히 사회적경제에 교육 서비스와 같은 사람기반의 서비스에서는 서비스 제공자가 바로 서비스이기 때문에 매우 중요하다. 그러므로 내부 직원에 대한 고용, 교육 훈련, 복리후생, 인센티브 등 내부 마케팅 과점에서 접근을 통한 동기부여가 필요하다. 또한 고객 자신도 서비스에 직접 참여함으로써 서비스 품질에 영향을 미친다. 예를 들어, 사회적경제의 방문 요양 서비스의 경우에는 요양보호사와의 고객의 상호작용에 따라 서비스 품질에 영향을 미친다. 그리고 서비스를 제공받은 고객들은 입소문을 통해 다른 고객에게도 영향을 미친다.

(2) 과정(Process)

과정(Process)은 서비스가 제공되는 절차나 서비스 제공 활동의 흐름을 말한다. 일반적으로 서비스 품질은 서비스 절차의 복잡성 또는 단순성, 표준화 또는 고객화에 따라 영향을 받는다. 즉, 표준화된 서비스를 통하여 서비스를 단순화할 것인가, 고객의 개별적 욕구에 맞는 고객 서비스를 제공할 것인가를 결정해야 한다. 또한 마케팅 믹스의 전략을 수립할 때 서비스 절차의 수와 그 과정에서 고객의 참여 정도를 고려할 필요가 있다. 그리고 고객 서비스가 지속해서 원활하게 흘러가도록 서비스 시스템의 개발 및 활용을 통한 과정 관리(process management)를 수행해야 한다.

(3) 물리적 환경(Physical environment)

물리적 환경(Physical environment)은 서비스의 생산 소비과정에서 고객이 접하게 되는 시설, 장비, 실내장식 등 유형적인 요소를 말한다. 서비스의 물리적 환경은 고객이 서비스 품질을 판단하는 증거로 사용된다. 따라서 마케터는 마케팅 믹스 전략 수립 시 서비스가 행해질 환경의 특성을 고려할 필요가 있다. 예를 들어, 사회적경제에 사회서비스 제공조직의 경우에 서비스에 참여하는 장애인이나 거동이 불편한 사람들을 위해 셔틀버스를 운영하는 것이나 매장의 문턱을 없애고 휠체어나 유모차가 쉽게 들어올 수 있도록 환경을 고려하는 것이라 할 수 있다.

실제로 스타벅스는 마케팅 믹스 7P를 성공적으로 실천하고 있는 기업이다. 사람들이 스타벅스를 찾는 이유는 다양하고 맛있는 커피를 편안한 분위기에서 마실 수 있기 때문이다. 고객들은 프리미엄 가격을 지불(Price)하고, 어디서나 동일한 맛의 커피(Product)를 기호에 맞춰 먹을 수 있다. 그리고 스타벅스는 사람들이 모이는 곳에 집중적으로 매장을 설치(Place)해 접근성을 향상하고, 별도의 광고비 없이 직접 프로모션(Promotion)을 시행하는 것으로 유명하다. 특히 전문 바리스타(People)를 통한 서비스와 표준화된 커피 제조의 과정(Process), 편안한 의자, 아늑한 분위기 등 물리적 환경(Physical environment) 등을 고려하고 있다.

한편 파인(Fine, 1992)은 비영리기관에서는 전통적인 4P만을 가지고 최적의 마케팅 믹스를 도출하는 것에 무리가 있음을 주장하였다. 그는 비영리기관에서는 추가적인 3P(Producer, Purchaser, Probing)를 통한 마케팅 믹스가 적절함을 주장하였다.

① **생산자**(Producer)

생산자(Producer)는 마케팅의 교환할 상품이나 서비스를 생산하는 주체이다. 특히 비영리기관은 사회복지 대상자들에게 서비스를 제공하여 삶의 질을 증진하는 사명이 있다. 따라서 비영리조직이 지향하는 목표에 대한 가치를 확신시키기 위해 고객이나 후원자들로부터 신뢰를 얻어야 하고, 이들의 욕구를 대변하는 역할을 수행해야 한다. 또한 생산해 내는 상품이나 서비스에 대한 책임 있는 자세가 필요하다.

사회적경제의 영역은 환경친화적인 제품, 재활용품, 공정무역 등 제품을 생산하거나 취약계층에게 사회서비스를 제공하는 활동을 통하여 사회적 가치를 창출하고 있다. 따라서 제품과 서비스 제공 주체로서의 책임감 있는 자세와 지역사회 고객과 이용자들에게 신뢰를 형성하는 것이 필요하다.

② **구매자**(Purchaser)

구매자(Purchaser)는 시장의 잠재고객이다. 비영리조직에는 잠재적 후원자가 있으며, 사회적경제의 영역에는 잠재고객과 잠재적 후원자가 모두 존재할 수 있다. 따라서 시장의 잠재고객이나 후원자의 적절한 관리를 위해서는 특정한 기준에 따라 여러 범주로 나누는 것이 필요하다. 이런 시장세분화를 통하여 잠재고객이나 후원자의 욕구를 반영한 제품 및 서비스 개발로 마케팅 효과를 극대화할 수 있다.

③ **조사**(Probing)

조사(Probing)는 마케팅 전략의 시작이다. 시장의 조사를 통하여 소비자를 이해하고, 다른 경쟁업체의 상품과 서비스를 조사해야 한다. 또한 자사가 시장에서 활용가능한 강점 및 약점을 분석하는 것이다. 그러나 최근 소비자의 정보 수집과정에서 소비자의 개인 정보 활용의 문제 등의 이슈가 없도록 관리하는 것이 필요하다. 또한 조사는 정기적으로 소비자 및 시장정보의 조사가 필요하다. 그리고 모집된 정보는 체계적으로 관리되고, 조직 구성원들에게 공유되어, 제품 및 서비스에 반영하는 것이 필요하다.

3) 마케팅 믹스의 변화

마케팅 믹스의 전략은 적용하는 조직의 형태의 특성에 맞도록 추가적인 구성요소를 통해 적절하게 사용된다. 즉, 제조업, 비영리기관, 서비스 조직에 맞는 다양한 마케팅 믹스의 전략이 개발되어 사용되고 있다. 이러한 마케팅 믹스의 다양성은 고객에게 무엇을 어떻게 인식시키고, 판매시킬 것인지에 대한 전략을 수립하는 매우 유용한 도구이다.

마케팅 믹스의 구성요소가 제시되던 시기는 제조업이 발전하는 시기였다. 이 시기에 마케팅의 목적은 소비자들의 욕구에 맞는 좋은 제품을 만들어 판매를 극대화하는 것이었다. 코틀러(Kotler, 2010)는 최근의 시장은 '3.0시장'이라고 하였다. '1.0시장'은 산업화 시대에 공장에서 생산품을 만들고 판매하는 데 관심을 두는 제품 중심의 시대를 말한다. '2.0시장'은 정보화 기술을 토대로 소비자들의 필요와 욕구를 챙겨주는 시대이다. 따라서 기업들은 시장을 세분화하고 특정 목표 고객에게 초우량 제품을 제공해야 한다. 이것이 바로 소비지향적 시장이다. 그리고 '3.0시장'에서 사람들은 이제는 단순한 소비자가 아닌 이성과 감성을 지닌 존재로 접근한다. 따라서 소비자에게 제품 및 서비스뿐만 아니라 정서적인 만족감과 가치를 담아내어야 하는 시장이다. 이것이 바로 가치 주도의 시장인 것이다.

이러한 시장의 흐름에 따라 코틀러(Kotler)는 마케팅 믹스의 구성요소를 다르게 정의하고 있다. 1.0시장과 같은 생산지향적 관점의 마케팅 4P로는 설명하기 어려운 부분들이 발생하였다. 즉, 소비자 지향적 중심 시대에 소비자 관점의 마케팅 믹스에 대한 재정의가 필요함을 주장했다. |그림 8-3|은 4P가 4C로, 다시 4C가 새로운 4C로 변화하는 과정을 보여준다.

새로운 4C로 제품(Product)은 고객 문제 해결(Customer solution)의 관점으로, 가격(Price)은 제품이나 서비스를 통해 얻게 될 효용에 대한 적절한 대가인 고객 비용(Customer cost)의 관점으로, 유통(Place)은 고객이 좀 더 편리하게 상품을 접하고 구매할 수 있는 편의성(Convenience)의 관점으로, 홍보(Promotion)는 고객과의 긴밀한 상호작용을 강조하는 커뮤니케이션(Communication)의 관점으로 변경되어야 함을 제시하였다.

최근 디지털 경제가 가속화되면서 우리 사회는 생산자, 소비자들 간에 네트워크로 연결되는 사회가 되었다. 제품은 시장조사를 통하여 고객의 욕구를 토대로 개발되고, 기업이나 조직은 원가, 경쟁자, 가치를 고려하여 가격을 결정한다. 그리고 고객의 접근성과 편의성을 고려한 유통과 광고, 홍보, PR 등의 방법을 사용하여 고객에게 제품에 대한 정보를 전달한다. 이러한 4P 활동은 고객이 제품과 서비스를 선택하도록 하는 활동을 촉진한다.

Product ➡	Customer Solution ➡	Co-creation	• 신제품 개발부터 고객참여 (서비스 맞춤화, 개인화)
Price ➡	Customer Cost ➡	Currency	• 시장의 수요에 따른 통화와 유사 • 고객별 맞춤 가격정책(빅 데이터)
Place ➡	Convenience ➡	Communal Activation	• P2P(개인과 개인 간 유통) • 실시간 구매(3D)
Promotion ➡	Communication ➡	Conversation	• 기업의 메시지에 대응 소셜미디어, 브랜드 평가

|그림 8-3| **마케팅 믹스 구성요소의 변화**

출처 : Philip Kotler et al.(2016). Marketing 4.0 재구성.

그러나 오늘날은 네트워크 발전으로 인한 고객의 참여가 가능해졌다. 따라서 전통적인 4P와 더불어 새로운 4C가 제안된다. 코틀러는 저서를 통하여 디지털 경제에서는 공동 창조(Co-creation), 통화(Currency), 공동체 활성화(Communal activation), 대화(Conversation)를 제시하였다. 즉, 공동창조(Co-creation)는 제품 기획 단계에서 소비자를 적극적으로 참여시켜 공동으로 제품을 개발하는 전략이다. 기업이나 조직은 SNS 등 다양한 채널을 통하여 소비자와 소통을 통해 제품과 서비스를 맞춤화 또는 개인화할 수 있으므로 가치 제안의 성공 확률을 높인다.

통화(Currency)는 가격 책정 방식에 표준화가 아닌 유연성 있는 방식을 말한다. 즉, 시장의 수요와 생산시설 가동률에 따라서 가격을 유연하게 책정하는 방식이다. 예를 들어, 온라인 쇼핑 업체들은 빅데이터 분석을 통해 고객별 맞춤 가격을 제안한다. 또한 사전 구매 시 다양한 쿠폰 및 할인권을 제공하는 것도 이에 해당한다.

공동체 활성화(Communal activation)는 지속적인 관계를 유지하기 위해 소비자 간의 커뮤니티를 구축하고 이를 활성화하는 전략을 뜻한다. 예를 들어, 공유경제에서 P2P(Peer To Peer)는 개인과 개인 간의 유통으로 에어비앤비, 우버, 차량공유 등을 통하여 산업에 혁신을 일으키고 있다. 또한 3D 프린팅 산업은 고객의 눈앞에서 제품이 인쇄되어 나오도록 할 것이다. 따라서 공동체 활성화는 거의 실시간으로 제품을 구하기를 원하는 고객들을 위해 개인과 개인 간의 유통을 성사시키는 플랫폼을 만들어가는 전략이라고 할 수 있다.

마지막으로 대화(Conversation)는 소셜미디어 확산에 따라 소비자가 기업의 메시지에 대응할 수 있게 되면서 소비자와의 상호작용을 말한다. 예를 들어, 트립어드바이저나 엘프 같은 고객 평가시스템은 고객이 자신이 접하는 브랜드에 대해 평가를 할 수 있는 플랫폼을 제공한다. 즉, 디지털시대에 소비자와 적극적으로 상호작용을 하며 기업의 투명성을 높이고, 고객의 적극적인 참여를 늘리는 전략이다.

기업이나 조직의 형태에 따라 또는 시대적 흐름에 따라 마케팅 믹스의 구성요소에 대한 새로운 제안은 기업의 생존 가능성을 높일 것이다. 과거에는 고객들이 수동적인 대상이었다면 디지털시대에는 상호 연결된 세계에서 적극적인 참여자의 입장으로 변화하고 있다. 따라서 사회적경제의 마케팅 믹스 전략수립 시 이러한 고객과의 관계를 신중하게 고려해야 한다.

3. 사회적경제의 마케팅 믹스

카릴과 후세인(Khalil & Hussain, 2014)은 소셜 비즈니스(Social Business)의 4S를 개발하였다. 소셜 비즈니스(Social Business)에서 제품(Product)은 사회적 대의(Social cause), 가격(Price)은 충분성(Sufficiency), 유통(Place)은 적합성(Suitability), 홍보(Promotion)는 간결성(Simplicity)으로 제시하였다. 이들은 전통적인 비즈니스와 소셜 비즈니스의 근본적인 차이를 소셜 비즈니스는 이익 최대화를 추구하는 것보다 사회적 문제 해결을 중요한 목표로 한다고 하였다. 또한 소셜 비즈니스의 배당금은 미래의 성장, 사업의 확장, 지속 가능성을 위해 재투자된다고 하였다. 아울러 전통적인 비즈니스는 개인의 필요와 욕구에 기반하여 제품과 서비스를 제공하지만 소셜 비즈니스는 개별 소비자와 목표시장을 넘어서는 것을 강조하였다. 따라서 소셜 비즈니스는 그들의 목표를 분명하게 하고, 전체론적인 본성을 고려하여 전통적인 4P가 실제로 4S(Social cause, Sufficiency, Suitability, Simplicity)로 대체될 필요가 있음을 나타냈다. |그림 8 - 4|는 소셜 비즈니스의 4S 구성요소를 보여주고 있다.

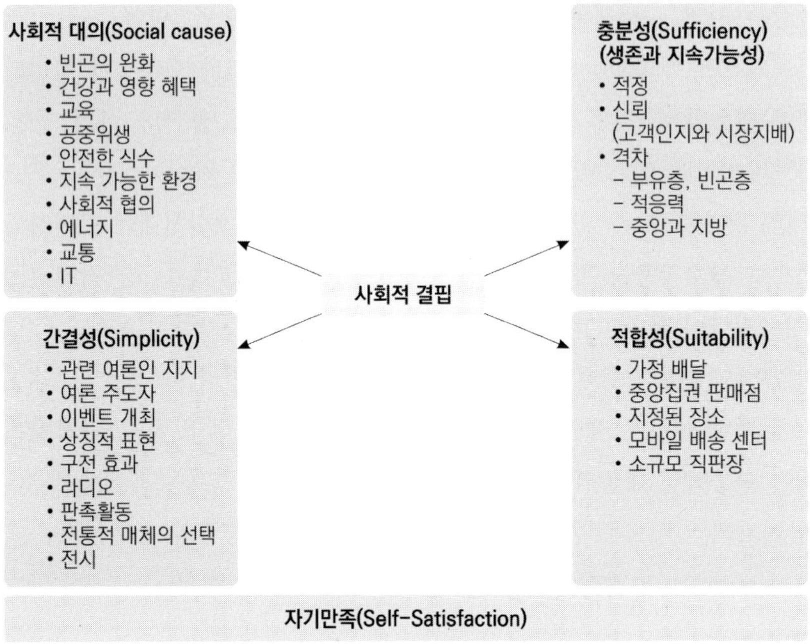

|그림 8-4| **소셜 비즈니스의 4S 구성요소**

출처 : Khalil & Hussain(2014) 재구성.

(1) **제품**(Product) - **사회적 대의**(Social Cause)

소셜 비즈니스의 제품은 고객의 일상적인 요구사항을 충족하기 위한 제품이 아니다. 따라서 소셜 비즈니스의 제품은 사회적인 대의를 제공해야 하며, 관련된 사회적 대의의 식별이 필수적이다. 이런 사회적 대의에 차원이나 본성은 환경적인 문제뿐만 아니라 건강에서 교육, 위생, 건강 등까지 다양하다. 그러나 제품이나 서비스는 개인적인 소비자뿐만 아니라 더 큰 사회에 큰 영향을 미칠 필요가 있다. 즉, 비즈니스의 핵심 목적이 이익 중심이 아닌 대의 중심임을 강조하였다.

(2) **가격**(Price) - **충분성**(Sufficiency)

소셜 비즈니스의 가격설계는 전통적인 비즈니스와 같이 까다로운 문제이다. 기존 비즈니스의 경우에 가격이 고려되는 이유는 가격이 유일한 수익을 발생시키는 수단이기 때문이다. 그러나 소셜 비즈니스에서 가격은 제품의 수용 가능성과 경제성을 결정하는 핵심 요소이다. 동시에 가격은 이익의 극대화에 초점을 맞추지 않기 때문에 장기적인 관점에서 사업의 지속성과 제공된 가치에 맞춰져야 할 필요가 있다. 따라서 사업을 위한 충분한 수익 창출과 목표 달성 사이에 균형을 유지해야 한다. 이러한 관점에서 사업가는 기업의 생존과 지속 가능성을 위한 최적의 수준을 청구해야 한다. 그래서 가격은 충분함이라고 한다.

- **적정** : 저소득층을 위한 제품을 생산하는 기업은 저소득층에게 도달하기 위해 가능한 한 적은 비용을 청구해야 한다.
- **신뢰** : 정해진 가격은 고객 인식의 측면에서 신뢰할 수 있어야 한다. 소셜 비즈니스는 빈곤 해결을 위한 전체적인 미션을 달성하기 위해 낮은 가격을 청구해야 한다. 따라서 추가적인 기능보다 기본적인 제품을 디자인하는 것이 좋다. 또한 유사한 목적을 가진 조직과 협력을 통해 사회문제 해결에 대한 저렴한 해결책을 마련할 필요가 있다.
- **차이** : 가격은 고객별로 다르게 책정되어야 한다. 저소득층에게는 낮은 가격, 고소득층에게는 좀 더 높은 가격을 책정해야 한다.
- **적응성** : 가격은 적응성이 있어야 한다. 만약 기업이 방글라데시와 같은 작은 지역의 시장에 진입하는 경우에는 빈민층을 위해 그 지역의 가격과 동일하게 유지해야 한다. 그러나 기업이 인도와 같이 큰 지역의 시장에 진입하는 경우에는 가격은 마을이나 지역의 전반적인 경제 상황에 따라 다르게 책정해야 한다.

(3) **유통**(Place) - **적합성**(Suitability)

일반적으로 기업이 사회적 배제계층에 접근하려고 할 때는 인프라 및 배송 네트워크 부족이 주요한 장애 요인이다. 따라서 모든 소셜 비즈니스의 유통망 관리는 특정 시장에 서비스를 제공하는 데 적합한 방식으로 설계되어야 한다. 또한 유통망의 적합성은 새로운 모델의 확정성에 핵심적인 요인이 될 것이다. 따라서 시장에서 이미 제공되고 있는 사용 가능한 오프라인 중앙 집중식 유통망에서 모바일 유통망까지 결합할 준비를 해야 한다.

(4) **홍보**(Promotion) - **간결성**(Simplicity)

사회적 배제계층에 사회적·정신적 결핍은 또 다른 장애 요소이다. 이러한 장애물은 효과적인 커뮤니케이션을 통해 변화될 필요가 있다. 목표시장의 대다수가 그들 자신의 문제를 인식하지 못하기 때문에 그들이 문제를 인식하고 적정한 방법으로 문제를 해결할 수 있다는 것을 인식하도록 해야 한다. 이를 위해 커뮤니케이션을 통해 많은 정보를 제공하고 인식을 높일 수 있다. 또한 메시지는 매우 간결해야 하며, 제품의 주요 이점을 강조하는 것이 중요하다.

(5) **추가 구성요소 - 자기 만족감**(Self-Satisfaction)

사회적 사업가는 사회문제 해결을 위해 기존의 관행에 도전하거나 새로운 모델을 생각하는 충분한 열정을 가지고 있지 못한다면, 이런 실천을 이행할 가능성은 거의 없다. 즉, 소셜 비즈니스는 사회적 대의가 수익 창출을 대처하기 때문에 모든 활동의 단계에 자기만족에 의해 인도되고 있음을 믿는다. 이것이 지속해서 행하게 하는 자기만족이다. 따라서 자기만족은 4S를 포괄하는 것으로 소셜 비즈니스에서 마케팅 믹스의 완성이다. 예를 들어, 소셜 비즈니스의 마케팅 활동에서 사업가들은 사회공헌에 대하여 자선적인 이유로 시작하여 자기만족이 사업 자체의 근본적인 이유로 나타나고 있다.

결론적으로 사회적경제의 마케팅 믹스는 일반 기업과 다른 접근이 필요하다.

먼저 제품(Product) 측면에서 일반 기업의 제품은 품질과 디자인이 우수하고, 브랜드 네임 등을 통한 인지도 강화의 전략을 사용한다. 반면에 사회적경제의 제품은 영리기업의 전략에 추가하여 사회적 의미나 윤리적 의미가 있어야 비로소 소비자를 만족시킨다. 가령 사회적경제의 영역에서 재활용을 통해 개발되는 제품은 환경보호의 의미를 지니고 있다. 따라서 이러한 사회적 의미의 차별화를 통한 지속 가능한 상품 개발이 필요하다. 아울러 제품의 브랜드 네임과 디자인, 포장과 같은 확장된 상품의 개념에도 기본적으로 신경을 써야 한다.

둘째, 가격(Price) 측면에서 일반 기업은 원가, 경쟁자, 가치를 기반으로 가격을 설정한다. 그러나 사회적경제는 고객이나 이용자의 가격에 대한 수용 가능성을 고려해야 한다. 즉, 고객이나 이용자들의 지불 능력을 고려하여 적정가격이나 고정가격을 지향하는 전략이 필요하다. 예를 들어, 2009년에 인증받은 사회적기업인 '허리우드 극장'은 55세 이상의 실버층을 대상으로 추억의 영화를 제공하고 있다. 따라서 영화관람 가격은 2천 원으로 균일하게 책정하여 수익성을 극대화하기보다는 고객이나 이용자를 고려한 적정가격 책정을 전략으로 사용하고 있다.

셋째, 유통(Place) 측면에서 일반 기업은 다양한 유통경로를 관리함으로써 소비자의 접근성과 효율적인 비용 배분을 위한 전략을 수립하고 있다. 반면에 사회적경제는 기존이 유통 채널을 가지고 있지 못하고, 새로운 유통 채널을 개발하기도 매우 어렵다. 따라서 사회적경제의 유통을 위해서는 공동의 네트워크를 구축할 필요가 있다. 아울러 전문 유통업체를 사회적경제의 영역에 포함하여 전체적인 유통 생태계를 관리할 필요가 있다.

넷째, 홍보(Promotion) 측면에서 일반 기업은 제품판매를 중심으로 대중매체, 인터넷, 소셜미디어 등의 커뮤니케이션 채널을 이용한다. 또한 주기적으로 다양한 이벤트를 기획하여 소비자들의 관심을 유도하고 있다. 반면에 사회적경제의 홍보 측면은 제품을 구매할 소비자의 특성과 사회적경제의 상황을 고려해야 한다. 대부분의 사회적경제는 열악하여 별도의 홍보계획을 수립하기 어렵다. 그러나 사회적경제의 여건과 현실에 맞는 최선의 방법을 찾아서 실행해야 한다. 이러한 측면에서 인터넷, SNS 채널을 적극적으로 활용해야 한다. 또한 입소문(viral) 마케팅을 통하여 소비자들을 통한 자연스러운 홍보가 가능하도록 옹호 고객을 적극적으로 육성해야 한다. 또한 정부나 중간지원 조직은 사회적경제의 마케팅 활동을 지원하기 위한 전문적인 홍보 대행업체의 발굴과 육성을 통해 안정적인 생태계를 지원해야 한다.

▌사례연구 - 바리의 꿈

바리의 꿈은 2005년 12월 동북아평화연대의 핵심 실무진들이 설립하였다. 동북아평화연대는 1996년 북한 동포의 식량난을 돕기 위한 대북지원사업인 '우리민족 서로돕기 운동'에 뿌리를 두고 있다. 2001년에 창립된 동북아평화연대는 연해주 고려인 정착지원 사업을 주도하게 되었다.

고려인들은 영하 40도의 척박한 연해주로 강제 이주되어 주거, 일자리, 생계에 어려움을 가지고 있었다. 이를 위해 주거정착 지원, 농업 자활을 위한 자본공급, 농업 기술 전수를 추진하였다. 동북아평화연대는 고려인들은 척박한 땅에서 싹을 틔우는 진짜 농사꾼이라는 점에서 출발하여 농업 제품 개발에 초점을 맞추었다. 이때 동북아평화연대는 콩을 주목하여 청정한 환경에서 재배한 콩으로 청국장을 만들어 판매하자는 비즈니스 모델을 만들었다. 때마침 당시에 한국에서는 청국장 열풍이 불고 있었다.

바리의꿈
사회적기업
Non-GMO 콩 식품 전문기업

바리의 꿈은 제품 측면에서 좋은 환경과 추운 날씨로 우수한 품질의 청국장을 생산하였다. 사업 초기에 좋은 제품이었기 때문에 잘 판매될 것이라는 막연한 생각으로 시작하여 사업이 좌초될 위기에 처했다. 즉, 제품을 구매하는 소비자들은 제품 우수성보다 기부라는 생각이 더 컸다.

따라서 바리의 꿈의 김동현 대표는 온라인 쇼핑몰을 통해 새로운 판로를 개척하였고, 홍보전략을 통하여 매출이 폭발적으로 증대하였다. 즉, 고객들이 상품을 선택하는 기준, 구매하는 방법, 기존 제품과의 차별성, 고객이 느끼는 가치, 건강과 관련된 정보 제공 등의 마케팅 믹스를 적절하게 활용하여 사업 영역을 확대하고 있다.

Part

03

사회적경제의 마케팅 실무

chapter 09 사회마케팅

1. 사회마케팅의 개념

사회마케팅(social marketing)은 사회적으로 바람직하다고 여겨지는 방향으로 대중의 행동(public behavior)을 변화시키는 노력을 의미하기도 하고 비영리조직에서 하는 마케팅을 일컫기도 한다. 유사한 용어로 기업의 사회적책임(CSR : Corporate Social Responsibility) 활동 중 하나인 공익연계 마케팅(cause-related marketing)이 있다.

1) 사회마케팅의 탄생과 발전

1950년대 심리학자 게르하르트 위베(Gerhart D. Wiebe)의 "비누를 팔듯이 형제애를 팔 수 없을까?"라는 고민이 사회마케팅의 전조가 되었다. 이후 마케팅의 아버지로 불린 코틀러와 잘트먼(Kotler & Zaltman, 1971)은 사회마케팅을 "제품의 기획, 가격 책정, 커뮤니케이션, 유통, 마케팅 조사 등을 개입시켜 사회적 아이디어를 수용할 수 있도록 하는 프로그램을 고안하고 실행하며 통제하는 과정"이라고 정의하였다.

이러한 정의에서 알 수 있듯이 사회마케팅은 상업마케팅과 많은 부분 흡사한데, 특히 제품개발(Product), 적절한 가격 책정(Price) 및 유통전략(Place) 그리고 프로모션 전략의 수립(Promotion) 등 마케팅 기획과정인 마케팅 믹스에서 이야기하는 4P가 그러하다. 또한 프로그램의 성공 여부를 가리기 위해 다양한 평가 조사로 효과를 측정한다.

따라서 상업마케터나 사회마케터는 타깃 수용자를 중심으로 그들의 문제를 해결하고 욕구를 채워주고자 노력한다. 하지만 상업마케팅은 소비자의 제품 구매를 통한 기업의 이윤이 우선이며, 사회마케팅은 마케터의 이윤 추구가 아닌 타깃 수용자의 행동 변화를 통해 건강하고 질 높은 삶을 지향함으로써 사회의 이익을 실현하는 데 목적이 있다. 마케팅과 사회마케팅은 궁극적인 목표에 결정적인 차이가 있다.

마케팅 목적은 기업의 이윤을 극대화하기 위해 제품판매 증대와 시장점유율 극대화에 있었으나 1960년대 미국에서 기업의 사회책임론과 소비자보호운동이 활발하게 이루어지면서 사회를 위한 비영리적이며 사회 책임을 목적으로 하는 사회마케팅이 등장하였고 본격적으로 사회문제를 다루기 시작한 것은 1970년대 들어서면서부터이다. 이후 마케팅은 고객의 삶의 질 향상, 인적자본의 개발, 오염방지와 환경이 개선된 직장과 일할 기회의 발굴 등 사회문제를 다루게 되었다.

한편 레저와 켈리(Lazer & kelley, 1978)는 다섯 가지 요인으로 사회마케팅의 등장배경을 설명하였다. 첫째, 한 사회가 경제적으로 풍요롭게 되면 사람들은 개인문제뿐 아니라 사회문제에도 관심을 점차 갖게 되고, 둘째, 대체로 젊은 층은 경제, 기업과 관련된 문제보다 이상적이며 인간적인 문제에 더 관심을 가진다. 셋째, 시민단체(여성단체 등)들이 소비자보호운동과 같은 사회마케팅과 관련 있는 행사를 점차 주관하게 되고, 넷째, 언론은 국민들에게 사회문제에 관한 인식을 심어주는 역할을 담당하여 사회마케팅이 받아들이는 사회분위기를 조성한다. 마지막으로, 경제적으로 부유해질수록 다양한 라이프스타일을 접하게 되며 국제적 소비자가 되어 사회적 의식을 갖고 사회행동에 참여하게 됨으로써 사회마케팅이 발전한다.

이후 로스차일드(Michael L. Rothschild), 안드리아슨(Alan R. Andreasen), 스미스(William A. Smith), 헤이스팅스(Gerard Hastings), 리(Nancy R. Lee), 맥켄지 모어(Doug McKenzie-Mohr) 등이 사회마케팅의 정의를 개선하고 한계점을 보완해 사회마케팅을 하나의 분야로 정착시켰으며, 여러 가지 건강과 사회문제를 해결하는 데 적용시켜 왔다. 특히 공중보건 분야에서 사회마케팅은 행동 변화에 효과적인 전략과 원리로 채택되어 미국 질병통제예방센터(CDC : Centers for Disease Control and Prevention)나 건강보건 당국(NIH : National Institute of Health) 등의 주요 국가 건강기관에서 실행부서를 수립하는 등 발전을 거듭했다(백혜진, 2013).

2) 사회마케팅의 정의

사회마케팅은 특정한 사회문제로부터 도출된 사회적 목표를 달성하기 위해서 사회적 아이디어를 개발하고 그것을 대중에 인식시키기 위한 프로그램을 설계, 실시, 통제하는 일로 정의된다(Sargeant, 2009). 앞서 설명한 코틀러와 잘트먼(Kotler & Zaltman, 1975)은 사회마케팅이란 사람들이 사회적 관념을 받아들이는 데 영향력을 행사하도록 계획된 프로그램의 설계, 이행 및 통제로서 마케팅믹스의 요소들이 포함된다며 기업활동을 중심으로 생성된 마케팅 개념이 병원이나 시민사회단체와 같은 비영리조직에도 적용이 가능하다고 주장하였다.

코틀러(Kotler)는 이후 폭스(Fox)와 1980년 연구에서 사회 의사소통과 사회마케팅 간의 구분을 하여 사회 의사소통을 주로 매스미디어 광고나 홍보, 직접판매를 이용하는 사고의 패러다임으로 보았다. 사회 의사소통의 목적은 목표그룹에 메시지를 전달할 수 있는 모든 기회의 이점을 취하기 위한 것이나 사회마케팅의 패러다임은 사회 의사소통적 접근에서 빠진 마케팅조사(marketing research), 상품개발(product development), 보상의 사용(the use of incentives), 촉진(facilitation)을 포함한다.

사회마케터들은 표적시장을 면밀하게 조사한 후 캠페인을 시작한다. 캠페인은 재활용화를 돕고, 최소비용으로 행동변화를 일으키게 하는 실제적 기회를 제공하는 중요한 기술이다. 사회마케팅은 바라는 방향의 행동변화를 장려할 수 있도록 보상을 사용할 수 있다. 예컨대 어떤 캠페인에서는 특정 서비스를 사용하는 데 동의한 사람들에게 작은 선물을 제공하기도 하고 취약계층에게 세제상 혜택을 주기도 한다. 마지막으로 촉진은 단순히 광고캠페인을 하는 것보다 지역사회 전체가 실질적인 행동으로 변화할 수 있도록 행동양식과 방법을 알리고 활기를 불어넣어 준다.

정리하자면 사회마케터들은 마케팅 계획을 구조화하기 위해 4P에서 확장된 사회마케팅 5P를 사용한다.

- **생산물**(Product) : 변하기를 바라는 행동과 그 행동을 지지하기 위해 필요한 항목들로 사람들이 무엇을 하기 원하는가? 그리고 그들이 그것을 하기 위해 어떤 것들이 필요한가?
- **가격**(Price) : 행동이 변화되도록 하기 위해 필요한 돈, 시간, 지위, 불편함, 사회적인 오명 등을 포함한 비용은 얼마인가? 그것을 할 만한 가치는 있는가?
- **유통전략 혹은 장소**(Place) : 행동변화가 어디에서 일어나야 하는가? 사람들은 언제 그것에 대해 생각하는가? 주위 환경은 어떻게 기여하고 난처하게 하는가?
- **촉진**(Promotion) : 표적집단에게는 어떤 메시지가 맞고 어떻게 그 메시지들이 전달되어야 하는가?
- **정책**(Policy) : 행동을 변화시키려고 할 때, 어떤 정책, 규칙, 요건들이 도움이 되거나 지장을 주는가?

한편 스미스(William A. Smith, 1999)는 "사회마케팅은 상업적 이익보다는 사회적 이익을 목적으로 마케팅 원리를 사용해 인간의 행동에 대규모로 영향을 주는 과정"이라고 정의했다. 이와 유사하게 안드리아슨(Alan R. Andreasen, 1994)은 사회마케팅의 궁극적인 목표는 사회와 개인의 안녕이며 회사의 이익이 아님을 주장했다. 특히 이 주장은 사회마케팅의 많은 학자가 사회마케팅을 정의할 때 대체로 동의하는 부분이다. 그리고 이 대목에서 공익연계 마케팅과 사회마케팅의 차이가 극명히 나타나는 것을 알 수 있다. 즉, 둘 다 공익을 실현한다고 하더라도 공익연계 마케팅의 핵심(bottom line)은 기업의 이윤에 있으나 사회마케팅의 핵심은 개인의 행동 변화라는 데 차이가 있다.

코틀러(Kotler, 2010)는 사회마케팅을 정의하면서 다음의 여덟 가지로 범주화하여 제시하고 있다. 이것은 사회마케팅의 목적을 달성하기 위한 행동의 정도와 행동에 대한 관련성 정도, 그리고 개인인가 집단인가에 의해 구분된다(정무성 외, 2011).

〈표 9-1〉 사회마케팅의 범주

구 분		낮은 연관성	높은 연관성
일시적 행동	개인	자선기금 기부	헌혈
	집단	지방의회 선거	이웃 간 방범계획 세우기
지속적 행동	개인	• 엘리베이터 내 금연 • 신문 재활용	• 흡연과 마약복용 중단 • 모든 가정 쓰레기 분리수거
	집단	제한된 속도 유지하며 운전	장애인 이동권 확보 지지

① **높은 연관성 대 낮은 연관성**

연관성은 소비자들의 구매의사 결정에 영향을 미치는 것으로 행동의 변화와 관련된 비용, 이익, 해결책 등이 고려된다. 사회마케팅은 연관성에 따라 제공되는 정보의 양을 결정해야 한다. 예를 들어, 흡연과 마약복용 중단에 대한 행동 변화를 위해서는 낮은 연관성의 엘리베이터 내 금연이나 재활용 등보다도 이것이 중요한 이유가 무엇인지에 대해 명확한 정보를 제공하는 것이 필요하다.

② **일시적 대 지속적 행동**

일시적인 행동 변화는 장기적인 행동 변화보다 촉진하기 쉽다. 장기적인 행동변화를 위해서는 의사소통뿐만 아니라, 개인이 제시된 정보에서 좀 더 쉽게 행동하는 방법을 찾도록 하는 것이 중요하다.

③ **개인 대 집단**

집단행동은 개인의 특정 행동보다 변화하기 어렵다. 이를 위해서는 우선적으로 집단행동 내의 변화에 여론을 형성자나 리더, 추종자 간의 구별을 명확히 해야 한다. 예를 들어, 장애인 이동권 확보를 위해서 장애인부모단체에서 사회운동을 통해 여론을 형성하고, 이를 추정하는 세력과 함께 정책을 마련하고 시행하게 된다.

3) **사회마케팅과 유사 마케팅**

사회마케팅은 몇 가지 다른 개념과 혼동될 수 있다. 첫째, 사회마케팅의 궁극적인 목표는 영리기업에서 원하는 영리추구가 아니므로 비영리 마케팅(non-profit marketing)과 혼동할 수 있다. 그러나 비영리 마케팅은 비영리단체의 생존을 위해 로비, 정치 캠페인, 자선 이벤트 등을 통해 성공적인 기금 추구(fundraising)를 목표로 한다. 반면에 사회마케팅은 주로 비영리단체에 의해 실행된다고 하더라도 그 조직의 존속을 위한 기금 추구가 목표가 아니라 공익을 목표로 하기 때문에 이 둘은 다르다. 비영리조직은 영리조직보다 이타주의적 성향이 강하기 때문에 비용효과성이 낮은 서비스를 제공해야 하는 경우도 있다. 또한 영리조직보다 목표가 모호하고 구체적이지 못한 경우가 많아 양질의 정보가 부족하여 마케팅 전략을 계획하는 데 있어 어려움이 있기도 하다(Drucker, 1990).

〈표 9-2〉 사회마케팅과 유사한 개념들

유 형	개 념	주 체
사회마케팅 (Social Marketing)	사회적인 이슈를 다루거나 해결하기 위한 목적으로 시행하는 마케팅	정부기관, 공공기관, NGO 등
사회지향적 마케팅 (Societal Marketing)	사회적 이슈를 마케팅에 활용하여 기업의 이미지 개선을 통해 직간접적인 매출 증대를 위한 마케팅	기업
공익연계 마케팅 (Cause-related Marketing)	제품, 서비스 판매 수익금의 일정 부분을 비영리, 환경 등의 공익적 활동에 사용하는 마케팅	정부기관, 기업, 공공기관, NGO 등

둘째, 소셜미디어 마케팅과 혼동할 수 있다. 최근 '소셜' 하면 자동적으로 페이스북이나 트위터, 유튜브 등의 소셜미디어를 떠올린다. 따라서 사람들은 사회마케팅과 소셜미디어 마케팅을 구분하기 어려울 수도 있다. 소셜미디어 마케팅은 인터넷 마케팅에 속하는 하나의 분야로 소셜미디어 사이트를 통해 사용자의 방문 수를 늘리고, 인터넷에서 벌어지는 마케팅 활동을 여러 사람과 공유하도록 장려하는 활동이다. 그러므로 사회마케팅의 한 부분인 프로모션 전략 중에서도 커뮤니케이션 채널 전략으로 이를 활용할 수 있으나 사회마케팅과 소셜미디어 마케팅을 같은 개념이라고 할 수는 없다. 소셜미디어 마케팅은 이후에서 좀 더 자세히 다루고자 한다.

셋째, 공익을 다루는 공익연계 마케팅과도 혼동할 수 있다. 그러나 사회마케팅은 공익연계 마케팅과 다른 개념이다. 왜냐하면 공익연계 마케팅은 기업이 소비자의 구매를 통해 얻은 이익의 일부를 자선활동이나 공익에 기부하는 마케팅 활동으로 정의되기 때문이다. 그래서 공익에 이바지할지언정 궁극적인 목표는 기업의 이윤 추구이기 때문에 두 가지를 구분해야 한다. 이렇듯 사회마케팅을 겉보기에 비슷한 개념들과 구분하는 것은 중요하다. 왜냐하면 개념이 명확하게 이해되어야 그 개념을 기반으로 성공적인 프로그램을 고안, 기획, 실행하는 데 사용할 수 있기 때문이다.

2. 사회마케팅의 실제

앞서 살펴보았듯이 사회마케팅의 범위는 매우 협소해서 정의는 공익연계 마케팅과 분명한 차이가 없고 '공익'의 개념도 분명하지 않았다. 그러나 그 이후 많은 학자가 정의를 다듬고 사회마케팅을 하나의 분야로 정착시키려고 노력했다.

이에 이 절에서는 공익연계 마케팅 사례를 몇 가지 제시하고 공익연계 마케팅의 시사점을 통해 사회마케팅에 대한 이해를 넓히고자 한다. 먼저 국내 공익연계 마케팅 사례는 1995년 삼성전자의 '작은 나눔 큰 사랑' 캠페인으로 한국 공익연계 마케팅의 효시 중 하나로 여겨진다. 이는 소비자가 제품을 구매할 때마다 구매가의 1%를 고객이 지정한 사회복지기관에 후원하는 캠페인으로 총 300여억 원을 기부했다(김자경 · 김정현, 2001; 백혜진, 2013). 다음으로 해외 대표적인 공익연계 마케팅 사례는 1983년 미국의 아메리칸 익스프레스 카드 회사가 자유의 여신상을 복구하기 위해 소비자가 카드를 쓸 때마다 1센트를 자유의 여신상 재단(The Statue of Liberty-Ellis Island Foundation)에 기부한 데서 시작되었다. 당시 아메리칸 익스프레스는 소비자의 적극적인 참여로 총 170만 달러를 기부했으며 28%의 수익률 증가를 이루었다. 이러한 마케팅 활동은 현재에도 활발히 진행되고 있다.

또한 핑크리본 캠페인 사례이다. 1985년 영국 제약회사이면서 유방암 약을 제조하는 AstraZeneca가 10월을 유방암 인지의 달로 최초 지정한 후 1991년 Susan Komen 유방암재단(Susan G. Komen Breast Cancer Foundation)에서 주관한 뉴욕 달리기 대회에서 핑크리본이 등장하였다. 1992년 화장품 제조사인 Estee Lauder 및 Self Magazine에서 자가진단법과 함께 리본 150만 개를 배포하면서 유래되었다. 이 캠페인을 계기로 많은 기업은 선행을 위한 소비자의 제품구매의사를 파악했고 마케팅에 반영하였는데 요거트는 소비자가 요거트 제품을 산 후 그 뚜껑을 회사에 보내면 핑크리본 캠페인으로 잘 알려진 Susan Komen 유방암재단에 10센트를 기부하는 '생명 구하기' 캠페인을 진행했다. 이 캠페인은 12년간 계속해서 진행되었고 그 결과 총 2,500만 달러를 기부했다(Nan & Paek, in press).

캐나다의 Payless Shoes는 팔찌를 3달러에 선보였으며, 분홍색 슬리퍼를 27.99달러에 판매하여 이 중 2.8달러는 캐나다 유방암 재단으로 기부하였다. Canadian Mushroom은 분홍색 포장용기에 담긴 버섯을 판매하며 판매량 1kg마다 2.2센트씩 유방암협회로 기부하였다.

이 외에도 캐나다에 있는 다국적 기업들인 Estee Lauder, Harley Davidson, Swarovski Crystal Group, Maglite 등에서 핑크리본 캠페인을 지속적으로 유지하고 있다. 한국에서 핑크리본 캠페인에 동참하는 기업은 아모레퍼시픽, 대한항공, 넥센타이어 등이 있다.

그러나 핑크리본을 이용한 마케팅이 유방암을 알리거나 예방한다는 원래 목적보다 제조사의 이익증대라는 방향으로 흘러간다는 비판이 대두되기도 하였다. 실제로 핑크리본이 디자인된 요거트의 경우, 한 제품 판매 시 10센트씩 기부한다고 쓰여있지만, 기부금액 한도를 8만 달러라고 명시하며 그 이상 판매되는 매출의 경우 더 이상 기부금으로 활용되지 않아 기업에만 이득이 갔다. 이런 현상 때문에 "Think Before You Pink"라고 하는 캠페인이 나타나 제품 구입 전 실제 암 연구나 퇴치를 위한 기여도를 미리 확인할 것을 촉구하기도 한다.

마지막으로 사회마케팅을 실행하기 전에 고려해야 하는 사항들은 다음과 같다.

- 조직의 사명을 명확히 정의한다.
- 조직의 환경을 철저히 분석한다.
- 조직의 마케팅 목표를 설정한다.
- 조직의 마케팅 전략을 개발한다.

이렇듯 사회마케팅은 마케팅 전략도 중요하지만 사명, 비전과 목표를 중시한다.

사회마케터가 사회적책임 활동을 하려는 기업과 전략적인 파트너십을 체결한다면 더욱 효과적인 사회마케팅 전략을 세울 수 있을 것이다. 사회마케팅에서 4P라고 불리는 제품(Product), 가격(Price), 유통(Place), 판촉(Promotion)의 마케팅 요소를 혼합(marketing mix)하는 것 외에 정책을 포함하여 5P를 이야기했다. 여기에 기업 및 다른 이해 관계자와 파트너십을 체결하는 것을 여섯 번째 P라고 할 만큼 중요한 마케팅 전략으로 여기는 이유는 사회마케팅의 주체가 보통 비영리단체라서 예산과 자원의 부족으로 포괄적인 프로그램이나 프로그램 평가를 할 수 없다는 어려움이 있기 때문이다.

3. 사회마케팅의 적용

사회마케팅을 적용하기 위해서는 사회적 변화의 목적이나 사회적 변화의 대상 등에 대한 다양한 요인을 고려하고, 일정한 단계를 걸쳐 추진하는 것이 좋다. 코틀러(Kotler)는 사회마케팅 적용의 단계를 초기 단계, 대중 단계, 관리 단계, 관료 단계로 구분하여 제시하고 있다.

초기 단계 →	대중 단계 →	관리 단계 →	관료 단계
• 사회적 문제를 인식한 카리스마와 능력을 가진 소수 사람들로부터 시작 • 초기 지도자들이 사회 변화운동을 이끌어 가며, 지도자들의 열정과 이념에 따라 움직임	• 사회운동이 확산됨에 따라 구성원의 역할 분담과 조직 확대를 위한 제원 확보 필요성 발생 • 거대해져 가는 조직을 관리할 수 있는 관리형 지도자 필요	• 리더십이 통제력을 갖게 되고 구체적인 목표 설정계획, 조정 역할을 분담 • 리더들은 초심을 잃을 수도 있으나 일부는 열정 유지	• 초창기 열정은 식고, 가장 중요한 변화에 대한 시도는 오로지 조직의 존속에 있음 • 사회운동은 물건을 사고 파는 비즈니스처럼 움직임 • 엄격한 위계질서 있고, 기능적 전문성과 통제를 유지하기 위한 정책들을 포함

|그림 9-1| **코틀러(Kotler)의 사회마케팅 적용과정**

초기 단계는 사회문제를 인식한 카리스마와 능력을 가진 소수의 사람으로부터 시작된다. 이들의 인식은 점차 사회문제를 해결하기 위해 어떻게 대중에

게 전달하고, 지지층을 확보하고, 사회변화를 달성할 것인지에 대한 구체적인 활동으로 발전하게 된다. 이 단계에서는 초기 지도자의 열정과 신념에 따라 움직이게 된다.

다음으로 대중 단계로 발전한다. 이 단계에서는 점차 사회운동이 확산됨에 따라 구성원의 역할 분담과 조직의 확대를 위한 충분한 재원이 필요하게 된다. 따라서 조직의 재원을 확보하고, 조직을 구성하고, 관리할 수 있는 관리형 지도자가 필요하게 된다.

이 단계를 지나 관리 단계로 접어들게 되고, 지도자가 조직을 통제할 수 있는 강력한 통제력을 갖게 되며, 구체적인 조직의 목표설정과 기획, 조정 역할을 분담하게 된다. 대부분 이 단계에서 리더들이 초심을 잃을 수도 있어 리더십에 대한 재정립이 필요하다.

마지막으로 관리 단계를 지나면 조직의 형태와 활동이 점차 안정화되면서 관료적 단계에 진입한다. 이 단계에서는 초기의 열정은 사라지고 조직의 안정과 존속을 위해 조직이 존재하고 활동하게 된다. 이 단계의 사회운동은 마치 공장에서 제품을 만들어 내는 것처럼 일정한 규칙과 통제 속에서 관성적으로 이루어진다. 따라서 관료 단계를 극복하기 위해서는 새로운 열정과 신념을 가진 지도자가 필요할 수 있으며, 조직에 대한 끊임없는 혁신이 있어야 한다. 즉, 우리가 알고 있는 YMCA, RED CROSS(적십자) 등 수많은 사회운동 단체가 이러한 과정을 걸쳐 발전하였다.

그러나 사회운동의 단계는 고정적인 것이 아니라 다양하게 변화된 형태로 전개된다. 무엇보다 중요한 것은 각 단계에서 사회운동의 목적을 달성하기 위한 최적화된 조직형태와 관리가 필요하다는 것이다. 조직의 지도자는 조직 구성원의 변화관리와 각 단계에서 발생할 수 있는 문제를 효과적으로 관리하는 사회마케팅 적용을 고민해야 한다.

사회마케팅의 관리과정은 사회마케팅 적용을 위한 환경분석과 표적 집단의 조사, 사회마케팅 전략 수립, 사회마케팅 마케팅 믹스의 계획, 활동의 조직, 실행, 통제 및 평가의 마케팅 과정을 적용하게 된다.

먼저, 사회마케팅 환경분석은 사회변화를 위한 활동이 현재의 시장에서 어떻게 인식되고, 주요 대상의 태도는 어떻게 형성되어 있는지를 탐색해야 한다. 그래서 이 단계에서는 사회변화 운동을 전개하기 위한 사회적 분위기를 모색하는 것이 중요하다.

둘째, 표적 집단의 조사가 필요하다. 사회변화가 성공하기 위해서는 표적 집단을 명확히 정의하고 이들의 욕구를 수용하는 것이 필요하다. 이러한 세분화 과정이 없는 경우에 사회변화의 목적이 변질될 수 있고, 효과적으로 자원을 투입하는 것도 힘들어진다. 예를 들어, 필리핀의 콘돔 사용 프로그램의 사례에서 먼저 피임약을 사용한 표적 집단을 조사한 사례가 있다. 왜냐하면 필리핀 남성의 대부분은 가톨릭 신자로 인위적인 피임방법에 대한 강한 거부감을 가지고 있기 때문이다. 따라서 사회 활동을 전달할 주요 계층을 파악하고 현재 상황에서 사회운동의 전개와 활동이 유용한지를 점검해야 한다.

셋째, 사회마케팅 전략의 설계가 필요하다. 사회마케팅 전략은 사회마케팅 목적을 달성하기 위한 구체적인 계획을 수립하는 단계이다. 이 단계에서 목표는 SMART(Specific, Measurable, Achievable, Relevant, Time limited)하게 설정되어야 한다. 모호한 목표는 구성의 바람직한 행동을 유도하기 어렵다. 따라서 구체적인 목표를 행동과 태도로 구체화하여 바람직한 조직 구성원의 행동을 유도하는 것이 필요하다. 또한 사회 조직들이 표적 집단에 사회변화에 대한 이념, 유형 제품을 효율적으로 전달할 수 있는 기준을 마련하고 구체적으로 마케팅 비용의 할당, 마케팅 믹스의 전략적인 수립이 필요하다.

마지막으로 사회마케팅의 실행, 통제, 평가가 필요하다. 이 단계에서는 마케팅 자원을 조직하고, 프로그램을 실행 및 평가하는 과정을 진행한다. 사회마케팅의 실행을 위한 전체적인 자원의 흐름을 모니터링해야 한다. 즉, 예산대비 실제적인 자원의 지출이 어떻게 변화되고 수정되어야 하는지를 결정해야 한다. 또한 무엇보다 중요한 것은 사회마케팅의 활동이 본래의 목적달성을 위해 잘 수행되고 있는지 모니터링해야 한다. 사회마케팅 활동에 따른 표적 집단의 변화를 평가하고 이를 통해 프로그램의 수정이나 새로운 프로그램의 시행을 결정할 필요가 있다. 특히 표적 집단의 반응은 사회운동 전체의 성패 요인으로 정확하게 관리되고 통제되어야 한다.

4. 사회마케팅과 사회적경제

마케팅의 본질은 목표고객의 가치를 이해하고 전달하는 것이다. 목표고객의 가치는 단순하게 금전적인 것뿐만 아니라 품질이나 서비스, 이미지, 가격 등의 편익에서 금전이나 시간 투입 등의 비용을 뺀 것을 말한다. 즉, 동일한 가격의 제품이라도 고객이 느끼는 가치의 차이는 다르다는 것이다.

사회마케팅과 유사한 코즈마케팅은 기업이 환경, 빈곤 등 사회적 이슈를 통해 기업의 이익을 추구하는 것을 말한다. 즉, 기업이 소비자를 통해 경제적 가치와 공익적 가치를 동시에 추구하는 것이다. 사회마케팅의 사회변화에 초점을 두고 있다면 코즈마케팅은 기업의 이윤 창출에 목적이 있다는 점에서 다소 차이는 있지만 사회적 문제를 해결하는 것을 통해 사회적가치를 창출한다는 점에서는 사회적경제와 매우 유사하다. 또한 사회적경제는 사회문제 해결을 통한 사회적 가치 창출을 위하여 기업의 비즈니스 방식을 활용한다. 여기서 중요한 것은 사회마케팅이 추구하는 가치와 사회적경제가 추구하는 가치가 일치하고 있다는 것이다.

사회마케팅의 활동은 사회적경제 마케팅 활동에 시사점을 제공하고 있다. 먼저, 사회마케팅은 표적집단의 마음을 움직여야 한다. 최근 13살 인도계 소년이 레고 블록으로 만든 점자 프린터에 인텔이 수억 원을 투자한 뉴스가 SNS에서 뜨거웠다. 수백만 원의 무거운 점자 프린터 대신 가볍고 싼 프린터로 실리콘 밸리 최연소 벤처 투자를 받은 것이다. 브레이고 랩스(Braigo Labs)를 창업한 소년은 홈페이지를 통해 "전 세계 5천만 시각 장애인들의 90%가 개발도상국에 살고 있다"며 가격을 1/5로 줄이고, 무게를 기존 무게의 절반으로 줄인 저가형 점자 프린터를 상용화시키겠다고 의지를 밝히고 있다. 이 밖에도 사회문제를 통해 투자를 확보하고 매출을 증대하고 있는 사례는 매우 많다. 따라서 사회적경제에서는 사회문제 해결을 통한 사회적가치 창출의 의미를 표적집단에게 명확하게 전달하는 것이 필요하다. 이러한 가치전달은 소비자의 마음을 움직이고 소비를 촉진하게 할 것이다. 즉, 사회문제를 마케팅의 소재로 활용하여 인간의 선한 본성에 호소함으로써 사회적경제의 브랜드를 강화하려는 노력이 필요하다.

다음으로 사회마케팅의 기술과 디자인은 사람들의 시선을 사로잡는다. 사회마케팅은 표적집단에 직접적으로 호소하기 위해 다양한 기술과 디자인 등을 통해 편의성과 시각효과를 극대화한다. 이러한 기술과 디자인은 사회적경제에 똑같이 적용될 수 있다. 즉, 소비자의 관심을 환기하고 이를 통하여 소비자에게 재미와 감동을 줌으로써 사회문제 해결과 이윤 창출의 목적을 동시에 해결할 수 있다는 것이다. 구체적인 사례로는 2014년 서울시 혁신기업상을 수상한 '바이맘'의 대표 김민욱 씨의 사례가 있다. 그는 외풍이 심한 집에서 지내던 손자들을 염려한 어머니의 아이디어를 바탕으로 난방텐트를 제작하여 업계 최초로 '탄소성적표지'까지 인증받았다. 이러한 바이맘은 지구촌 에너지빈곤 문제를 해결하겠다는 비전을 가지고 있다. 이 밖에도 '빅워크'의 앱은 GPS를 통하여 걸음이 측정되어 10m마다 1원씩 적립되어, 지체장애 아이들에게 의족과 휠체어, 수술비 등을 지원하고 있다.

정리하면 사회마케팅의 코즈(Cause)와 혁신적인 아이디어는 사회적경제 마케팅에 매우 중요한 시사점을 제공하고 있다. 따라서 사회적경제는 사회적문제 해결을 통해 추구하는 사회가치 창출을 명확히 하는 것이 필요하고, 이를 소비자에게 호소하는 것이 필요하다. 또한 소비자에게 다양한 재미와 가치를 전달할 수 있는 혁신적인 아이디어가 필요하다. 소비자의 욕구를 이해하고 이를 바탕으로 사회문제 해결에 대한 접근 전략을 수립해야 한다. 한편 마케팅의 과정에서 소비자의 참여를 이끌어 내고, 이를 통하여 소비자들이 사회적 변화와 가치 창출을 절감할 수 있도록 지속적인 커뮤니케이션 채널을 구축하고 활용하는 것이 필요하다.

▌사례연구 - 소셜벤처 바이맘(BYMOM)

바이맘(BYMOM)은 저소득층 난방비 절감 아이디어에서 출발한 소셜벤처이다. 바이맘(BYMOM)의 대표 김민욱 씨는 외풍이 심한 집에서 지내던 손자들을 염려한 어머니의 아이디어를 바탕으로 난방텐트를 제작하여 업계 최초로 탄소성적표지까지 인증 받았다.

난방텐트는 겨울철에 실내온도를 4도 정도 올려주는 효과가 있어 월 8만원 가량의 난방비를 절약할 수 있다. 또한 보일러 사용을 줄여 이산화탄소 발생량을 감소시키는 환경적 가치도 추구하고 있다.

바이맘은 호주 및 뉴질랜드 등 세계시장에 제품을 수출하고 있으며, 탈북민 고용 등 청년들의 신규 일자리 창출에도 노력하고 있다. 그리고 2012년부터 이웃이 따뜻한 겨울을 보낼 수 있도록 난방텐트 나눔사업을 지속적으로 실시하고 있다. 또한 최근에 홈리스 자립을 돕는 빅이슈코리아에 자체 제작한 소형 냉방기기 '착한 에어컨' 70대를 기부하였다. 겨울철에는 실내 난방텐트로 여름철에는 착한 에어컨으로 사업의 영역을 확장하여 사회문제와 기업의 제품을 접목하여 마케팅을 실행하고 있다.

따라서 바이맘은 저소득층의 난방문제 해결과 환경문제 해결이라는 사회문제 해결을 마케팅에 접목하여 기업의 이윤추구와 사회문제를 동시에 해결하고 있는 좋은 사례이다.

chapter 10 사회적 소비

"자본주의 경제체제의 인간 파괴에 대항해서 인간과 자연의 자존을 강화하려면 소비자의 각성부터 필요하다." - 김재훈(2013).

1. 사회적 소비의 개념

사회적 소비는 사회적 가치를 생산하는 사회적경제 조직에 의해 제공되는 제품이나 서비스를 구매하는 소비행위를 일컫는 의미와 소비로 사회적 가치를 실현한다는 사회운동의 의미가 병용된다. 주로 친환경 리사이클링이나 업사이클링 제품, 공정무역, 로컬푸드, 공공디자인 등을 통해 이루어지고 있다. 공정무역 혹은 로컬푸드는 운동적 성격을 가지고 있는데 사회적 소비 또한 이러한 의미가 내포되어 있다.

운동적 성격으로 사회적 소비의 대표적인 캠페인은 영국에서 시작한 바이소셜(Buy Social)이다. 바이소셜은 사회적경제 상품을 구매하여 취약계층에 대한 일자리를 증가시키고, 지역경제를 활성화하고, 지구환경을 지키는 등 소비를 통해 사회적가치를 실현하자는 사회운동(social action)으로 현재 영국, 아일랜드, 네덜란드 등 유럽 국가들과 캐나다, 한국, 태국 등 여러 국가에 확산하고 있다. 한국은 고용노동부 주관으로 2020년 7월 1일인 사회적기업의 날에 사회적경제 가치소비를 통해 사회가 긍정적으로 변화된다고 믿는 바이소셜 캠페인이 이루어졌다.

사회적 소비의 또 다른 이름으로 착한 소비, 가치 소비, 윤리적 소비, 상생소비 등으로 불리고 있다. 인간은 끝없는 탐욕을 추구하며 소비를 통해 자신의 우월감을 과시하려는 소비(과시소비)는 기업과 자본가의 배만 채운다. 더 나아가 필요 이상의 소비는 경제를 필요 이상으로 확대하고 결국 그만큼 자연 파괴를 재촉한다. 지구의 자원은 한정되어 있으므로 제3세계 빈곤층도 기본적 소비를 할 수 있게 배려하는 지구적 관점의 소비가 필요하다. 즉, 소비의 최대한도도 사회적으로 필요하다(김재훈, 2013).

2. 사회적 소비의 유형 및 특징

사회적 소비의 개념은 매우 포괄적이다. 박미혜 외(2009)는 사회적 소비의 개념인 윤리적 소비의 유형을 소비자와 생산자의 관점을 기준으로 분류하고 있다. 구체적으로 윤리적 소비를 소비자와 생산자와 어떠한 관련이 있으며, 어떠한 영향을 주고 있는지를 기준으로 <표 10 - 1>과 같이 분류하고 있다.

〈표 10-1〉 윤리적 소비의 유형 및 특징

유 형	특 징	사 례
불매운동	환경이나 노동인권에 평판이 나쁜 기업의 제품 구입을 거부하거나 타인으로 하여금 이를 포기하도록 권유하는 행위	가습기 살균제 옥시제품 불매운동, 유니클로 불매운동, 환경운동단체 불매운동 등
긍정적 구매	바람직한 윤리적 상품을 구입하는 것. 이는 윤리적 기업을 소비자가 직접적으로 지원하는 것을 의미	공정무역 상품, 유기농제품, 깨끗한 옷 입기운동, 동물복지운동, 친환경 마크가 부착된 상품 구입 등
관계적 구매	생산자와의 관계를 형성하는 공동체를 통한 구매	생활협동조합, 사회적협동조합 로컬푸드운동 등
충분한 검증	어떤 브랜드가 가장 윤리적인지 모든 기업과 상품에 대해 소비자 기관의 상품 비교 정보 내 윤리적 등급을 비교 후 구매	동물실험 없는 화장품, 세계최고윤리기업(WME)
반소비주의 혹은 지속 가능한 소비주의	환경을 오염시키는 지속 불가능한 상품을 비구매하거나 재활용, 재사용 등을 활용한 지속 가능한 제품만을 구매	모피코트, 플라스틱 용기, 공정여행, 재활용 등

출처 : 박미혜 외(2009) 재구성.

윤리적 소비의 다섯 가지 유형은 불매운동, 긍정적 구매, 관계적 구매, 충분한 검증, 반소비주의 혹은 지속 가능한 소비주의로 구분된다. 또한 이러한 윤리적 소비유형은 기업 중심과 제품 중심으로 구분하여 분류할 수도 있다. 예를 들면, 불매운동의 경우에 기업 중심으로 확대되면 대상 기업의 모든 브랜드를 대상으로 하는 경우를 말한다. 반면에 제품 중심으로 접근하면 문제가 되는 특정한 제품이나 상표를 대상으로 하는 것을 말한다.

첫째, 불매운동은 환경이나 노동인권에 평판이 나쁜 기업의 제품 구입을 거부하거나 타인으로 하여금 이를 포기하도록 권유하는 행위를 말한다. 불매운동은 영어로 'Boycott'으로 표현한다. 이는 영국 군인이었던 '찰스 보이콧(Charles Boycott)'이라는 이름에서 유래했다고 한다. 그는 군인 퇴역 후에 메이요주 토지 관리인으로 일했는데, 소작료 인하 운동이 일어나자 크게 반발했다고 한다. 그때부터 사람들은 보이콧 같은 사람들을 접촉하지 말자는 뜻으로 사용했다고 한다. 이러한 불매운동의 사례를 많이 찾아볼 수 있다. 대표적으로 2011년에 일어난 가습기 살균제 사건은 많은 사람들을 사망하게 하거나 폐 질환을 유발하게 한 사건이다. 이로 인하여 소비자들과 시민단체들은 옥시제품에 대한 불매운동에 참여하였다. 그리고 2019년 일본의 수출규제로 인해 시작된 유니클로 불매운동은 반일 감정으로까지 확대되면서 유니클로 전체 매출 감소에 큰 영향을 미쳤다.

둘째, 긍정적 구매의 유형이다. 긍정적 구매는 바람직한 윤리적 상품을 구매하는 것을 말한다. 즉, 소비자가 직접적으로 윤리적 상품을 구매하여 기업이나 조직을 지원하는 것을 말한다. 이러한 유형에 사회적경제의 영역이 다수 포함되어 있다. 대표적으로 공정무역은 다양한 상품의 생산에 관련하여, 여러 지역에서 사회와 환경 표준뿐만 아니라 공정한 가격을 지불하도록 촉진하기 위한 국제 무역의 시장모델에 기초를 두고 있는 사회운동이다. 따라서 공정무역은 저개발 국가의 생산자와 노동자가 만든 물건을 공정한 가격에 거래함으로써 그들의 경제적 자립을 돕고, 소비자에게는 윤리적이고 환경적인 기준에 부합하는 제품을 제공하는 것을 말한다. 여기에는 우리가 잘 알고 있는 커피, 초콜릿 외에도 축구공이나 의료, 바나나 등 다양한 상품이 판매되고 있다.

또한 우리가 흔히 볼 수 있는 사례로 동물복지를 들 수 있다. 농림축산식품부는 산란계 복지농장 인증기준을 관리하고 있다. 이를 통하여 농장 내에서 강제 털갈이를 금지하고 암모니아 농도가 25ppm 이하가 되어야 하며, 사육밀도는 m^2당 성계 9마리 이하가 되어야 하는 등의 기준을 충족하는 농장에게 '동물복지 인증마크'를 부착하도록 하고 있다.

셋째, 관계적 구매의 유형이다. 관계적 구매는 생산자와 관계를 형성하는 공동체를 통한 구매를 말한다. 즉, 일정한 생산자와 소비자가 관계를 형성하고 이를 통하여 제품을 공급하고 소비하는 형태를 말한다. 대표적인 것이 생활협동조합이다. 관계적 구매에서는 생산자와 소비자의 특별한 관계를 통하여 윤리적 제품을 제공하고 소비하는 형태를 갖는다. 사회적경제에서도 사회적 협동조합의 형태가 이러한 생산자와 소비자의 관계를 통해 윤리적 기준을 충족하는 제품을 생산하고 소비하는 형태를 나타내고 있다.

넷째, 충분한 검증의 유형이다. 이는 소비자나 기관에서 어떤 기업의 제품이나 기업이 가장 윤리적인가를 검증하여 비교하는 것을 말한다. 대표적으로 세계최고윤리기업(WME)는 미국 소재 기업윤리연구소 에티스피어(Ethisphere) 인스티튜트의 주관으로 매년 윤리와 준법 프로그램, 혁신, 평판 등 분야를 점수로 산정하여 윤리적인 기업을 선정하고 있다. 여기에 선정된 기업으로는 Microsoft, 스타벅스, 펩시, 포드 등이 있다. 이는 기업의 성공에 윤리적인 기준이 매우 중요함을 말해 주고 있다.

다섯째, 반소비주의 혹은 지속 가능한 소비주의 유형이다. 이는 환경을 오염시키는 제품을 비구매하거나 재활용, 재사용 등을 활용한 지속 가능한 제품을 구매하는 것을 말한다. 대표적으로 동물을 보호하는 단체에서는 동물 학대를 이유로 모피코트 불매운동을 시행하고 있다. 또한 플라스틱이나 헌옷 등을 통한 재활용 사업이 사회적경제의 주요 사업으로 다양하게 상품화되어 소비자에게 어필하고 있다. 예를 들어, 쓰레기를 돈으로 만든다는 사회적기업 '수퍼빈'은 재활용 쓰레기 자판기라는 사업모델을 통하여 경제적 가치와 사회적 가치를 동시에 창출하고 있다.

3. 사회적(윤리적) 소비의 기준

윤리적 소비자들은 어떤 기준으로 기업이 윤리적인지 그렇지 않은지를 판단할까? 윤리적소비연구협회(ECRA)은 윤리적 소비자가 기대하는 기업의 윤리성 평가 기준을 분류하여 제시하고 있다. <표 10 - 2>는 기업의 윤리성 평가 기준을 나타내고 있다.

〈표 10-2〉 기업의 윤리성 평가 기준

분류	윤리성 평가 기준
환경	환경에 관한 보고, 오염, 원자력, 기후변화, 기타 환경에 관한 것
동물	동물 실험(testing), 공장식 농장, 기타 동물 권리
사람	인권, 노동권, 착취적 관리 체계, 노동자의 권리, 무책임한 마케팅, 군사비용
정치	반사회적 금융, 불매운동, 유전자 조작, 정치적 활동
지속성	기업윤리, 제품의 지속 가능성(공정무역, 유기농, 에너지효율 등)

출처 : 박미혜 외(2009) 재구성.

윤리적소비연구협회(ECRA)는 환경, 동물, 사람, 정치, 지속성이라는 5개의 카테고리와 그 하부에 19개의 윤리성 평가 기준과 300여 개의 세부 기준을 제시하고 있다. 19개의 윤리성 평가 기준에서 대표적으로 동물을 대상으로 실험한 제품이나 화장품 등이 있다. 그리고 공장형 농장에서 만들어진 제품, 동물권을 침해한 제품은 비판적인 평가를 받는다는 것이다. 예를 들어, 원주민이나 희귀동물의 주거지역을 파괴한 농장에서 생산된 재료로 만든 제품은 환경이라는 카테고리의 기준에 부합하지 않는 것이다. 그리고 아주 열악한 임금을 지불하고 만들어진 의류는 사람의 카테고리 human rights에서 낮은 점수를 받는다. 또한 배터리 케이지에서 생산된 달걀은 factory farming이라는 기준에 비판적인 평가를 받게 된다.

사회적경제는 다양한 영역에서 사회적가치 창출을 위한 비즈니스 모델을 구현하고 있다. 따라서 영국의 윤리적소비연구협회(ECRA)에서 제시하는 윤리적 평가 기준을 준수하기 위해 노력해야 한다. 이를 통하여 사회적경제는 기업의 명성뿐만 아니라 제품과 서비스에 대한 지속적인 매출 향상을 통한 지속가능성을 확보할 수 있을 것이다.

4. 사회적소비와 사회적경제

자본주의는 기본적으로 소비자주권을 강조한다. 따라서 자본주의 시장에서 소비자의 선택은 큰 위력을 발휘하나 소비자의 선택은 자신의 필요에 따른 것이 아니라 기업과 마케터의 전략에 현혹되고 조작당하고 있다. 즉, 대다수 사람들은 종속적인 소비를 하고 있는 것이다(김재훈, 2013).

그러나 최근 들어 제품의 가격뿐만 아니라 제품이 생산되는 과정에서 사회적, 환경적 의미들을 고려한 구매를 하는 소비자가 늘고 있다. 특히 사회적, 환경적 이슈들에 대한 강한 인식을 가진 젊은 소비자들은 특정 윤리적 기준을 충족하거나 지역발전에 긍정적 영향을 미치는 제품에 프리미엄을 주고 소비한다(주성수, 2017).

소비는 생산을 일정한 방향으로 유도하기 때문에 이러한 소비행위를 통해 사회를 변화시킬 수도 있다. 예컨대 유통과정에서 폭리를 취하는 상품은 소비자가 힘을 발휘해서 시장에서 퇴출시킬 수 있고, 장시간 저임금노동으로 생산되는 것들은 소비자가 소비를 거부함으로써 인간을 파괴하는 생산과정을 사라지게 할 수 있다(김재훈, 2013). 과거 나이키에 대한 소비 거부운동이 대표적이라고 할 수 있다. 나이키가 제3세계에서 아동을 고용해 만든 상품의 불매운동은 아동노동을 퇴출시키는 계기가 되었다.

한편 최근 아프리카와 아시아의 극악한 노동환경을 개선하기 위한 '공정무역상품 소비운동'은 윤리적 소비라고 불리고 있다. 윤리적 소비(ethical consumption)는 소비자 운동으로 인간, 동물, 환경에 해를 끼치는 상품을 구매하지 않고 공정무역(fair trade)으로 상품을 구매하는 소비행위를 말한다. 즉, 상품가격이 조금 더 비싸고 구매하기가 귀찮더라도 윤리적 관점에서 소비하는 소비자가 늘고 있다.

이런 개인소비의 변화는 사회적 가치를 가진 제품과 서비스의 수요를 공급의 유용성으로 연계시켜 사업에 성공하는 다양한 유형의 조직이 성립되는 데 점차 이바지하는 추세이며, 이러한 문화의 확산은 사회적경제 조직들이 생산하는 제품과 서비스의 양이 증가하는 데 긍정적 역할을 한다. 최근 들어 책임 있는 소비자 형태는 재화와 서비스 구매뿐 아니라 저축과 투자 영역으로 확대되는 추세이다. 특히 미국에서는 2008년 금융위기 이후 비윤리적인 상업적 은행과 펀드로부터 윤리적인 펀드나 금융 조직으로 저축과 투자를 옮기도록 호소하는 'move your money' 운동이 확산하고 있다(주성수, 2017).

이러한 운동은 사회적 영향 투자(social impact investment)로까지 이루어지고 있다. 사회적 영향 투자는 사회적, 환경적, 문화적 가치 창조와 더불어 경제적 수익을 투자자에게 제공하는 새로운 형태의 투자이다. 상업적 투자는 이익을 최대화하지만 사회적 영향 투자는 사회적 가치를 주목하고 있다.

사회적 영향 투자는 새로운 세대의 사회적기업가나 사회적경제조직에 있어 기회이다. 이러한 투자는 투자수익뿐 아니라 측정 가능한 사회적 성과를 달성하기 위해 사회적경제 조직에 자금을 제공하는 것이다. 이러한 시장을 사회적 금융이라고 한다.

5. 사회적(윤리적) 소비에 영향을 미치는 요인

소비자 10명 중 7명은 누군가에게 도움을 줄 수 있거나 윤리적 경영을 실천하는 기업의 제품이라면 조금 비싸더라도 구매할 의향이 있는 것으로 조사되었다. 시장조사 전문기업인 엠브레인 트렌드모니터가 전국 만 19~25세 성인 남녀 2천 명을 대상으로 설문으로 조사한 결과이다. |그림 10 - 1|은 설문조사 결과를 요약하여 나타낸 것이다.

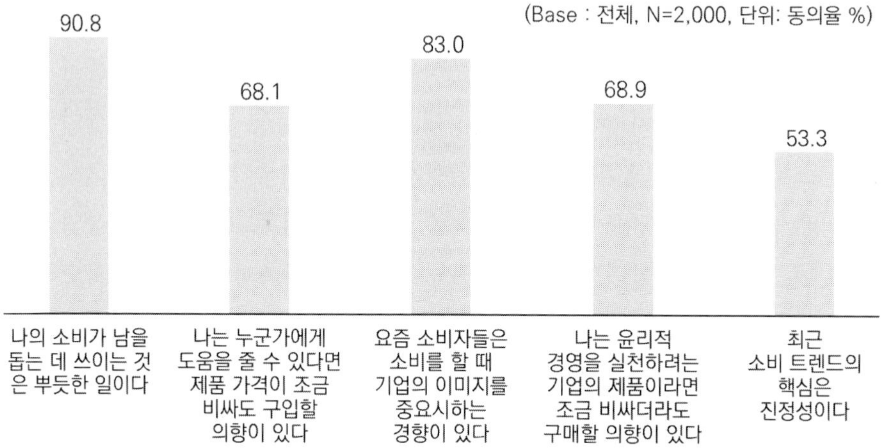

|그림 10-1| **최근 소비자들의 소비태도 평가**

설문조사 결과 68.9%는 윤리적 경영을 실천하려는 기업의 제품이라면 조금 비싸더라도 구매할 의향이 있다고 답했다. 또한 누군가에게 도움을 줄 수 있다면 제품가격이 조금 비싸더라도 구매할 의향이 있다는 의견도 68.1%로 나타났다. 이러한 결과는 소비자들이 단순한 소비를 하는 것에서 벗어나 소비과정을 통하여 의미를 찾으려는 경향이 커지고 있음을 시사하고 있다. 이는 지속적인 소비자의 소비문화로 확대되어 소비자의 선택 기준으로 자리잡을 것으로 예상된다.

구체적으로 사회적소비에 영향을 미치는 요인을 살펴보면 다음과 같다. 박나랑 등(2013)은 소비자의 사회적기업 제품에 대한 윤리적 소비에 미치는 요인을 개인적 요인, 사회적기업 관련 요인, 상품 요인, 소비자 만족 요인으로 구분하여 제시하고 있다.

1) 개인적 요인

(1) 동기

소비자의 구매는 어떤 물건을 사야겠다는 필요성을 인식하는 것에서 출발한다. 윤리적 소비도 개인이 필요성을 인식해야 시작된다. 윤리적 소비자는 이타적인 자기 이미지를 추구한다. 이 밖에도 윤리적 소비자들의 구매동기는 자부심과 같은 만족감, 가족의 건강, 사회적 책임, 안전과 건강, 감성, 생산자 배려 등 매우 다양하다. 그러나 중요한 것은 윤리적 소비자는 개인적 요인으로 이기적 동기와 이타적인 동기를 동시에 갖고 있다는 것이다. 구매 초기에는 친환경 농산물과 같은 이기적인 동기에 영향을 받지만 점차 환경과 공동체를 고려한 이타적인 구매동기의 영향을 받는다.

(2) 소비자 효능감

소비자 효능감이란 소비자 자신의 윤리적 소비가 문제해결에 정말로 도움이 되는지에 대한 지각을 의미한다. 많은 연구에서 소비자 효능감이 긍정적일수록 윤리적 소비가 증가하는 경향이 있음을 실증하고 있다. 또한 고애란과 노지연(2009)은 소비자 효과성 지각이 윤리적 소비자와 윤리적 지향성이 나타나지 않은 소비자 간에 차이가 나는 특성이라고 하였다. 또한 공정무역을 기반으로 하거나 혹은 노동 착취가 없고 친환경적으로 생산된 의류 소비에 대한 태도에 유의한 영향을 주는 요인임을 확인하였다.

2) 사회적기업 관련 요인

(1) 사회적기업에 대한 인지

사회적기업에 대한 인식조사(2009)에 따르면, 소비자들이 사회적기업이 무슨 일을 하는지 알고 있는 경우는 16.5%에 불과했다고 한다. 그리고 대부분이 이름만 들어봤거나 아예 모르는 경우였다. 또한 시간이 지난 2015년 사회적기업 육성 부산네트워크 조사결과에서도 70.2%가 들어본 적이 없다고 대답했다. 이는 소비자에게 사회적기업이 하는 역할이나 제품의 윤리성에 대한 충분한 정보의 전달이 필요함을 시사하고 있다. 실제로 기업의 사회공헌활동은 소비자의 구매 행동이나 충성도에 영향을 미치고 있다. 이를 통하여 볼 때 사회적경제의 다양한 사회적 가치 창출의 활동은 소비자의 윤리적 소비에 동기로 작용할 가능성이 매우 크다.

(2) 사회적기업에 대한 신뢰

사회적기업에 대한 소비자의 신뢰는 제품과 서비스 구매에 영향을 미친다. 기업의 사회적 책임 활동을 통한 소비자와의 신뢰 확보는 기업평가와 제품평가에 긍정적인 영향을 미친다(이한준 외, 2009). 따라서 사회적기업에 대한 소비자의 신뢰를 확보하는 것은 윤리적 소비를 촉진하는 데 중요한 요인으로 작용한다.

(3) 소비자의 구매환경 인식

윤리적 소비가 활성화되기 위해서는 소비자의 접근성이 매우 중요하다. 이러한 소비자의 구매환경은 소비자가 윤리적 소비를 위해 찾아가는 시간적, 물리적인 비용을 모두 포함한다. 따라서 사회적소비의 촉진을 위해 윤리적 제품에 대한 접근성을 고려해야 한다. 접근성 부족이란 제품이 다양하지 않고 윤리적 제품을 판매하는 매장이 한정적이어서 윤리적 제품에 대한 접근성이 떨어지는 것을 말한다. 또한 윤리적 소비의 장애요인으로 소비를 대체할 만한 윤리적 상품이 부족하다는 지적이 있다.

3) 상품 요인

윤리적 소비에 상품의 가격과 품질은 구매결정에 영향을 미치는 기본적인 요소이다. 일반적으로 윤리적 상품에 가격에 프리미엄이 붙어 비싸게 판매하는 경우가 많다. 그러나 다소 비싸더라도 구매할 의향이 있는 구매자가 있는 반면에 가격이 비싸서 구매하지 못하는 소비자도 존재한다. 따라서 소비자들이 윤리적 상품에 대한 사회적 가치의 인식 정도에 따른 다양한 가격결정 방식을 적용하는 것이 필요하다.

4) 소비자 만족 요인

소비자 만족이란 소비자가 구매 이후 느끼는 긍정적인 인지 상태 혹은 구매에 대한 소비자의 평가를 말한다. 소비자는 구매 이후 만족 혹은 불만족을 통해 재구매를 결정한다. 따라서 사회적경제에 윤리적 상품에 대한 구매를 지속해서 유지하는 것에 소비자의 만족은 핵심적인 역할을 할 것이다.

6. 사회적 소비를 위한 사회적경제의 시사점

사회적 소비는 사회적경제에 성장 요인으로 매우 중요하게 작용할 것이다. 또한 사회적경제의 측면에서는 사회적 소비에 대한 관점을 소비자에게 지속적으로 소구(訴求)할 필요가 있다. 이러한 사회적 소비를 위해 사회적경제가 대비해야 하는 몇 가지 시사점을 살펴보고자 한다.

첫째, 사회적경제에 대한 신뢰 구축이 필요하다. 사회적경제에 대한 일반 소비자의 인식은 매우 낮다. 여러 해 동안에 지적되고 있는 문제이지만 여전히 소비자들은 사회적경제의 의미나 활동에 대하여 잘 알지 못하고 있다. 소비자들은 사회적경제가 사회문제 해결에 기여하고 있다는 것을 신뢰하는 정도에 따라 구매 의도가 달라질 것이다. 따라서 사회적경제에 대한 적극적인 교육 프로그램을 마련하고, 적극적으로 소비자와 지속적인 커뮤니케이션 활동을 해야 한다.

둘째, 소비자의 타인 지향적 동기를 고려해야 한다. 소비자들의 소비 경향은 단순한 소비에서 합리적이고 의미 있는 소비로 변화하고 있다. 이러한 변화 속에서 소비자의 욕구를 파악하고 이를 통해 제품과 서비스에 반영하려는 지속적인 활동이 필요하다.

셋째, 합리적인 가격 결정이 필요하다. 사회적경제의 제품과 서비스가 사회적 가치가 있다는 이유만으로 초반부터 프리미엄 가격정책을 시행하는 것은 바람직하지 않다. 따라서 소비자 관점에서 합리적으로 만족할 만한 가격을 제공하기 위한 다양한 방법을 모색해야 한다. 이를 위해 지속해서 소비자를 설득하고 소비자의 반응을 제품과 서비스에 반영하려는 노력이 필요하다.

넷째, 사회적경제에 대한 시장환경 개선이 필요하다. 소비자가 사회적경제의 제품과 서비스에 만족을 느낀다고 하더라도 구매환경이 개선되지 않으면 지속해서 구매하기 어렵다. 따라서 사회적경제 차원, 정부차원에서 윤리적 소비를 촉진하기 위한 접근성 등 시장환경을 개선하려는 노력이 필요하다.

▌사례연구 - 공감만세(관광/ 여행업체)

싼 가격을 내세워 소비자들을 유혹하고 비용을 충당하기 위해 옵션관광과 쇼핑을 강권하는 여행업계의 폐단은 이미 공공연한 사실이다.

따라서 최근에는 정당한 비용을 지불하고 양질의 서비스를 제공받는 여행상품에 대한 수요가 점점 늘어나고 있다.

공감만세는 관광객과 현지인의 상생을 추구하고 현지 일자리 창출을 통해 현지인에게도 혜택이 돌아가는 공정여행을 추진하고 있다. 다양한 공정여행 패키지 상품을 제공하고 기업 및 학교 등의 여행을 기획, 인솔하고 있다. 매출의 90%를 지역사회에 환원하고, 이익의 90%는 환경단체에 기부하는 사회적기업인 것이다.

한편 대기업에 비해 가격 경쟁력이 부족하다는 약점도 있다. 하지만 여행을 다녀온 여행객은 현지인 가이드와 소통하고 그들의 삶을 들여다볼 수 있게 되었다며 비싸다는 생각은 못했다고 말한다. 최근의 여행 트렌드는 유명 관광지에서 사진을 찍고 오는 것이 아니라 현지와 현지인을 통째로 경험하는 것이다. 따라서 현지와 상생하고자 하는 공정여행 수요는 앞으로 늘어날 수밖에 없다.

chapter 11 공공시장 마케팅

1. 사회적경제와 공공조달

1) 사회적경제와 시장경제의 관계

'자본주의 중심 경제에서 사회적경제는 어떠한 위치를 차지하고 있는가? 사회적경제는 자본주의 중심 경제의 경쟁상대인가 아니면 보완의 기능을 수행하는가?'에 대한 논의가 지속되어 왔다. 자본주의 중심 경제의 영역을 구분하면 공공부문, 민간부문, 비영리조직으로 크게 구분된다. 사회적경제는 사회적 목적을 우선적으로 추구하기 위해 영업활동을 수행하는 기업이나 조직 등을 의미한다. 따라서 사회적경제는 민간의 영리기업과 비영리조직, 공공부문의 중간에 위치하고 있는 제4섹터 영역이라고 정리되고 있다.

이러한 관점에서 사회적경제는 자본주의 중심의 경제체계 안에서 다음과 같은 위치 및 역할을 수행하고 있다.

첫째, 사회적경제는 시장경제를 보완한다. 완전 경쟁 시장은 시장의 수요와 공급 때문에 형성되는 이상적인 시장의 모습이다. 그러나 현재의 시장에서는 기능이 제대로 작동하지 않음으로써 자원 배분이 효율적으로 배분되지 못하는 현상이 나타난다. 이러한 시장실패의 원인으로 불완전경쟁, 외부효과, 공공재, 정보의 비대칭, 규모의 경제가 있다. 불완전경쟁은 독과점의 형태로 소수의 지배자에 의해 시장기능에 교란이 발생하는 것이다. 그리고 외부효과는 한 경제주체의 행동이 다른 주체에게 영향을 미치는 것으로 이익 또는 불이익을 주어 시장에 정상적인 교환과정이 일어나지 않는다. 특히 환경오염, 소음, 쓰레기 등 부정적 외부효과는 사회적 비용을 초래하는 악영향을 미친다. 또한 가격을 지불하지 않아도 배제당하지 않은 개인이 존재하는 경우, 공공재를 통하여 제공됨에 따른 시장실패가 발생한다. 이와 함께 정보의 비대칭은 수요자와 공급자의 정보의 비대칭성으로 역선택이나 도덕적 해이 등으로 시장의 효율적인 자원 배분이 불가능하다. 마지막으로 규모의 경제는 기업이 대량생산체계를 갖추면 평균비용이 감소하여 가격경쟁력을 갖추게 되고, 이로 인해 그 산업 분야에 독점체계가 추구되는 것을 말한다.

이러한 시장실패를 보완하기 위해 정부의 역할이 필요하다. 그러나 정부의 역할도 정권의 창출을 위한 표 의식, 관료주의, 비효율성 등으로 실패가 발생한다. 따라서 이러한 시장의 실패와 정부 실패를 보완하는 영역이 비영리 영역과 사회적경제의 영역이다. 예를 들어, 장애인에 대한 사회서비스의 경우에 장애인의 다양한 욕구 해결을 위한 사회적경제가 개입하여 시장경제를 보완하는 것을 말할 수 있다.

둘째, 사회적경제는 시장경제의 대안이기도 하다. 사회적경제는 시장과 국가에 의해 자원 배분의 권한을 시민사회와 공유하도록 하고 있다. 또한 사회적경제의 소유권은 다양한 이해당사자들이 참여하고 있어 이를 통하여 사회적 목적을 충실하게 실행하도록 하고 있다. 그리고 사회적경제는 호혜와 연대를 기초하여 사회적 자본을 축적하여 효율성을 높일 수 있다. 일반 기업은 자본을 중심에 두고 운영되지만 사회적경제는 궁극적 목적인 사회적 가치 실현을 위해 사회관계를 중심으로 운영되고 있어 시장경제의 대안으로 작용한다. 예를 들어, 협동조합은 조합원에게 동등한 권리를 주며, 조합원의 참여를 통하여 수요와 공급이 결정된다.

셋째, 사회적경제는 시장경제와 경쟁 관계에 있다. 실제로 사회적경제는 공공시장이나 일반시장에서 일반 기업과 많은 경우에 경쟁하고 있다. 사회적기업은 공공시장에서 일반 기업과 경쟁하고 있으며, 다양한 사회적경제의 제품들은 일반 기업의 제품들과 시장에서 경쟁 관계에 있는 경우가 많다.

사회적경제는 시장경제의 보완, 대안, 경쟁의 특성을 모두 포함하고 있다. 따라서 이러한 이유에서 사회적경제가 자본주의의 한계를 극복하고 사회적 문제를 창의적으로 해결하는 대안적 경제체계로 주목을 받는 것이다.

2) 사회적경제와 공공선

사회적경제는 공공선을 목표로 하면서 경제적 목적을 추구하는 역할을 수행한다. 전통적인 경제학자들은 기업은 사적 이익을 추구하고, 개인의 합리적인 선택을 통하여 경제가 작동한다고 주장한다. 반면에 경제의 영역에는 시장경제, 공공경제, 사회적경제 등 다양한 영역이 존재한다고 주장하는 학자들이 있다(김성기 외, 2015).

협동조합 분야의 세계적인 석학인 스테파노 자마니(Stefano Zamagni)는 시장경제에 경제적 합리성을 바탕으로 이타적인 목적의 시장경제가 존재함을 제시하였다. 자마니 부부는 그들의 저서 『협동조합으로 기업하라(송성호 역)』을 통하여 한국 사회적경제와 공공시장의 현실을 제시하였다. 그의 관점에 따르면 한국 경제는 자본주의적 시장경제가 발달하였지만 공공선을 중심으로 하는 공공시장은 발전되지 않았다는 것이다. 그래서 사회적경제가 공공선의 영역에서 역할을 확대함으로써 성장할 기회가 있음을 시사하였다.

이념	전체선	공공선
시장의 성격	이기적 시장-자본주의 경제	이타적 시장-사회적경제
공공시장의 성격	경쟁과 최저가격을 중시하는 공공조달	최적가치를 중시하는 공공조달(사회적 책임조달)
한국	(극 편향) ⇦ ⇦ ⇦ ⇦ ⇦ ⇦	⇨ (현저히 미미)

|그림 11-1| 자마니의 시장경제 관점에서 사회적경제와 공공시장

출처 : 김성기 외(2015). 사회적경제기업을 위한 공공시장 마케팅.

|그림 11 - 1|은 자마니의 시장경제 관점에서의 사회적경제와 공공시장의 현실을 보여준다. 우선 공공선과 전체선으로 구분된다. 먼저 전체선은 자본주의 경제하에 이익을 추구하는 이기적인 시장으로 경쟁과 최저가격을 중시하는 공공조달의 성격을 가진다. 또한 전체의 효용을 극대화하기 위해 소수의 희생을 강요한다. 반면에 공공선은 이타적 시장의 성격을 가지며, 최적 가치를 중시하는 사회적 책임조달을 추구한다. 따라서 공공선은 다른 사람을 위해 개

인적인 희생을 허용하지 않는다. 즉, 개인의 기본권이 보장되며, 인간 존중의 시장을 말한다. 이런 공공선의 원리로 작동하는 이타적 시장경제가 바로 사회적경제이다(김성기 외, 2015).

그러나 아직 공공시장은 경쟁과 효율을 중시하는 전체선의 성격을 가진다. 그러나 최근 공공성 강화의 시장 환경 변화의 움직임으로 인하여 공공선의 가치가 중시되고 공공시장에 사회적경제의 진출 기회가 많아지고 있다.

EU 등을 중심으로 공공조달을 통한 노동정책, 여성 정책, 환경정책 등의 다양한 사회적경제를 추구하는 "사회적 책임 공공조달(SRPP : Socially Responsible Public Procurement)"의 논의가 활발히 전개되고 있다. 사회적 책임조달은 어떤 조직이나 개인들이 재화와 서비스를 구매하는 경우, 사회적 영향을 고려하여 구매 기제를 작동하는 것이다. 즉, 사회적 책임조달은 조달과정 및 구매력을 활용하여 사회적 가치를 창출하는 것이다(김성기 외, 2015).

따라서 사회적 책임조달은 사회적 영향과 공공조달이라는 두 가지 관점을 가지고 있다. 사회적 영향은 사회문제 해결을 통한 사회적 가치 창출로 사람, 집단, 지역사회의 삶의 질을 향상하는 것을 말한다. 그리고 공공조달의 개념은 정부와 공공기관이 공공의 내부 및 외부 자원으로 제품, 서비스 등을 구매하는 총체적인 과정이다. 따라서 사회적 책임조달은 공공 조달과정 및 구매력을 활용하여 사회적 가치의 공공선을 창출하는 것을 말한다.

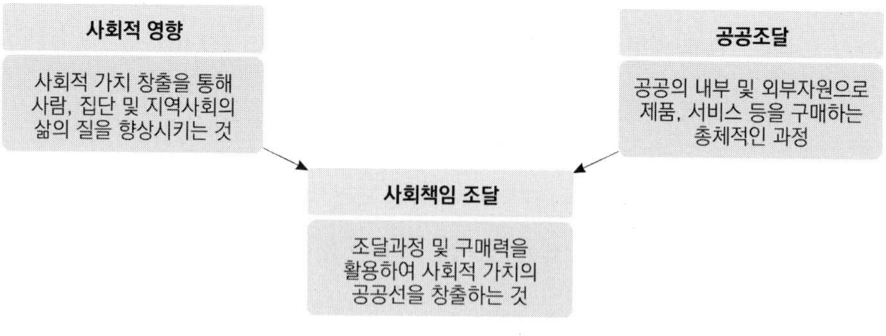

|그림 11-2| **사회적 책임조달의 다중적 관점**

출처 : Burkett, I.(2010). Social Procurement in Australia, Foresters and Centre for Social Impact. Australia : University of New South Wales.

공공시장의 사회적 책임 조달제도는 기존의 최저가격 기준의 조달제도에 새로운 접근을 가능하게 한다. 공공시장의 영역에서 사회적경제 부문이 사회적 가치를 창출하면서 동시에 경제적 지속성에도 이바지할 수 있는 시장 환경을 조성하는 제도가 될 필요가 있다(김성기 외, 2015).

2. 공공시장 마케팅의 이해

1) 공공시장 마케팅의 개념 및 특징

고용노동부의 자료에 따르면, 2019년 사회적기업 제품 구매실적은 국가기관과 지방자치단체, 공기업 등 842개 공공기관의 합계가 1조 2,829억 원으로 전체 구매액의 2.5% 수준으로 나타났다. 이는 2018년도 1조 595억 원보다 21% 증가한 수치이고, 2012년 1,916억에서 시작하여 매년 증가하고 있는 추세이다. 정부는 '2030 사회적경제 비전'을 통하여 공공조달의 30%를 사회적경제 부문에서 공급하는 것으로 계획하고 있다. 그러나 공공기관의 사회적기업 제품 구매비율은 2019년 기준 전체 구매액의 2.5% 수준이다. 사회적기업의 공공기관에 제공하는 품목은 산업용품 30.6%, 용역에서 청소, 방역, 재활용 등의 환경서비스 33.0%로 가장 많은 부분을 차지하고 있다. 또한 기관 유형별로는 지방자치단체가 6.18%로 가장 높았으며, 국가기관은 0.86%, 공기업은 2.7%, 준정부기관 3.48% 등을 기록하고 있다.

공공조달(public procurement)은 일반적으로 행정주체가 교육, 국방, 전기·수도 등의 시설과 도로, 항만 등 사회기반시설, 그리고 보건, 환경 등의 공공 서비스를 제공하기 위해 상품이나 서비스를 구매하는 행위를 말한다. 이러한 공공조달의 시장은 사회적경제의 영역 확대를 위해 매우 중요한 영역으로 인식되고 있다.

마케팅은 시장에서 소비자와 생산자의 교환과정을 통하여 인간의 욕구를 충족시키는 모든 활동으로 정의하였다. 따라서 공공시장 마케팅은 정부나 공공기관의 조달과정에 참여하기 위해 기업 또는 비영리조직 등이 수행하는 마케팅을 의미한다(김성기 외, 2015). 즉, 공공시장의 구매 또는 용역의 조달수요를 조사하여 공공시장의 다양한 욕구를 파악해야 한다. 그리고 조달수요를 중심으로 조달에 참여하기 위한 다양한 전략을 수립하고 시행하는 과정을 말한다.

공공시장 마케팅은 공공 마케팅과 구별된다. 공공 마케팅은 공공 서비스를 제공하는 주체인 정부나 공공기관이 시민들을 대상으로 시행하는 마케팅을 포괄하는 개념이다. 이런 공공 마케팅은 기업의 공공부문에 대한 마케팅과 기업의 공익 마케팅, 공공부문의 마케팅 속성을 가지고 있다. 기업의 공공부문에 대한 마케팅은 기업이 공공부문의 욕구 충족을 위해 제품과 서비스 제공에 따른 마케팅을 말한다. 또한 공익연계 마케팅(Cause-related Marketing)은 기업의 사회적 책임 활동의 하나로 소비자의 구매를 통해 얻은 이익에 일부를 공익적인 목적으로 사용하는 마케팅이다. 그리고 공공부문의 마케팅은 공공부문에서 제공하는 제품과 서비스 전반을 마케팅의 대상 영역으로 확장하는 것이다.

공공시장 마케팅은 마케팅 과정을 통하여 사회적 가치 창출을 중시함에 따라 공공 마케팅의 성격을 일부 포함하고 있다. 그러나 공공시장의 진출을 통하여 매출을 증가시킨다는 것에서 구분된다. 또한 공공시장 마케팅은 기업의 이윤추구만이 목적이 아닌 사회적 가치 실현이 주된 미션이라는 점에서 사회적 마케팅과의 접점에서 사회책임조달의 관점에서 이해할 수 있다(김성기 외, 2015).

사회책임조달은 정부나 공공기관이 고용, 사회통합 등 사회적 영향을 고려하여 공공의 필요를 충족하는 과정이다. 이러한 관점에서 공공시장 마케팅과 사회책임조달은 사회적 가치의 확대를 위한 공공시장의 변화라는 동일한 목표를 실행하고자 하는 수요자와 공급자가 함께 실행해 가는 혁신적인 활동을 의미한다.

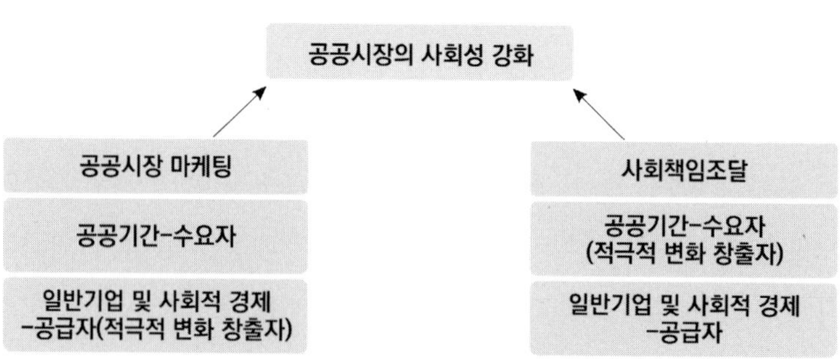

|그림 11-3| **공공시장 마케팅과 사회책임조달의 목표의 등치**

출처 : 김성기 외(2015). 사회적경제 기업을 위한 공공시장 마케팅.

|그림 11 - 3|은 공공시장 마케팅과 사회책임조달의 목표의 등치를 보여주고 있다. 공공시장 마케팅을 실행하는 공급자인 일반 기업 및 사회적경제 기업은 적극적인 변화 창출자로 수요자인 공공기관을 대상으로 공공시장의 사회화를 이루려고 한다. 사회책임조달은 수요자인 공공기관이 적극적인 변화 창출자로 공급자인 일반 기업 및 사회적경제와 관계를 통해 공공시장의 사회화를 이루려고 한다. 결론적으로 공공기관 마케팅과 사회책임조달은 공공시장의 변화를 통하여 사회적 가치 확대를 위해 수요자와 공급자가 함께 노력하는 혁신적인 활동을 의미한다.

공공시장 마케팅은 공공시장을 혁신하고 사회적 가치를 실현함과 동시에 공공의 영역과 민간이 결합하여 시장을 만들어 간다는 점에서 상업적인 마케팅과 차이가 있다. 따라서 공공부문이 사회통합이나 사회문제 해결을 목적으로 그 분야에 전문성이 있는 사회적경제 기업과 같은 민간 영역과 결합할 때, 공공시장 마케팅의 역량은 극대화될 수 있다. 더불어 사회적경제의 영역은 공공시장 마케팅의 확대를 통하여 사회적 가치 실현과 매출 증대에 크게 이바지할 것이다.

2) 공공시장 마케팅의 목표

최근 기존의 공공조달을 사회적 가치의 창출을 고려하는 사회책임조달로 전환하는 방안이 확대되고 있다. 정부(수요자)가 제품과 서비스를 구매하면서 사회적 가치를 고려한다는 점에서 사회책임조달은 정부의 공공성을 강화하는 유력한 방법이 될 수 있다. 유럽연합이 앞서가고 있는데, 2010년 '사회책임조달 가이드라인(Buying Social : A Guide to Taking Account of Social Considerations in Public Procurement)'을 시행하면서 공공조달의 사회화를 확산시키고 있다. 또한 영국도 2012년 공공 서비스에 대한 '사회적 가치법(Public Services Social Value Act 2012)'을 제정했는데, 구매 기획 단계에서 사회적 가치를 고려하도록 하고 있다. 우리나라는 사회적기업 육성법 제12조 및 같은 법 시행령 제12조의2에 의해 공공기관의 장은 사회적기업 제품의 구매계획과 구매실적을 고용노동부 장관에게 보고하도록 하고 있다. 또한 각 지방자치단체에서 조례를 제정하여 공공기관의 사회적경제 제품 및 서비스의 확대를 추진하고 있다.

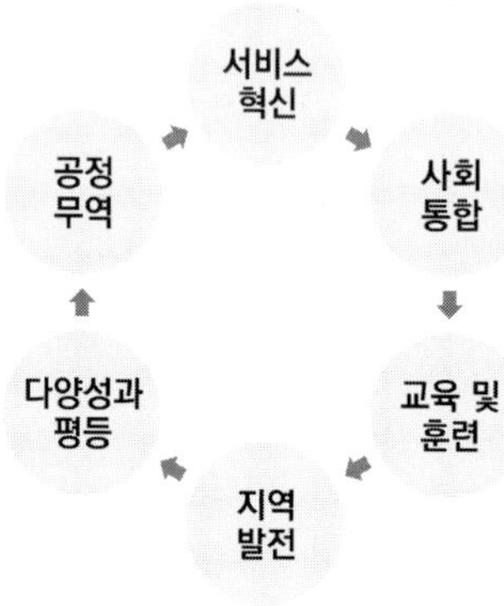

|그림 11-4| 공공시장 마케팅이 추구하는 사회적 가치

출처 : Burkett, I.(2010) Social Procurement in Australia, Foresters and Centre for Social Impact, University of New South Wales, Australia.

공공시장 마케팅의 목적은 공공기관의 수요자와 사회적경제의 공급자가 결합하여 사회책임조달을 잘 구현하는 것이다. 사회책임조달은 조직이 상품이나 서비스 활동을 통하여 사회적 영향과 가치를 창출하는 것을 의미한다. 또한 사회적 가치는 사회적 편익, 사회적 영향으로 말할 수 있다.

|그림 11 - 4|는 공공시장 마케팅이 추구하는 다양한 사회적 가치를 보여주고 있다. 우리나라는 사회적경제의 사회적 영향을 취약계층의 일자리 창출의 측면에서 강조하고 있지만 이 밖에도 다양한 사회적 가치를 창출할 수 있다. 대표적으로 장애인, 노인 등 취약계층의 경제활동 참여를 통한 사회통합 기능과 공급자들이 조달과정에 장애인, 인종, 성별의 다양성을 고려하여 참여할 수 있도록 기회를 보장하고, 공정무역을 통한 윤리적 구매보장과 공정무역을 지지하는 사회적 영향을 창출할 수 있다. 특히 최근에 지방정부의 사회적 문제해결을 위해 사회적경제를 통한 공공 서비스의 혁신 등의 활동도 공공시장 마케팅을 통해 추구하는 사회적 영향이다.

3) 공공시장 마케팅의 전략

공공부문의 조달사업은 시행하는 입찰계획 수립과 계약 방법의 채택을 통하여 이루어진다. 즉, 공공부문의 사회책임조달 실행 방식은 계약 중심 접근, 공급자 중심 접근, 정책 중심 접근, 시장 성장 중심 접근 등이 있다. 사회적경제의 공공시장 마케팅 전략은 이러한 공공부문의 사회책임조달 실행 방식에 따라 서로 다른 전략을 수립하고 대응하는 것이 필요하다(김성기 외, 2015).

(1) 계약 중심 접근

사회책임조달 실행에서 계약 중심 접근은 입찰 자격이나 입찰 과정에 사회적 가치와 관련된 사항을 포함하는 것을 말한다. 구체적으로 계약 중심 접근에는 특정한 구매조건이나 규정을 포함하고, 누가 경쟁할 수 있는지 조건을 제시하거나 계약 과정에서 어떤 행위를 포함할 수 있다. 이러한 특별한 조건들은 설명서, 가산점 등을 통해 입찰 서류와 사회적 영향을 포함하고 있다. 예를 들어, 입찰 자격을 사회적기업으로 제한하거나 기존의 대형 입찰 거래를 나누어서 일정 부문에 사회적경제의 참여를 유도할 수 있다.

이러한 계약 중심 접근은 공공부문이 사회책임조달을 실행하는 방법으로 쉽게 사용하고 있는 방법이지만 구매자 관점에서 계약의 적법성이나 공정성 시비의 가능성이 있어 주의 깊게 접근하는 것이 필요하다.

(2) 공급자 중심 접근

공급자 중심 접근은 특정 사회적 성과를 달성하기 위한 공공의 수요를 창출함으로 공급시장의 변화를 유도하는 접근 방식이다. 즉, 공공의 수요자가 공급자를 위한 제도적 환경을 조성하여 사회적 가치를 창출하는 상품과 서비스를 제공하도록 하는 접근 방식이다. 이러한 예로 친환경 제품 구매촉진 사업, 공정무역 제품 구매 사업, 사회적기업 제품 구매지원 사업 등이 있다. 이러한 공급자 중심 접근은 공공구매에서 품질에 대한 이슈가 없도록 공급자가 공급의 품질의 수준과 정당성을 확보하는 것이 중요하다. 이를 위해 사회적 가치를 창출하는 공급자에 대해 명확히 정의하는 평가시스템과 적절한 공급자를 인정해 주는 시스템이 필요하다. 우리나라의 사회적기업 인증제도와 같이 영국의 사회적기업 마크(SEM : Social Enterprise Mark) 제도가 있다. 즉, SEM은 자체기준에 따라 사회적 가치를 실현하는 사회적기업을 명확히 규정하여 인증하는 방식을 운영하고 있다. 또한 인증받은 사회적기업은 마크 사용을 위해 매출액에 따라 매년 연회비를 부담하고 있다.

(3) 정책 중심 접근

정책 중심 접근은 계약 중심 접근과 공급자 접근 중심이 통합된 방식이다. 이 접근 방식은 공급자가 사회적 영향 목표를 달성하도록 계약에 명시하기 위해 정책적 도구를 마련하는 데 초점을 둔다. 예를 들어, 고용노동부는 사회적기업에 대한 우선구매제도를 시행 중에 있다. 이 지침에 따라 정부와 공공기관은 사회적기업 제품의 해당연도 구매계획, 전년도 구매실적, 총구매액에 대한 사회적기업 제품의 구매액 비율 등을 고용노동부 장관에게 통보하도록 하고 있다. 이러한 정책은 공공부문이 정책적 도구를 통하여 사회적경제의 참여를 확대하는 기제로 작용한다. 따라서 정책 중심 접근은 계약제도의 개선과 공급시장의 공급력 확대가 병행되어야 한다.

(4) 시장 성장 중심 접근

시장 성장 중심 접근은 섹터 간의 협력을 추구하면서 혁신적인 방법으로 복잡한 사회문제를 효과적으로 다룰 수 있도록 시장을 발달시키는 접근 방식이다. 예를 들어, 자살문제나 알코올 중독, 마약중독과 같은 사회적 문제는 공공의 힘만으로 해결이 어려운 문제이다. 따라서 이런 사회적 문제를 해결하기 위해 영리, 비영리, 사회적경제 등 다양한 경제주체들이 참여하여 해결점을 모색하는 것을 말한다. 실제로 호주에서는 빅토리아 정부와 비영리단체인 세인트로렌스의 브라더후드 간에 공동사업을 통하여 지역에 안전과 경비 문제 해결을 위해 주민들을 교육하고 커뮤니티 상황 공유서비스를 실시하고 있다. 커뮤니티 상황 공유서비스는 지역 내에 사회문제 발생 시 관련 부서에 통보되고,

주민들의 안정상의 문제 발생 시 즉시 경찰 등에 연락하는 서비스를 말한다. 이러한 시장 성장 중심 접근은 과업이 복잡하고 어려운 과정이지만 섹터 간의 협력을 통해 사회혁신 시스템을 만들어 낼 수 있다는 점에서 의미가 있다.

공공시장은 사회적경제의 영역을 확장하고, 사회적 가치 실현을 위한 매력적인 시장이다. 이러한 공공시장의 사회책임조달 시장에 진입하기 위해서는 일정한 조건을 충족해야 한다.

첫째, 공공조달의 기회를 포착하는 능력이 필요하다. 공공조달은 공공의 계획에 따라 시행되는 것이다. 또한 대부분의 공공조달 사업은 직전 연도의 사업규모를 통하여 예측할 수 있다. 공공시장에 진출하고자 하는 사회적경제는 이러한 공공부문 사업의 영역을 사전에 파악하는 것이 중요하다. 이를 위해 정부나 지방자치단체의 홈페이지 등을 통한 다양한 입찰 정보를 확인하는 것이 필요하다. 특히 지방자치단체의 공공조달이 활발하게 전개되고 있는 점을 고려하여 예산서 분석을 통하여 기회를 인지하는 것이 중요하다. 즉, 지방정부의 예산은 지방자치단체 홈페이지를 통하여 자세히 공시되고 있다. 이것을 활용하여 예산 항목 및 특별 항목, 행사비 등에 대한 정보를 통하여 공공조달의 사업을 인지하고 있어야 한다. 이후 예산 항목 분석에 대해서는 자세하게 다룰 예정이다.

둘째, 수행능력을 확보하는 것이 필요하다. 이러한 정보는 입찰 공고나 설명문을 통하여 확인할 수 있다. 공공시장에 입찰이나 계약 시 일정한 조건을 충족해야 하는 경우가 많다. 그러므로 인지된 공공사업의 영역에 참여하고 싶은 경우에는 이와 관련된 참가 자격을 꼭 확인해야 한다. 보통 입찰자격은 3년 이상의 경력을 요구하는 경우가 많다. 그리고 사회적경제의 계약 수행능력을 평가하는 데 필요한 장비, 인력, 설비 등을 갖추고 있는지를 고려하고 있다. 따라서 이에 대한 사전준비가 필요하다.

셋째, 사회적 가치 창출 능력을 확실하게 보여주어야 한다. 특히 사회적 가치를 정확히 측정하고 계량화하는 방법을 연구해야 한다. 이러한 사회적 가치의 창출은 일반 기업과 다른 차별점으로 이것을 적절하게 호소하는 능력이 필요하다. 예를 들어, 사회적 가치는 고용효과, 비영리 등과 거래한 금액, 학교

폭력 감소율, 자살률 감소, 지역경제 기여도, 지역 소비 증가율, 공정무역 거래 금액 등 다양한 지표를 개발할 수 있다. 따라서 공공시장에 참가하기 전에 접근 가능한 공공시장에 적합한 사회적 가치의 지표를 개발하고 이를 활용하여 차별점을 적절하게 나타내는 것이 필요하다.

3. 공공조달제도의 이해

공공조달제도의 영역은 매우 넓고 각 계약의 종류 및 절차가 매우 복잡하다. 따라서 국내에 공공조달제도의 기본적인 개념과 특성, 계약절차 및 사회적경제에 필요한 내용을 중심으로 설명하고자 한다.

1) 공공조달제도의 개념과 특성

공공조달제도는 공공 부분이 민간으로부터 재화나 서비스를 구매하는 데 필요한 입·낙찰제도 및 계약조건 등을 규율하는 것을 말한다. 공공조달제도는 제도적 환산 효과 및 공공조달 시장의 규모 등을 고려할 때 국민경제에 중대한 영향을 미치는 정책 수단이다. 정부는 공공조달을 활용하여 대외 경쟁으로부터 국내 산업을 보호하고, 특정 산업부문의 경쟁력을 높이며, 지역 불균형 해소, 경제활동의 촉진, 사회적 약자 보호 등의 사회적 및 경제적 목적을 추구하고 있다. 이러한 특성은 사회적경제의 사회적 가치 실현의 고유한 목적과 부합한다.

정부는 2017년 관계부처 협의를 걸쳐서 그동안의 공공조달제도를 진단하고, 혁신적인 공공조달 방향을 설정하였다. 그 주요한 내용은 현행 제도가 실적 위주로 결정되고, 재정 효율성 중심으로 운용되며, 수직적인 발주기관과 하도급자의 관계 등의 문제점을 지적하였다. 따라서 이를 해결하기 위한 혁신 방향으로 혁신성장 지원, 사회적 가치 실현, 공정조달 강화의 정책목표를 설정하였다. 먼저 혁신성장 지원의 주요 내용은 창업, 벤처기업의 초기시장 진입장벽 해소 및 공공조달을 통해 신시장을 창출할 수 있도록 혁신형 조달제도를 도입하는 것이다. 다음으로 사회적 가치 실현의 주요 내용은 입・낙찰 과정에서 사회적경제 기업의 우대 정책 및 근로계약 관련 사회적 가치 실현의 방향을 담고 있다. 마지막으로 공공조달 강화는 공공조달 참여자 간 상생 기반을 마련하고, 불공정 계약형태 방지 및 사후 구제절차 실효성 제고의 내용을 담고 있다.

이에 따라 기획재정부는 국가계약법 시행령 및 시행규칙을 일부 개정하였다. 먼저 혁신성장 지원을 위해 시장에 존재하지 않는 혁신적 제품, 서비스의 개발 및 구매를 촉진하기 위한 경쟁적 대화방식의 입찰제도를 도입하고 소액 물품계약 최저가낙찰제 폐지 및 창업, 벤처기업, 우수단체 표준 인증제품 제한경쟁 등을 도입하기로 하였다. 다음으로 일자리 창출 지원을 위해 일자리 창출 기업에 우선 낙찰제를 도입하고 사회적경제 기업에 대한 수의계약의 범위를 1억 원 이하까지 확대하였다. 마지막으로 공정조달 강화를 위해 부당 원가산정 피해방지 및 과징금 제도 실효성 방안 등을 마련하였다.

▌사회적기업 육성법

제12조(공공기관의 우선구매) ①「중소기업제품 구매촉진 및 판로지원에 관한 법률」 제2조 제2호에 따른 공공기관의 장(이하 "공공기관의 장"이라 한다)은 사회적기업이 생산하는 재화나 서비스(이하 "사회적기업제품"이라 한다)의 우선 구매를 촉진하여야 한다.

② 공공기관의 장은 사회적기업 제품의 구매 증대를 위한 구매계획과 전년도 구매실적을 고용노동부장관에게 통보하여야 한다.

③ 고용노동부장관은 제2항에 따른 구매계획과 구매실적을 종합하여 공고하여야 한다.

④ 제2항 및 제3항에 따른 구매계획과 구매실적의 통보 및 공고에 필요한 사항은 대통령령으로 정한다.

▌사회적기업 육성법 시행령

제12조의2(구매계획과 구매실적의 통보) ①「중소기업제품 구매촉진 및 판로지원에 관한 법률」 제2조 제2호에 따른 공공기관의 장은 법 제12조 제2항에 따라 매년 2월 말일까지 사회적기업이 생산하는 재화나 서비스(이하 이 조에서 "사회적기업 제품"이라 한다)의 해당 연도 구매계획 및 전년도 구매실적과 해당 기관의 총 구매액에 대한 사회적기업 제품의 구매액 비율 등을 고용노동부장관에게 통보하여야 한다.

② 고용노동부장관은 제1항에 따른 공공기관별 구매계획 및 전년도 구매실적을 종합하여 매년 4월 30일까지 인터넷 홈페이지에 공고하여야 한다.

공공조달 우선구매제도는 정부재정을 활용하여 국가적인 차원에서 정책적 지원이 필요한 중소기업, 기술 개발, 친환경・저탄소 녹색성장, 사회경제적 배려대상 기업, 단체 등이 생산 또는 공급하는 물품, 용역, 시설공사 등을 공공조달과정에서 우선하여 구매할 수 있도록 지원하는 활동을 통칭하는 개념이다. 이를 위해 정부는 사회적기업 제품 우선 구매제도를 포함하여 공공기관과 지방자치단체가 기관평가 시 정책지원 평가 분야의 평가항목으로 채택하여 법정 구매목표 비율의 충족 등을 관리하는 일곱 가지 우선구매제도를 운용하고 있다. 특히 사회적기업 육성법 제12조 및 시행령 제12조의2에서 사회적기업 제품 구매액의 비율을 고용노동부 장관에 신고하고, 고용노동부 장관은 이를 공고하도록 하고 있다.

2) 공공조달제도의 절차

공공조달제도는 국가 또는 지방자치단체가 계약 당사자가 되어 상대방인 기업이나 조직과 공사, 제조, 구매, 용역 등의 계약을 체결함으로써 발생하는 행위이다. 즉, 공공부문이 필요로 하는 공사, 용역, 물품 등을 조달하기 위해 관련 법령 및 규칙 등의 근거로 체결되는 계약을 공공조달 계약이라고 한다.

사회적경제가 공공조달 시장에 참가하기 위해서는 공공조달제도의 계약절차를 잘 이해해야 한다. 즉, 사회적경제는 계약제도의 어떠한 형태를 통하여 공공시장에서 기회를 획득할 것인가를 선택해야 한다.

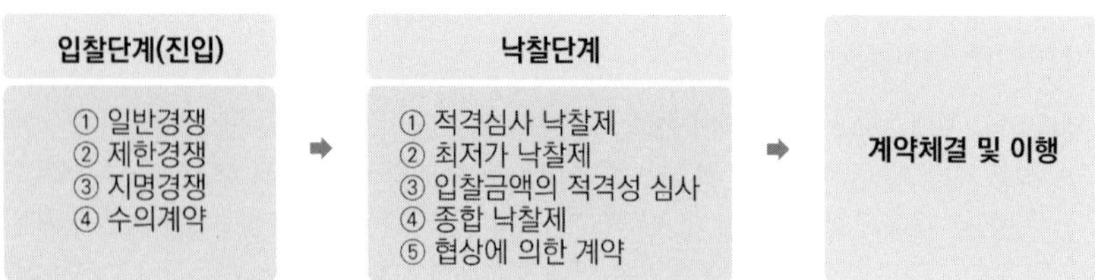

|그림 11-5| **계약제도 종류와 절차**

출처 : 김성기 외(2015). 사회적경제 기업을 위한 공공시장 마케팅 재구성.

|그림 11 - 5|는 계약제도의 종류와 절차를 나타낸 것이다. 공공조달의 단계는 입찰단계, 낙찰단계, 계약체결 및 이행 단계로 구분된다. 입찰의 단계는 조달계약의 대상과 자격을 제한하는 과정이다. 입찰단계에서는 입찰의 방식으로 일반경쟁, 제한경쟁, 지명경쟁, 수의계약으로 구분하여 선택하게 된다. 일반적으로 일반경쟁이 원칙이지만 입찰의 규모나 성격에 따라 제한경쟁이나 수의계약의 형태로 진행된다.

다음으로 낙찰의 단계에서는 낙찰자를 평가하고 선정하는 단계이다. 일반적으로 경제성의 논리에 의해 최저가격 낙찰제가 보편적이었으나 최근에는 적격심사 낙찰제, 종합 낙찰제, 협상에 의한 계약의 형태들도 많이 나타나고 있다. 계약제도의 종류와 절차에 관한 주요한 용어는 다음과 같이 정리할 수 있다.

- **일반경쟁입찰** : 조달청 공고를 통해 자격을 가진 불특정 다수가 참여하여 경쟁을 통해 낙찰
- **제한경쟁입찰** : 계약의 목적, 성질, 규모 등에 비추어 필요한 경우 입찰참여를 제한하여 낙찰
- **지명경쟁입찰** : 특정 다수의 경쟁참가자를 발주기관이 지명하여 경쟁입찰하는 방식
- **적격심사낙찰제** : 입찰에 참여한 업체 중 낙찰자를 결정하는 데 있어서 입찰가격 이외에 비가격 요소인 투찰업체의 수행능력평가(계약이행실적, 기술능력, 재무상태, 신인도 등)를 종합적으로 심사하여 낙찰자를 결정하는 제도
- **종합낙찰제** : 각 수요기관이 품질 · 성능 · 효율 등을 종합적으로 고려한 제조 및 구매계약 체결(추정가격 300억 원 이상 공사에 해당)
- **제3자 단가계약** : 각 수요기관이 공통으로 필요로 하는 수요물자를 제조/구매 등 계약 시 미리 단가를 정하고 각 수요기관의 장이 공급자와 계약을 체결
- **다수공급자계약** : 각 수요기관의 공통 필요 수요물자 구매 시 다양한 수요 충족을 위해 2인 이상을 공급자로 계약체결

- **협상에 의한 계약** : 최저가격이 아닌 다수의 공급자로부터 제안서를 받아 평가한 후 협상 절차를 통해 가장 유리하다고 인정되는 경우에 계약 체결함

마지막으로 일정한 절차를 걸쳐 선정된 낙찰자는 정부나 지방자치단체와 계약을 체결하고, 제품의 납품이나 서비스, 용역 등을 이행해야 한다. 특히 사회적경제에서는 계약이행의 과정에서 정책적 목표를 달성함으로써 그 사회적 성과를 지표화하여 제시할 수 있는 준비가 필요하다.

3) 공공시장 계약 프로세스 및 확인사항

정부나 지방자치단체는 공공조달을 위해 일정한 절차를 진행하고 있다. 사회적경제는 공공시장에 참가하기 위해 공공시장 계약 프로세스의 절차를 이해하고 있어야 한다. 정부나 지방자치단체는 공공시장 조달을 위해 사업 및 예산수립, 예산서 구성, 발주 계획작성, 사전규격 공고, 입찰 공고, 계약체결의 절차를 진행하게 된다. |그림 11 - 6|은 공공시장 계약 프로세스를 보여준다.

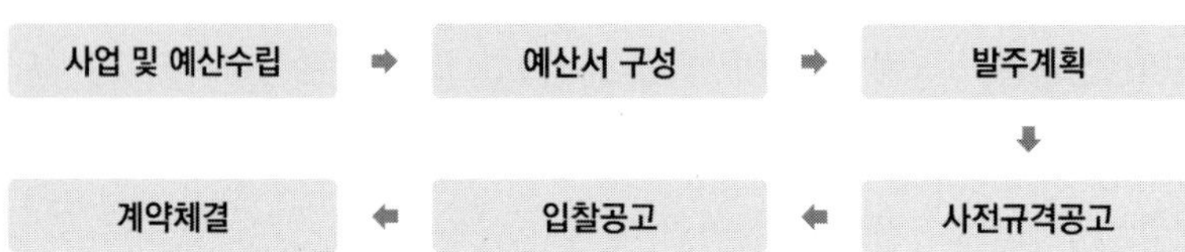

|그림 11-6| **공공시장 계약 프로세스**

출처 : 서울특별시(2019). 서울시 지역업체 대상 계약실무교육 자료.

(1) 사업 및 예산 수립

다음 연도 사업계획 및 예산 수립은 당해 연도 7월에서부터 시작되며 약 5개월간 사업계획 및 예산 수립과 승인 과정이 진행된다. 예산 수립의 과정은 부서별 예산 계획 수립에서 시작하여 실무조정 및 심의 조정을 걸쳐 예산(안)이 의회에서 심의·의결되는 절차를 통해 최종 확정된다.

공공기관의 예산은 반복적으로 편성되는 예산과 정책에 의해 신규 편성하

는 예산으로 구분된다. 반복적으로 편성되는 예산은 실제 집행액에 물가상승, 원가 상승분을 고려하여 예산 규모를 결정한다. 그리고 신규 편성하는 예산은 대부분 정책적 수요에 따라 편성되는 사업비가 차지하고 있다. 따라서 사회적경제가 공공조달 시장에 참가하기 위해 공공기관의 미션과 목표, 주요 업무, 과거 수행 사업 등을 조사해야 한다. 그리고 이러한 공공기관의 수요를 충족하는 데 필요한 방법, 솔루션을 제안하는 것이 필요하다. 특히 사회적경제는 공공기관의 사업계획과 예산 수립의 시기에 맞도록 적절한 제안을 통해 참여의 기회를 높여야 한다.

(2) 예산서 구성

예산서는 당해 회계연도 기준으로 공공기관의 세입과 세출에 따른 재정계획을 금액으로 표기한 것으로, 당해 연도에 해당 공공기관의 재정 현황, 각 부서별 사업에 따른 배정된 예산정보를 확인할 수 있다. 구체적으로 예산서는 예산총칙, 세입세출총괄표, 세입예산, 세출예산으로 구분된다. 예산총칙은 예산 수립에 대한 기준으로 일반회계 및 특별회계 세입·세출 예산 총액 및 회계별 일시 차입의 한도액을 표시한다. 그리고 공채발행 및 차입금, 일반회계 예비비 등을 총괄적으로 표시한다. 세입세출총괄표는 당해 연도에 세입의 규모와 세출의 규모를 총괄적으로 표시한 것이다. 그리고 세입예산으로 일반회계, 도시개발, 교통사업 특별회계 등의 항목을 표시하고, 세출예산으로 기관별 세출예산을 명시하고 있다. 이러한 예산서는 지방자치단체 홈페이지를 통하여 자세히 확인할 수 있다.

사회적경제는 공공시장에 참가하기 위해 예산서에 대한 기본적인 이해가 필요하다. 그 이유는 예산서의 구성항목의 분석을 통하여 사회적경제가 참여가 가능한 분야의 수요 및 규모를 파악하기 쉽기 때문이다.

(3) 발주계획

발주계획은 공공기관이 원활한 사업 추진 및 입찰참가 희망업체에 입찰 정보를 사전에 제공함으로써 업무를 지원하고 발주 시기, 담당 부서, 사업계획 등의 정보를 확인할 수 있는 것이다. 이러한 발주계획은 지방자치단체 홈페이지, 공공기관, 나라 장터 등에서 확인할 수 있다. 또한 공공기관 홈페이지에서 미확인된 발주계획은 지방재정 365, 서울시 계약마당을 통해서도 확인할 수 있다.

구체적으로 발주계획을 통하여 발주기관, 사업 기간, 예산액, 총사업금액, 입찰참가자격, 발주 시기 등을 확인할 수 있다. 사회적경제는 발주계획의 내용을 통하여 참가자격 및 사업 규모를 확인하고, 입찰 참여 여부를 결정할 수 있다.

(4) 사전규격 공고

사전규격 공고는 입찰참여 기회균등과 공정한 경쟁 유도를 위해 사전에 입찰규격에 대한 공개를 통해 입찰참가 희망업체들의 의견 수렴 및 반영 여부 검토 후 최종 입찰 공고를 확정하기 위한 절차이다. 사전규격 공개는 통상 접수일로부터 7일(긴급 3일)이며, 동 기간에 건의된 의견은 수요기관이 반영 여부를 검토 후 최종 공고 규격을 확정하게 된다. 이를 통하여 일부 지방자치단체가 입찰 시 특정 업체에 유리한 규격이나 조건을 구매 규격서에 반영하여 소수업체들이 수주를 독점하는 등 입찰의 공정성을 훼손하는 것을 방지하고자 한다.

(5) 입찰 공고

입찰 공고는 입찰에 관한 사항을 지정정보처리장치 또는 공공기관이 운영하는 홈페이지를 통하여 공고함으로써 입찰참가 희망업체를 모집하는 것이다.

입찰 공고 방법은 입찰방법에 따라 경쟁에 부치고자 할 때는 「국가를 당사자로 하는 계약에 관한 법률 시행령」에 특별한 규정이 있는 경우를 제외하고는 국가종합전자조달시스템(http://www.g2b.go.kr)을 통하여 공고된다.

입찰 공고 시기는 현장설명이 필요한 경우 현장설명일의 전일부터 기산하여 7일 전에 공고한다. 다만, 현장설명을 시행하지 않을 때에는 입찰서 제출 마감일의 전일부터 기산하여 7~40일 전(10억 미만 : 7일, 10~50억 미만 : 15일, 50억 이상 : 40일)에 공고한다. 특히 긴급을 요하는 경우에는 입찰서 제출 마감의 전날부터 기산하여 5일 전까지 공고할 수 있다.

입찰 공고의 내용은 입찰에 부치는 사항, 입찰 장소와 일시, 입찰참가의 자격에 관한 사항, 입찰참가 등록 및 서류 관련 사항, 입찰보증금, 계약 착수일 및 완료일, 기타 필요사항 등을 포함하고 있다. 이는 향후 입찰을 통한 낙찰사로 선정 시 계약 과정에 필요한 사항이다.

(6) 계약체결

계약체결은 입찰 공고를 통하여 모집된 기업들의 대상 적합도와 사업수행 능력을 평가하여 사업에 따른 심사, 낙찰자 결정방식으로 공급자를 선별하고 계약을 체결하는 단계이다. 계약체결 시 계약 당사자가 계약 내용을 확인해야 하며, 입찰 공고의 내용과 다르거나 불합리한 조항에 대하여 사전에 협의해야 한다.

사회적경제의 경우에 공공기관의 일방적인 계약 내용을 모두 수용하기보다는 계약서 내용을 꼼꼼히 살펴보고 계약을 진행하는 것이 좋다. 또한 계약이행 이후에 중간 또는 결과보고서를 통하여 계약이행의 결과를 투명하고 합리적으로 제시하는 것이 필요하다. 특히 공공기관이 추구하는 목적에 맞도록 사회적 가치의 지표를 개발하고 제시하는 것이 필요하다.

결과적으로 사회적경제가 공공시장에 참가하기 위해서는 정부나 지방자치단체, 공공기관의 사업예산에 대한 분석에서 시작하여 사전에 발주계획 등을 확인하여 사업계획을 수립하는 것이 좋다. 또한 정기적인 입찰 정보에 대한 조사를 통하여 입찰 시기에 맞도록 참여할 수 있는 입찰 자격을 확보하는 것도 필요하다. 사회적경제의 공공시장 진출은 사회적경제가 추구하는 사회적 가치 실현이 공공의 이해와 부합하여 사회적경제에게 새로운 사업확대의 기회가 될 것이다.

사회적경제가 공공시장에 참가하기 위해 전체적인 계약의 프로세스를 이해하는 것이 필요하다. 이와 함께 사회적경제가 어떻게 사업을 발굴하고 사업을 준비하여 입찰에 참여할 것인지에 대하여 사전에 인지하고 있어야 한다. 일반적으로 공공시장의 사업참여를 위해서는 |그림 11 - 7|의 절차를 통하여 확인하는 것이 필요하다.

사업발굴	➡	사업준비	➡	입찰참여
예산서		과거 입찰공고문		공고 모니터링
발주계획		사업계획서		참여준비

|그림 11-7| **사회적경제의 공공시장 참여 및 확인사항**

출처 : 서울특별시(2019). 서울시 지역업체 대상 계약실무교육 자료.

첫 번째, 사업발굴의 단계에는 예산서 및 발주계획 정보 등을 통해 사전에 공공시장의 수요 및 사업성 판단이 필요한 단계이다. 예산서는 각 사업의 규모를 확인할 수 있으며, 어느 부서와 연락해야 하는가 등의 정보를 획득할 수 있다. 또한 발주계획서는 발주기관, 사업 기간, 예산액, 총사업금액, 입찰참가 자격, 발주 시기 등을 확인할 수 있다.

두 번째, 사업준비의 단계로 발굴된 사업에 참여 준비를 위해 해당 사업 규격과 참가자격 등을 확인한다. 이를 통하여 참가 요건이 미비하거나 추가로 보완해야 할 부분이 있는지를 점검한다. 또한 입찰에 참여하기 위한 사회적경제의 주체가 사업을 수행할 능력과 준비가 되어 있는지도 점검해야 한다. 이러한 자가진단 이후 입찰참가를 위해 사업계획서를 구상해야 한다. 사업계획의 내용은 전년도 사업의 입찰 공고를 통하여 사전에 준비하는 것이 좋다.

세 번째, 입찰에 참여하는 단계이다. 이 단계에서는 발주계획을 통하여 사전에 입찰 시기를 모니터링하는 것이 필요하다. 또한 관련 부서의 담당자나 홈페이지 정보 등을 통하여 입찰 시기를 추정하는 지속적인 입찰 정보 모니터링 활동이 필요하다. 이를 바탕으로 입찰참여를 위한 제반서류를 갖추어 입찰에 참여해야 한다.

4. 예산분석을 통한 판로개척 실무

사회적경제는 공공시장 영역에 참여하기 위해 공공시장의 수요분석, 공급시장 분석, 액션플랜 수립의 과정을 통해 판로를 개척할 수 있다.

1) 수요분석

공공시장 마케팅에서 수요분석은 어떤 재화나 용역에 대한 공공시장의 수요를 파악하고 분석하는 것을 말한다. 즉, 어떤 품목이 어느 규모로 어디에 존재하고 있는지에 대한 분석이 필요하다. 또한 특정 분야의 아이템을 보유하고 있다면 해당 사업이 포함될 예산을 폭넓게 조사하는 것이 필요하다.

수요를 분석하는 단계는 각 지방자치단체의 홈페이지 등을 통해 행정부서별 원 예산서에서 사회적경제에 해당하는 예산을 분류하는 단계를 걸친다. 다음으로 분석틀을 활용하여 예산을 재분류하게 된다. 마지막으로 입력된 자료를 분석하는 단계를 포함한다(김성기, 2011).

(1) Step 1 : 자료의 분류 및 분석

예산서의 자료의 분류 및 분석은 예산서 정보 확인으로 관심 있는 사업을 발굴하는 것이다. 공공시장에 진출을 희망하는 경우에는 해당 공공기관이나 지방자치단체의 홈페이지를 통해 필요한 예산서를 확인할 수 있다. 예산서를 통하여 사회적경제 기업이 접근 가능한 사업을 추출해야 한다. 또한 해당 공공기관의 홈페이지에 있는 계약메뉴에서 발주계획을 확인해야 한다. 발주계획을 통하여 입찰정보 및 입찰결과의 정보를 확인할 수 있다.

예산서 정보 확인으로 관심있는 사업 발굴

부서: 재난안전과
정책: 재난예방 강남구현
단위: 재난없는 안전강남 구현

(단위:천원)

부서 · 정책 · 단위(회계) · 세부사업 · 편성목		예산액	전년도 예산액	비교증감
01 사무관리비		12,560	12,250	310
1)어린이집 재난안전교실 안전교육 교재 제작비	1,500원*8,000명	12,000		
1)어린이 재난안전뮤지컬 공연 홍보용 현수막, 배너 등 제작		560		
2)현수막	40,000원*4개	160		
2)배너	50,000원*2개*4회	400		
03 행사운영비		59,600	59,600	0
1)어린이 재난안전교실 강사료		15,600		
2)기본	80,000원*120회*1명	9,600		
2)초과	50,000원*120회*1명	6,000		
1)어린이 안전체험 캠프		12,000		
2)강사료		10,400		
3)기본	80,000원*8회*10명	6,400		
3)초과	50,000원*8회*10명	4,000		
2)운영비	200,000원*8회	1,600		
1)어린이 안전연극 공연비	8,000,000원*4회	32,000		

|그림 11-8| **지방자치단체 예산서**

|그림 11 - 8|은 강남구청의 예산서 정보 분석의 예시를 보여준다. 예산서의 내용을 토대로 강남구 어린이 안전연극 공연 사업의 예산이 32,000,000원으로 배정된 것을 알 수 있다. 또한 몇 단계를 걸치면 담당 부서와 사업, 배정된 예산 규모를 예산서를 통해 확인할 수 있다. 그러나 예산서에는 해당 사업의 구체적인 사업계획이나 발주 시기를 확인할 수 없다. 따라서 발주계획 정보를 함께 확인하는 과정이 필요하다.

(2) Step 2 : **수요 분석틀을 활용한 예산 분류**

다음으로 수요 분석틀을 활용하여 예산을 분류해야 한다. <표 11 - 1>은 수요 분석틀에 입력한 예시를 보여주고 있다.

〈표 11-1〉 수요 분석틀 입력 예시

부서	단위사업	세부 사업	편성목	예산액	코드
재난안전과	행사운영비	어린이 재난안전교실	어린이 안전연극 공연비	32,000,000	g12
복지행정과	저소득 생활안정	사례관리 운영비	다문화 축제 개최	30,000,000	g12
총무과	직업능력개발 소양교육	지역문화 탐방 체험연수	지역문화 탐방 체험연수	40,000,000	g12
합 계				102,000,000	

1단계에서 분류된 사업을 기준으로 2단계에서는 분석틀을 활용하여 부서, 단위사업, 세부 사업, 편성목, 예산액 등을 입력하고 코드를 입력한다. 해당 코드는 통계청의 한국 재화 및 서비스 분류 코드를 토대로 기재해 두면 분야별 분류 및 재구성하는 데 매우 편리하다. 이렇게 수요 분석틀에 입력 작업이 완료되면 예산의 합계를 산출하고 잠재적 수요와 규모를 한눈에 파악할 수 있다.

(3) Step 3 : **입력된 자료 분석**

3번째 단계는 입력된 자료를 분석하는 것이다. 입력된 자료 분석을 위해서는 시장진입 가능성이 있는 해당 사업이나 부서의 개수, 총예산, 예산분석 결과를 정리하는 것이 필요하다. 예를 들어, 수요 분석틀에 해당 사업개수 3개,

해당 부서 3개, 예산 102,000,000원, 예산분석 결과로 전문성, 공급처의 역량, 지역사회에 의미 있는 사업으로 제안 준비 필요 등의 사항을 정리하는 것이 필요하다.

공공시장의 진출을 준비하는 사회적경제는 예산분석을 통한 공공시장의 수요분석으로 공공시장의 기회를 탐색할 수 있는 가장 기본적인 방법론이라고 할 수 있다.

2) 공급시장 분석

수요분석이 완료되면 공급시장 분석이 필요하다. 그 이유는 수요분석만으로 그 시장의 유효성을 판단하기 어렵다. 따라서 공급시장 분석을 통하여 기존 공급사에 대한 조사와 분석이 실행되어야 한다.

공급분석을 위해서는 각 사업별 모집 방법, 시기, 목적 등을 각 지방자치단체의 홈페이지를 통하여 세부 사항을 파악할 수 있다. 최근에는 각 지방자치단체의 홈페이지에서 간단한 검색만으로 기존의 입찰 공고나 거래업체를 파악하는 것이 쉽다. 이와 함께 각 사업의 담당자와 사전 만남을 통해 추가적인 정보를 수집하는 것이 필요하다.

공급시장 분석도 수요분석과 비슷하게 크게 3단계로 진행된다.

(1) Step 1 : 공급 분석틀에 수요분석 내용을 재입력하기

이 단계에서는 수요분석 내용을 토대로 공급 분석틀에 사회적경제가 시장 진출을 희망하는 내용을 중심으로 정리하여 기재하게 된다. 이 단계에서 주의할 것은 공급 분석틀에는 모든 수요분석의 내용이 입력되는 것이 아닌 진출을 희망하는 내용을 중심으로 정리한다는 것이다.

〈표 11-2〉 공급시장 분석틀 입력 예시

1단계 공급 분석틀에 수요분석 내용을 재입력				2단계 기존 공급시장 조사			3단계 시장진입 가능성 진단
부서	구매상품명	상품 코드	구매액 (천 원)	현 공급업체	구매방식 (민간위탁)	시행시기	가능성 여부
재난안전과	어린이 재난안전교실	g12	32,000	평생학습관	×	2020. 3.	없음
복지행정과	사례관리 운영비	g12	30,000	종합복지관	○	2020. 4.	있음
총무과	지역문화 탐방 체험연수	g12	40,000	평생학습관	×	2020. 3.	없음

(2) Step 2 : **기존 공급시장 조사하기**

1단계의 시장 진출을 희망하는 사업들에 기존 공급시장 조사 분석 내용을 추가하는 단계이다. 즉, 기존의 공급업체의 정보, 구매방법, 구매의 시기 등을 기재하는 단계이다.

(3) Step 3 : **시장진입 가능성 진단하기**

1~2단계를 통한 수요와 공급 정보를 바탕으로 시장진입 가능성을 진단한다. 시장진입 가능성은 사회적경제의 수행능력이나 자원 등을 종합하여 시장진입 가능성이 진단되어야 한다. 이러한 과정을 통하여 사회적경제에서는 공공시장 개척을 위한 액션 플랜 수립의 기초 자료를 확보하게 된다.

3) **공공시장 진출을 위한 액션플랜 수립**

사회적경제는 공공시장 수요분석을 토대로 실제로 공공시장 개척을 위한 구체적인 액션 플랜을 수립해야 한다. 공공시장 수요분석을 토대로 사회적경제가 생산하는 제품 및 서비스가 일치하는 시장이 있다면 이러한 시장을 목표시장으로 선정하고, 목표시장에 접근하기 위한 세부 전략을 수립하는 것이 필요하다.

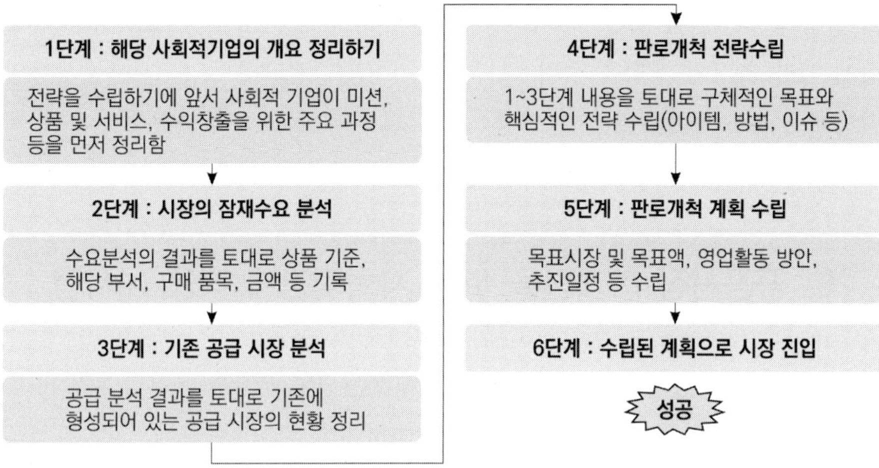

|그림 11-9| **판로개척을 위한** Action Plan **수립 단계**

|그림 11-9|는 사회적경제가 공공시장에 접근하기 위한 판로개척의 실행 계획 과정을 총체적으로 보여주고 있다.

먼저, 사회적경제가 추가하는 미션, 상품 및 서비스, 주요 과제 등을 먼저 정리하여 추구하는 목표와 방향성을 명확히 하는 것이 필요하다. 그리고 앞에서 설명한 시장의 잠재수요 분석과 공급시장 분석을 진행하게 된다. 이러한 기초 자료를 토대로 시장진입 가능성이 결정되면, 해당 사업에 대한 구체적인 진입 전략을 수립해야 한다.

이러한 정보 분석과 선택을 토대로 판로개척 전략을 수립해야 한다. 이 단계에서는 공공시장에 진입하는 핵심 전략을 수립하고, 전략에 따른 구체적인 방안으로 정보 수집, 영업활동, 가격 경쟁력, 품질 경쟁력 강화, 공급 상품 다양화 등의 전략을 수립하는 것이다.

지금까지는 공공시장에 진입하기 위한 기초 토대를 완성한 것이다. 따라서 이러한 기초 토대 위에 실질적인 판로개척 계획을 수립하는 것이 필요하다. 이 단계에서는 판로개척 계획에 필요한 목표시장 및 목표액, 영업활동 방안, 주요 이슈, 추진 일정 등의 계획을 포함한다.

마지막으로 수립된 계획을 토대로 시장에 진입하는 실행단계가 필요하다.

이 과정에서 주의할 것은 수요분석과 액션플랜 진행 과정에서 시장 상황이 변화에 따라 초기의 계획을 수정·보완하는 과정이 필요하다. 또한 공공시장의 진입에 성공하여 계약이행 및 납품이 완료된 이후에 고객의 피드백을 통한 제품 및 서비스 개선 활동이 필요하다.

5. 공공시장 마케팅을 위한 사회적경제 적용 시사점

사회적경제가 공공시장에 참가하기 위해서는 공공시장의 욕구를 파악하고, 이를 충족시키기 위한 다양한 절차를 인지하여야 한다. 이러한 사전 분석을 통하여 명확한 목표시장을 결정하고, 진입에 필요한 자격요건을 갖추는 등의 전략을 수립하여야 한다. 따라서 사회적경제가 공공시장에 진입하기 위해 고려해야 할 사항을 정리하면 다음과 같다.

첫째, 자격요건에 필요한 서류를 사전에 준비해야 한다. 공공조달의 입찰 기간은 조달금액에 따라 차이는 있지만 7일에서 40일까지 존재한다. 그러나 사회적경제가 진입하는 공공시장의 입찰 공고는 10억 미만으로 7일에 해당한다. 따라서 사전에 직전년도 입찰 공고 자료를 통하여 입찰자격을 확인하고 준비해야 한다. 특히 공공조달시장에서 사회적경제는 취약계층 30% 이상의 고용확인서를 발급받아야 수의계약이 1억 원까지 가능하다. 이러한 고용확인서는 사회적기업진흥원, 중앙자활센터, 시도 및 지방자치단체에서 발급할 수 있다. 그리고 고용확인서의 유효기간은 6개월임에 따라서 유효기간이 지나지 않도록 해야 한다.

둘째, 온라인 쇼핑몰에 상품등록을 통한 홍보 및 판매 전략을 수립해야 한다. 온라인 몰은 나라 장터 종합쇼핑몰, 벤처 나라, 혁신장터 등이 있다. 일반적으로 나라 장터는 진입장벽이 높다. 그러나 벤처 나라 등은 7년 이하 초기기업이 진입하기에 쉽다. 또한 사회적경제에서 생산되는 제품이 새로운 아이디어나 실험적 상품이라면 혁신 장터를 통해 홍보와 판매를 할 수 있다. 이렇게 온라인 쇼핑몰에 상품이 등록되어 있다면, 입찰 설명회나 공공기관 영업 시 제품을 손쉽게 홍보하고 판매할 수 있다.

셋째, 사회적경제는 수의계약과 소규모 사업(2억 미만)에서 기회를 모색하는 것이 좋다. 사회적경제의 공공시장 진출이 소규모 사업에 한정하여 진출하라는 것은 아니다. 다만, 1억 원 이하의 소규모 계약은 사업 리스크가 매우 적고, 수요자인 공공기관에서도 특정 기업이 아닌 공급자를 안배하려는 의도가 크다. 그리고 일반적으로 2억 미만의 공공사업의 경우에는 수행실적에 대한 요구가 적어 처음에 공공시장에 진출하는 사회적경제 기업에 유리하다. 또한 공공기관의 우선구매 실적에 포함되는 종합사회복지관, 평생학습관, 여성교육훈련기관 등의 소규모 단위계약 방식에도 관심을 가져야 한다.

넷째, 가산점 제도를 활용해야 한다. 사회적경제의 가산점 제도는 입찰 전략에 필수적이다. 또한 사회적경제의 영역에 기본적인 가산점을 주고, 이에 더하여 추가적인 가산점을 받는 방법도 있다.

다섯째, 시장조사는 필수다. 공공시장의 시장조사는 쉽게 실천할 수 있다. 일반적으로 기업의 정보는 영업비밀에 해당하여 공개되지 않는다. 그러나 공공기관의 정보는 공개를 원칙으로 하고 있다. 따라서 공공기관과 지방자치단체의 홈페이지를 통하여 예산 내역, 사업 내역, 계약사항, 입찰 정보 등이 모두 공개되어 있다. 따라서 3개년 단위로 관심 공공시장의 예산서, 발주계획, 입찰 정보, 계약 내용 등을 수집하여 분석하는 것이 필요하다. 그리고 이러한 정보를 토대로 접근 가능한 시장인지를 결정해야 한다.

공공시장조달제도는 사회적경제 기업에 새로운 시장확대의 기회를 제공하고 있다. 사회적경제 기업은 이러한 공공시장에 접근하기 위한 마케팅적인 접근이 필요하다. 그러나 공공시장의 문은 쉽게 열리지 않을 수도 있다. 따라서 사회적경제 기업가는 관심 공공영역에 대한 시장 분석과 전략 수립을 통해 지속해서 도전하는 것이 무엇보다 필요하다.

▌사례연구 - 서대문구 청사 관리용역 사례

2012년 서대문구는 지방자치단체들이 사회적기업의 발굴과 육성이 한창인 시기에 사회적기업 발굴 육성을 고민하던 중 공공청사 관리 용역을 사회적기업으로 구매하는 방안을 구상하였다. 이를 위해 서대문구는 청소 사회적기업에게 공공청사 관리 용역을 '제한경쟁입찰 방식'으로 진행하였다. 초기에 최저가격입찰방식에 익숙한 계약부서를 제한경쟁입찰의 방식으로 전환하기 위한 구매 근거를 확보하고 설득하는 것이 매우 어려웠다.

[계약개요]
- 계약명 : 서대문구 청사 청소용역
- 계약금액 : 233백만 원
- 계약기간 : 2013. 3. 1.~2013. 12. 31.
- 계약방법 : 제한경쟁입찰, 협상에 의한 계약

제한경쟁입찰을 준비하기 위해 서대문구는 2010년 사회적기업팀 신설 후 '사회적기업 자생력 확보를 위한 시장판로 개척'을 위해 전 부서를 대상으로 민간위탁이 가능한 사무에 대한 수요파악을 하게 되었다. 그 결과 '서대문구청사 청소용역 사회적기업 위탁'을 결정하고 제한경쟁입찰로 진행하였다. 이를 위해 입찰 공고 후 입찰 참여자로부터 제안서를 제출 받아 평가위원회에서 평가한 후 우선협상자를 선정하고 협상을 통해 계약을 체결하였다.

입찰의 단계는 나라장터에 입찰공고를 하였다. 일반경쟁입찰에서는 최저가격으로 낙찰하거나 입찰의 규모에 따라 기술인력, 제안서 내용, 입찰가격 등을 종합평가하는 경우가 있다. 그러나 제한경쟁입찰은 입찰참가자가 제출한 제안서 평가를 통해 협상에 의한 계약에 의해 낙찰이 이루어졌다.

이를 통하여 서대문구의 청소 용역을 맡은 '함께일하는세상'은 대다수를 정규직으로 고용하고, 4대보험 가입, 퇴직금 지급, 교육훈련 기회제공, 친환경 약품 사용 등으로 일반 청소업체보다 우월한 사회적 부가가치를 창출하였다.

출처 : 김성기 외(2015). 사회적 경제 기업을 위한 공공시장 마케팅 중에서.

chapter 12 소셜미디어 마케팅

오늘날 인터넷 및 SNS 등 온라인을 활용한 구매는 일상이 되었다. 그리고 스마트폰, 태블릿 등 디지털 기술의 급성장은 소셜미디어 마케팅의 극적인 성장을 가져오고 있다. 세계를 거미줄처럼 연결하는 온라인 소셜 네트워크는 세계 곳곳에 수억 명의 삶에 매일 매일 영향을 주고 있다. 페이스북 인구 11억, 트위터 3억이 넘는 가입자들과 각종 소셜미디어를 통한 소셜마케팅, SNS 마케팅은 최근에 많이 들리는 단어들이다. 소셜미디어를 이용하는 사람들의 수는 점차 늘어가고 있으며, 이러한 추세에 맞춰 기업들은 소셜미디어 마케팅에 큰 관심을 두고 다양한 마케팅 전략을 실행하고 있다.

소셜미디어 마케팅은 기존의 TV, 신문 등의 광고 매체와 다르게 적은 비용으로 더 많은 사람에게 영향을 미칠 수 있으므로 기업들에는 필수적인 마케팅 수단이 되고 있다. 그리고 이러한 현상은 시장에서 소비형태와 구매형태를 혁신적으로 변화시키고 있다. 이러한 변화에서 기업이나 조직들은 소셜미디어를 통해 소비자들의 행동을 이해하고, 적절한 커뮤니케이션을 위한 전략적인 활동이 필요하게 되었다.

특히 소셜미디어는 적은 비용으로 큰 효과를 누릴 수 있는 장점으로 인해 사회적경제와 같은 작은 기업이나 조직도 손쉽게 접근할 수 있는 마케팅 전략이다. 따라서 이 장에서는 소셜미디어 마케팅에 대한 기본 개념과 특징, 소셜미디어 마케팅 전략에 대하여 살펴보고, 사회적경제 영역에 소셜미디어 활용 방안에 대한 적용점과 시사점을 찾아보고자 한다.

1. 소셜미디어 마케팅의 개념

1) 소셜미디어 개념과 특징

소셜미디어(social media)에 대한 명확한 정의는 없으나, 특정한 관심이나 활동을 공유하는 사람들 사이의 관계망을 구축해 주는 온라인 서비스 플랫폼이라 할 수 있다. 정보통신 용어사전에는 소셜미디어의 개념은 "의견·생각·경험·관점 등을 공유하기 위해 사용하는 온라인 도구와 플랫폼, 소셜미디어를 통해 공유되는 콘텐츠는 텍스트·이미지·오디오·비디오 등의 다양한 형태를 가지며 블로그, 소셜 네트워크, 인스턴트 메시지 보드, 팟 캐스트, 위키, 사용자 제작 콘텐츠(UCC) 등이 대표적이다"라고 정의하고 있다. 즉, 온라인 도구나 플랫폼을 활용하여 개인의 생각과 의견, 경험, 관점 등을 공유하는 것을 의미한다.

소셜미디어의 기본적인 기능은 대표적으로 세 가지 정도로 요약할 수 있다(Boyd & Ellison, 2007).

첫째, 소셜미디어를 통한 개인의 프로필 및 콘텐츠 생성이다. 개인의 신상정보, 취미, 관심사와 같은 자신의 아이덴티티를 표현하거나 사진이나 동영상 등 시스템 안에서 콘텐츠를 사용자가 스스로 생산하고 관리하는 기능을 제공한다. 따라서 개인들은 이러한 콘텐츠를 통하여 자신을 표현하고, 같은 관심을 가진 사람들과 소통을 통해 정보를 공유하고 있다. 또한 소셜미디어는 개인뿐만 아니라 많은 기업이나 조직들도 비즈니스 계정을 통해 개인과 같이 프로필과 콘텐츠를 생성하여 잠재고객과의 커뮤니케이션을 활성화하고 있다.

둘째, 소셜미디어를 통한 개인 간의 관계 맺기의 기능이 있다. 다른 사람들과 특정 관계를 맺어 네트워크를 만들 수 있는 기능을 말한다. 개인들은 소셜미디어의 기능을 활용하여 일촌 친구 맺기, 그룹 초대하기 등 개인 간의 관계를 맺어 지인들의 목록을 만들어 축적할 수 있다. 기업이나 조직들은 이러한 기능을 활용하여 비즈니스 페이지에 다양한 정보를 제공하고 잠재고객과의 지속적인 관계를 맺고 있다.

셋째, 소셜미디어를 통한 커뮤니케이션 기능이다. 소셜미디어상에 구축된 네트워크를 통해 다른 사용자와 텍스트나 이미지 등 정보 교류뿐만 아니라 공유와 커뮤니케이션 기능을 제공한다. 즉, 개인들이 생성한 콘텐츠를 공유하고, 이메일, 쪽지, 채팅 등을 통하여 상호 간에 커뮤니케이션할 수 있는 기능을 제공한다.

정리하면 소셜미디어의 기능은 사람들이 공개적으로 자신의 관심사를 공유할 수 있으며, 소셜 네트워크상에서 지속적인 관계를 통해 인맥을 맺을 수 있다. 그리고 이러한 활동은 온라인상에서 특정 네트워크를 구축하여 그룹을 형성하기도 한다.

따라서 소셜미디어는 기업이나 조직들이 소비자지향적 마케팅을 시행하면서 고객과의 커뮤니케이션을 위한 중요한 수단으로 활용하고 있다. 특히 소셜미디어를 통해 고객과 어떻게 관계를 맺을 수 있을지에 대한 전략과 방법들을 고민하고 있다. 따라서 사회적경제의 영역에서 본질적인 사회적 가치 실현을 위하여 소셜미디어를 통한 고객과의 관계 구축을 통해 제품 및 서비스의 적극적인 홍보뿐만 아니라 옹호 고객을 확보함으로써 지속적인 성장 동력을 마련할 수 있을 것이다.

2) 소셜미디어 유형 및 주요 서비스

소셜미디어를 분류하는 기준은 매우 다양하다. SNS는 소셜미디어의 한 형태로 개인 간의 정보 교환이나 관계 구축을 위해 사용되고 있으나, 용도에 따라 다양하게 분류된다.

소셜미디어 성격에 따라 SNS를 표현형, 관계형, 공유형, 하이브리드형으로 구분하였다(안대천 외, 2012). 구체적으로 표현형은 완전한 공유와 노출을 목적으로 하여 누구든 불특정 다수가 타인의 페이지에 게시된 모든 글을 열람하거나 검색할 수 있는 것을 말한다. 관계형은 이용자 자신을 중심으로 관계를 형성하고 친목을 유지하는 것으로 모든 글이나 정보에 단계적 정보 공개나 비공개의 대상을 설정할 수 있다. 그리고 공유형은 '유튜브'와 같이 콘텐츠를 중심으로 제공하여 이용자가 개인의 게시판이나 블로그에 연동하는 것을 의미한다. 마지막으로 하이브리드형은 콘텐츠의 생산과 다양한 채널을 통한 공유, 자기 표현의 특성을 갖고 있다.

최근에 소셜미디어는 기업이나 조직에서 고객과의 관계 강화 및 브랜드 이미지 제고를 위한 홍보의 수단으로 적극적으로 활용하고 있다. 이러한 관점에서 SNS의 유형을 용도에 따라 친목형, 비즈니스형, 취미 · 기호형, 위치 기반형으로 구분된다(김서영, 2012).

〈표 12-1〉 소셜미디어 유형 및 서비스

유 형	주요 기능	사 례
친목형	지인 간 일상, 관심사 공유를 통한 친목 도모	Facebook, Twitter, Myspace, Google+
비즈니스형	비즈니스 인맥 관리 및 사내 의사소통	Linkedin, Linknow, Yammer
취미 · 기호형	각종 취미, 기호 카테고리별 정보 공유	Pinterest
위치 기반형	위치 정보를 이용해 관심 장소에 대한 정보 공유	Foursquare, 아임IN

친목형은 가장 기본적인 형태로 사용자 간에 친목을 도모하고 자신들의 생각이나 의견을 공유하는 것이다. 대표적인 예로 Facebook, Twitter, Myspace, Google+ 등이 있다. Facebook과 Twitter는 비슷한 유형으로 사용자 간의 친목을 도모하고 자신들의 관심사나 정보를 공유한다는 공통점을 가지고 있다.

비즈니스형은 친목형을 넘어 비즈니스에 관련하여 인맥을 맺고 관계를 유지하는 용도로 쓰이고 있다. 대표적인 예로 Linkedin, Linknow, Yammer 등이 있다. 이 중에 가장 많이 사용되는 Linkedin은 외부 비즈니스 인맥을 관리하여 구인 · 구직 등 비즈니스 정보공유를 위한 용도로 사용된다. 최근에는 대표적인 친목형 소셜미디어인 Facebook이 비즈니스 계정에 대한 서비스를 제공하면서 비즈니스형의 용도로 활용되기도 한다.

취미 · 기호형은 이미지 중심의 사용자 인터페이스를 직관적인 서비스로 제공한다. 즉, 사용자는 자신의 취미와 기호에 따라서 카테고리를 구분하고 게시물을 조회, 공유할 수 있는 용도로 활용한다. 대표적으로 Pinterest가 있다.

마지막으로 위치 기반형은 스마트폰에 위치정보 기능을 활용하여 사용자가 특정 장소에 방문한 내용을 공유하는 서비스이다. 대표적으로 Foursquare가 있다. 이 서비스는 사용자가 현재 위치에 체크인함으로써 해당 장소에 방문한 내용과 유용한 정보나 사진 등을 남길 수 있는 서비스이다.

소셜미디어의 다양한 활용성과 함께 시장은 매년 크게 성장하고 있다. 시장조사 전문기관인 스태티스타(Statista)에 따르면, 전 세계 SNS 이용자는 2018년 기준 27억 7천만 명을 넘었고, 30억 명까지 이용자가 늘어날 전망이라고 하였다. 이러한 추세는 국내에서도 다르지 않다. 실제로 한 조사에 따르면 인터넷 사용자는 전체인구의 90% 수준에 달하고, 이 중 70%가 SNS를 사용하고 있는 것으로 나타났다.

글로벌 앱 분석기관 앱 에이프(APP APE)는 국내 안드로이드 스마트폰 사용자 20만 명의 표본을 조사하여 분석한 결과, 국내 SNS 앱 이용자 수는 1위가 밴드, 2위가 인스타그램, 3위가 페이스북 등으로 나타났다. 이는 전년 대비 에브리타임, 다음 카페, 인스타그램의 이용자 수는 증가하였으나, 페이스북이나 카카오 스토리 등은 전년 대비 사용자가 감소한 것으로 나타났다. 한편 10・20세대의 SNS 선호도는 스타일 쉐어, 에브리타임, 리워드 앱 등이 가장 높은 것으로 나타났다.

한편 사회적기업의 소셜미디어 활용 실태는 매우 낮은 수준을 보이고 있었다. 한 조사에서는 사회적기업 58곳을 방문하여 설문 조사 및 인터뷰를 통한 소셜미디어 사용 실태를 조사하였다(박 철, 2017). 그 결과 소셜미디어를 활용하는 사회적기업은 22.8% 수준에 그치고 있었다. 즉, 사회적기업의 77.2%가 소셜미디어를 활용하지 못하고 있었다. 그 이유는 활용방법을 모른다는 의견이 가장 높은 것으로 나타났다. 다만, 긍정적인 신호는 2012년 이후 창업한 사회적기업일수록 소셜미디어의 활용도가 높은 것으로 나타나고 있었다.

현재는 사회적경제 영역의 소셜미디어 활용이 매우 낮은 상황이나, 향후에 소셜미디어를 활용하여 마케팅을 시행하고자 하는 의향은 매우 높은 것으로 보인다. 따라서 사회적경제의 마케팅 활용을 위해 소셜미디어에 대한 전반적인 이해와 활용에 대한 욕구를 정확히 파악하고, 실질적인 교육지원을 통해 사회적경제의 활성화를 위한 환경조성이 필요할 것이다.

3) 소셜미디어 마케팅의 개념

소셜미디어 마케팅(social media marketing)은 소셜미디어 플랫폼과 웹 사이트를 활용하여 제품이나 서비스를 판매하는 것이다. 즉, 페이스북, 인스타그램, 밴드, 유튜브 등과 같은 소셜미디어를 활용하는 마케팅 전략을 말한다. 기업이나 조직에서는 개방화되고 서로 연결된 다양한 소셜미디어의 고객 접점을 기반으로 관심 사항 및 정보공유를 통해 고객의 욕구를 파악하고, 고객과 개방적인 대화로 지속적인 관계를 형성하는 일련의 커뮤니케이션 활동을 하고 있다.

소셜미디어를 통한 고객과의 관계 구축을 통해 기업과 조직은 다양한 커뮤니케이션 활동을 통하여 정보를 수집하기도 하고, 제품 및 서비스에 대한 정보를 제공하기도 한다. 따라서 이러한 소셜미디어 마케팅을 통해 얻을 수 있는 몇 가지 장점이 있다. 기업과 조직은 소셜미디어 마케팅을 통하여 상품과 서비스를 기획할 때 고객의 욕구를 파악하기 위한 시장조사와 함께 고객의 아이디어를 반영한 신제품을 기획할 수 있다. 또한 홍보 측면에서도 개인화된 플랫폼을 기반으로 고객들이 자발적으로 신규 상품을 홍보하는 채널로 활용할 수 있다. 그리고 고객과의 커뮤니케이션의 수단으로 신규고객을 대상으로 기업의 제품 및 서비스에 대한 정보를 제공하여 제품 및 서비스의 구매를 촉진할 수 있으며, 충성고객과의 커뮤니케이션을 통해 고객 관계를 강화할 수 있다.

그러나 소셜미디어 마케팅에는 어려움도 있다. 일반적으로 많은 기업이 소셜미디어 마케팅의 다양한 방법을 시도하고 있지만, 소셜미디어를 통한 효과가 쉽게 드러나지 않는다. 그리고 기업의 소셜 네트워크 운영자가 브랜드를 소비자의 삶과 대화의 한 부분으로 만들어 가기 위한 정당한 근거를 확보하기 어렵다. 소비자들은 소셜 네트워크상에서 자신들이 흥미를 느끼지 못하면 즉시 떠나거나 무시하기 때문이다. 또한 소셜미디어상의 입소문 효과는 매우 자발적으로 발생한다. 이러한 메시지가 긍정적인 입소문이 된다면 집단적인 소비행위를 촉진할 수 있을 것이다. 그러나 긍정적인 입소문보다 부정적인 입소문이 더욱 빠르게 확산하는 것을 고려하여, 이에 대한 체계적인 마케팅 기획과 실행이 필요하다.

따라서 기업 및 조직에서의 소셜미디어 마케팅은 조심스럽게 접근해야 한다. 소셜미디어상에 단순하게 게시물, 이미지, 동영상 등을 게시하여 브랜드 인지도를 높이려는 시도는 소비자들이 외면하기 쉽다. 즉, 소비자들이 원하는 콘텐츠를 제공하고, 이를 통해 잠재고객과의 관계를 강화하는 것이 필요하다. 또한 다양한 웹 사이트, 이메일, 블로그, 소셜미디어, 모바일 광고 등 다양한 디지털 마케팅 도구를 활용하는 소셜미디어 마케팅 전략을 통합적으로 설계하여 진행하는 것이 필요하다.

2. 소셜미디어 마케팅의 특징

소셜미디어 마케팅은 개방화되고 서로 연결된 다양한 소셜미디어를 활용하여 서로의 관심사 및 정보를 공유를 기반으로 고객의 욕구를 파악하고, 고객과 개방적인 대화로 지속적인 관계를 형성하는 커뮤니케이션의 활동이다. 이러한 소셜미디어 마케팅은 기존의 일반적인 마케팅의 개념과 차이점이 존재한다. 즉, 소셜미디어는 디지털 기술의 네트워크 기반으로 인해 자발성, 실시간성, 연결성의 특징을 가지고 있다.

첫째, 소셜미디어는 자발성의 특성을 갖는다. 고객들은 소셜미디어에 자발적으로 블로그 및 페이스북, 트위터 등을 활용해 기업의 제품이나 서비스에 관한 아이디어로 상품개선에 적극적으로 개입하게 된다. 소비자들은 소셜미디어를 통하여 특정 기업의 브랜드나 제품에 대하여 직접적이거나 간접적인 경험을 자발적으로 교환하는 과정을 수행한다. 이러한 자발적인 인적 네트워크를 통한 소비자의 체험 정보 전달 방식은 기존의 대중매체에 비하여 신뢰감이 높은 편이다. 따라서 기업으로서 고객의 자발적인 참여는 막대한 비용을 들이지 않고, 고객들의 숨겨진 욕구를 파악해 신규시장 진출이나 신상품 기획에 활용할 수 있는 장점이 있다. 또한 대중광고를 위해 막대한 광고를 지출하지 않아도 신뢰가 높은 정보를 소비자에게 전달할 수 있는 장점이 있다.

둘째, 소셜미디어는 실시간성을 갖는다. 소셜미디어에서 고객의 의견이나 정보는 실시간으로 불특정 다수에게 신속하게 전달되는 특징을 가지고 있다. 고객들은 제품 및 서비스 사용 경험을 공유하고, 추천하거나 비호감을 나타내기도 한다. 소셜미디어를 통하여 공유된 경험이나 이미지, 아이디어 등은 순식간에 국내뿐만 아니라 해외의 다수에게도 실시간으로 전달된다. 예를 들어, 최근에 유튜브 등의 동영상 스트리밍 서비스는 생방송을 통하여 즉각적으로 정보와 이미지를 전달하고 있다. 그러나 소셜미디어에서 고객들의 부정적인 반응은 긍정적인 반응보다 더욱더 파급력이 높게 나타난다. 따라서 소셜미디어에 고객들의 반응을 실시간으로 분석하고 적절하게 대응하는 것이 필요하다.

셋째, 소셜미디어는 연결성의 특성을 갖는다. 소셜미디어는 링크 및 다양한 소셜미디어의 연결을 통해 다른 시공간 및 사용자와 연결성을 가지고 있다. 소셜미디어는 사람과 사람을 연결하고, 오프라인과 온라인이 연결되고, 기계와 기계가 연결되고 있다. 구체적으로 밴드와 같은 소셜미디어는 50대 이상의 사용자인 사람과 사람을 연결하고 있다. 또한 오프라인과 온라인의 연결은 온라인상에 검색을 통해 제품 및 서비스를 간접 체험하고, 오프라인에서 직접 체험하는 것이다. 마지막으로 기계와 기계가 연결되는 것은 사물인터넷(IoT : Internet of Things)의 개념이다. 이는 무선통신을 통하여 각종 사물을 연결하는 기술을 말한다. 즉, 소셜미디어에서 다양한 정보는 많은 사물이 연결되어 방대한 데이터를 생산하고, 이러한 빅데이터를 활용한 고객의 욕구와 행동을 이해하여 마케팅 전략에 반영하고 있다.

그러나 많은 기업이 소셜미디어를 통하여 경쟁적으로 마케팅을 시행하면서 가짜 뉴스의 범람, 정치적 선동 메시지 등을 생산하기도 한다. 그리고 해커 등 범죄자들이 보안의 취약점을 이용하여 범죄를 일으키기도 한다. 그리고 수많은 사람이 연결된 소셜미디어는 새로운 집단 따돌림 현상이나 악성 댓글 등을 통하여 자살이나 정신적 스트레스 등의 사회문제를 이야기하기도 한다.

소셜미디어를 활용한 마케팅은 저비용 고효율의 마케팅 전략을 수행할 수 있는 장점이 있다. 그리고 사람들과 자유롭게 소통할 수 있는 관계성을 가지고 있다. 기업들은 소셜미디어를 통하여 고객들의 참여를 유도하여 제품이나 서비스 사용에 대한 직접적인 반응을 확인하고 대처할 수 있다. 또한 소셜미디어의 실시간성과 연결성은 기업이나 조직에 우호적인 지인들을 통하여 정보를 공유하고 자발적 홍보의 수단으로 활용할 수 있다.

따라서 사회적경제의 조직에서는 소셜미디어를 통하여 저렴한 비용으로 손쉽게 소비자들에게 제품의 차별성이나 조직이 추구하는 사회적 가치를 자연스럽게 노출하여 기업의 이미지 및 상표 가치를 높일 수 있는 새로운 마케팅 수단이 되었다. 그러나 소셜미디어 마케팅을 효과적으로 사용하기 위해 사회적경제는 자신의 목표 고객들이 자주 이용하는 소셜미디어를 조사하고 분석하여 고객들의 공감을 얻기 위한 다양한 콘텐츠를 개발함으로써 고객과의 관계를 강화할 필요가 있다. 즉, 사회적경제의 영역에서 전략적으로 소셜미디어에 접근하지 않는다면 고객들의 관심을 유도하기 어렵고, 소셜미디어를 통한 마케팅 목적을 달성하기 어려울 것이다.

3. 소셜미디어 마케팅 전략

1) **소셜미디어 마케팅 유형**

뉴미디어와 스마트폰 등의 정보통신 및 스마트 기기의 발전은 소셜미디어의 급속한 성장을 촉진시키고 있다. 특히 소셜미디어의 대표적인 SNS인 페이스북, 트위터, 인스타그램 등이 급격하게 증가하면서 기업과 조직들은 자신들의 제품과 서비스를 알리고, 고객과의 관계 강화를 위한 수단으로 매우 다양하게 활용하고 있다.

기본적으로 SNS는 사람과 사람 간의 관계 맺기를 지원하는 것에서 출발한다. 즉, 개인의 일상이나 관심사를 글이나 이미지로 소셜 네트워크에 다수에 공유하면서 관계를 맺는 기능이 있다. 그러나 SNS의 종류에 따라 지원하는 기능을 조금씩 달리하고 있어 기업이나 조직이 접근할 때는 이러한 유형을 고려해야 한다.

이러한 소셜미디어인 SNS 마케팅의 유형을 체계적으로 분류하며 카플란과 헨린(Kaplan & Haenlein, 2010)은 소셜미디어의 두 가지 핵심 요소를 미디어 리서치인 사회적 실재감(Social Presence)과 매체 풍부성(Media Richness), 사회과정인 자기 연출(Self-Presentation)과 자기 공개(Self-Disclosure)로 구분하여 설명하고 있다. <표 12-2>는 카플란과 헨린(Kaplan & Haenlein, 2010)의 분류 기준에 따른 소셜미디어 유형을 나타낸 것이다.

〈표 12-2〉 소셜미디어의 분류

구 분		사회적 실재감/ 매체 풍부성		
		낮음	중간	높음
자기연출/ 자기공개	낮음	협업 프로젝트	콘텐츠 커뮤니티(예 유튜브)	가상 게임(예 월드 오브 워크래프트)
	높음	블로그	소셜 네트워킹(예 페이스북)	가상 사회(예 세컨드 라이프)

출처 : Kaplan & Haenlein(2010) 재구성.

이 분류 기준에서 사회적 실재감은 비대인적인 성격에 초점을 맞추고 있으며, 대체로 커뮤니케이션 당사자들이 주관적으로 경험하는 것으로 상대방을 '따뜻하고, 인간적이며, 예민하고, 사교적인' 대상으로 느끼는 것을 말한다. 그리고 매체 풍부성은 커뮤니케이션의 효율성 측면에서 다양한 종류의 단서를 전달할 수 있는 채널의 용량, 즉각적인 피드백, 개인화된 메시지 작성 가능성, 비공식적 언어의 허용 여부 등에 의해 결정되는 것을 의미한다. 따라서 단순한 사실이나 정보의 경우에는 매체 풍부성이 낮은 매체를 이용하는 것이 효율적인 커뮤니케이션 수단이 된다(이은주, 2011).

자기 연출과 자기 공개는 소셜미디어의 기능적 수단으로 개인이 자신의 정보나 이미지를 공유하기 위한 대상을 지정하는 것을 의미한다. 예를 들어, SNS 상에 게시된 정보에 대하여 전체를 대상으로 공개할 수 있으나, 친구나 회원을 중심으로만 한정적으로 정보를 공유할 수도 있기 때문이다. 따라서 이러한 공개의 범위에 따라 소셜미디어의 유형이 분류된다고 할 수 있다.

소셜미디어의 대표적인 특징은 실시간성으로 정보제공자와 소비자를 연결한다는 것이다. 이러한 특성으로 인해 기업들은 SNS를 통하여 소비자들에게 기본적인 정보를 제공하고 친밀한 관계를 지속하기 위해 노력한다.

조준희 등(2012)은 대표적인 마케팅 활용기업의 SNS 마케팅 유형을 관계지향과 판매지향으로 구분하여 설명하고 있다. <표 12 - 3>은 SNS 마케팅 유형의 분류기준을 보여준다.

〈표 12-3〉 SNS 마케팅 유형 분류

구분	관계지향(Relationship Orientation)	판매지향(Sales Orientation)
고	SNS를 통한 고객과 쌍방향의 소통을 지속해서 원활하게 유지	SNS를 통해 직접적인 매출성과 달성
	EWAK, Huffingtonpost	KOGI BBQ
중	SNS를 통해 지속적인 정보전달을 통해 관계유지	SNS를 이용하여 판매와 관련 있는 이벤트 및 홍보 시행
	DELL	도토리속 참나무
저	SNS를 통한 일방적 정보전달	SNS를 통해 매출 성과와는 무관한 정보전달
	세포라 화장품	CDCP(Conters for Disease Control and Prevention)

출처 : 조준희 외(2012).

먼저 판매지향은 기업이나 조직이 기본적으로 제품을 판매하여 성과를 올리는 것을 목표로 한다. 즉, 기업이나 조직들은 판매지향의 관점에서 고객 만족의 목적이 기업이나 조직의 이윤을 증진하는 데 있다. 기업이나 조직들은 SNS가 발달하기 전에는 대중매체를 통하여 제품 및 서비스를 홍보하였다. 하지만 현재는 정보통신 기기의 발전에 따라 대중매체가 아닌 SNS를 통하여 기업의 성과를 추구하고 있다. 결과적으로 판매지향은 기업이나 조직들이 SNS를 통하여 기업의 이익이 되는 성과를 추구하는 형태를 말한다.

다음으로 관계지향은 소비자들과의 소통에 관심을 두고 있다. 이러한 유형은 소셜미디어의 친근감과 신뢰성 등을 이용하여 사용자 간에 인간적인 소통을 추구한다. 따라서 관계지향은 소셜미디어에서 소비자와의 관계가 단순한 판매 거래로 끝나지 않고, 장기적으로 관계를 유지하여 효율성을 창출하기 위한 유형이다. 그래서 기업이나 조직들은 소셜미디어에서 다수의 소비자와 단순한 거래가 아닌 정보를 교환하고 지속적인 관계를 유지하는 것을 추구한다.

소셜미디어 마케팅은 소규모 조직이나 자금력이 부족한 사회적경제의 조직들에 매우 필요하다. 소셜미디어의 실시간성과 저비용성, 확장성 등의 특성을 잘 활용한다면 빠르게 시장의 소비자와의 접점을 만들어 갈 수 있을 것이다. 특히 관계지향의 관점에서 SNS 특징을 활용하여 소비자들과의 지속적인 관계를 유지하면서 매출을 증대하기 위한 노력이 필요하다. 그러나 판매지향적 전략이 무조건 잘못된 것은 아니다. 따라서 사회적경제 조직의 상품이나 서비스 형태에 따라 판매지향과 관계지향을 적절하게 유지하는 것이 필요하다.

2) 소셜미디어 마케팅 전략

소셜미디어의 발달은 기업이나 조직의 마케팅 담당자들이 다양한 채널을 통하여 소비자들과 커뮤니케이션할 수 있는 많은 기회를 제공하고 있다. 그런데 이런 소셜미디어의 다양한 발전에 마케팅 담당자들이 혼란스러워하는 경우가 많다. 또한 소비자들이 다양한 매체에서 소음처럼 쏟아져 나오는 메시지를 얼마나 진정성 있게 받아들이고 있는지도 매우 의심스러운 일이다. 따라서 기업이나 조직의 소셜미디어 마케팅 전략은 소셜미디어를 활용하여 기존의 대중매체로 불가능했던 고객과 쌍방향으로 소통을 원활하게 하기 위한 것에 초점을 맞추고 있다.

소셜미디어의 발달은 소비자의 구매과정을 혁신적으로 단축하게 했다. 예전에 제품이나 서비스를 구매하기 위해 신문이나 TV 광고를 통해 인지하고, 구매가능한 매장을 검색하고, 방문하여 구매하는 과정에 많은 시간이 소요되었다. 그러나 최근에 소비자들의 구매 결정은 단 몇 시간, 몇 분 만에 이루어진다. 소비자들은 자신들이 원하는 상품이나 서비스를 몇 번의 클릭으로 모든 정보를 확인할 수 있게 되었다. 이렇게 구매과정이 빨라지면서 기업과 조직들의 마케팅 담당자들은 적시에 소비자들의 욕구를 만족시키기 위해 다양한 소셜미디어 전략을 구사하고 있다.

소셜미디어 마케팅을 통하여 매출을 극대화하기 위해 소셜미디어를 적극적으로 사용하는 소비자들과 사용하지 않는 소비자들을 위한 통합적인 접근 방안을 수립하는 것이 필요하다. 기업이나 조직에서 소셜미디어를 활용한 매출 효과 극대화 전략은 다음과 같다(Robert Wollan et al., 2011).

(1) 전략 1. 소셜미디어 사용자에게 접근하기

소셜미디어 사용자에게 접근하기 전략은 소셜미디어를 활용하여 소비자 개인에게 접근하기 위한 새로운 채널로 활용하는 것이다. 이를 위한 방법으로 사용자 리뷰, 소셜미디어를 통한 입소문 내기, 마감 임박 작전 · 자발적 판매의 전략이 있다.

첫째, 사용자 리뷰는 소비자들이 상품이나 서비스를 구매하기 전에 미리 참고하는 중요한 정보이다. 일반적으로 소비자들은 평범한 사용자의 말에 더욱 신뢰하는 경향을 보인다. 실제로 한 조사에 따르면, 인터넷 사용자의 4분의 1 가량이 서비스를 구매하기 전에 온라인상의 리뷰를 먼저 확인한다는 조사결과가 있다. 그리고 대부분 구매자가 구매를 권유하는 리뷰를 보고 구매하고 있다는 반응이 많다. 따라서 기업이나 조직은 소셜미디어를 통하여 제품 및 서비스에 소비자의 리뷰를 제공함으로써 사용자의 접근을 자연스럽게 유도하고 있다.

둘째, 소셜미디어를 통한 입소문 전략은 적절한 시기에 잘 활용하면 제품에 관한 관심을 쉽게 불러일으키게 만든다. 즉, 소비자의 욕구를 충족시킬 만한 매력적이고 흥미로운 것을 포함하여 소비자들이 자발적으로 다른 소비자에게 홍보하는 역할을 하게 할 수 있다. 예로 세계적인 과자 회사 캐드베리의 스트라이드 껌 광고는 세계 곳곳의 다양한 춤 영상을 제작하여 인터넷을 통하여 영상물을 본 수백만 명의 소비자들에게 기억될 만한 방식으로 자신들의 로고를 각인시킬 수 있었다.

셋째, 마감 임박 작전 · 자발적 판매는 소셜미디어의 주요한 장점 중 하나인 즉시성에 초점을 둔 전략이다. 즉, 매진되기 전에 사야겠다는 긴박감을 이용하는 것이다. 예로 하루에 한가지 물건만 판매하는 우트는 좋은 물건을 싼 값에 파는 데만 중점을 두고 있는 온라인 스토어를 표방한다. 매진이 예상되면 '마감 임박'을 알리며 반짝거리는 '구매하기' 버튼을 노출해서 구매를 유도한다. 또한 홈쇼핑에서 마감 시간을 표시하여 구매를 유도하는 것을 쉽게 볼 수 있다.

(2) 전략 2. 북새통 만들기

소셜미디어 마케팅에서 북새통 만들기는 소비자들의 사적인 네트워크를 동원하여 홍보하는 전략이다. 이를 위한 구체적인 방법으로 일대일 입소문 홍보, 공동 구매 주도자 물색, 소비자 스스로 커뮤니티를 조직하게 하기 등의 전략을 사용할 수 있다.

첫째, 일대일 입소문 홍보전략은 사적인 네트워크의 연쇄 반응을 이용하는 것이다. 예로 유나이티드 에어라인이 트위터에서 티켓 선물하기 콘테스트를 하였다. 소비자들은 참가 자격을 얻기 위해 자신의 팔로워에게 리트윗을 해야 했다. 따라서 자신의 팔로워들에게 리트윗을 통하여 연쇄적인 홍보 효과를 얻을 수 있었다.

둘째, 공동구매 주도자 물색의 전략은 구매자들을 공동으로 묶어서 소비자들이 저렴한 가격으로 물건을 구매하도록 하는 것이다. 이를 통하여 판매자의 수익이 증대되고 고객의 충성심이 높아진다. 상설 공동구매 사이트에서 그런 예를 볼 수 있다. 쿠팡과 같은 공동구매 사이트에서는 공동구매가 늘어날수록 할인 혜택이 커지도록 설계한다. 또한 깜짝 세일이나 입소문 홍보전략을 사용하여 소셜미디어를 통해 제품이나 서비스에 입소문을 내도록 유도하고 있다.

셋째, 소비자가 스스로 커뮤니티를 조직하게 하는 전략은 기업이나 조직에서 소비자들에게 소셜미디어를 활용해 자신 친구, 동료 등으로 이뤄진 네트워크 운영자가 되었을 때 이점을 제공한다. 그리고 이를 활용하여 판매 실적을 올린다. 예로 던킨도너츠의 '던킨 런' 캠페인은 소비자들이 자발적으로 커뮤니티를 조직하여 커피와 도넛을 판매하는 것이다. 이는 러너가 '던킨 런'에 함께 할 친구 이메일 주소나 휴대폰 번호를 제출한다. 다음으로 '러너'가 던킨 메뉴에서 주문하면 던킨도너츠는 참여하는 친구들에게 연락해 주문하도록 한다. 그리고 모든 고객의 주문이 완료되면 '러너'가 매장에 와서 주문한 상품을 가져갈 수 있도록 준비한다.

(3) 전략 3. 여론 주도층 마음 사로잡기

소셜미디어 마케팅 전략에 여론 주도층의 마음을 사로잡는 전략은 매우 중요하다. 여론 주도층을 공략하는 전략으로 여론 주도층을 활용한 개발과 판매, 프로슈머와 협력을 통한 개발, 제품의 지지자 그룹 만들기 등이 있다.

첫째, 여론 주도층을 활용한 개발과 판매 전략은 여론 주도층을 확보하여 판매 전략을 극대화하는 것이다. 여론 주도층은 커뮤니티 내에서 영향력이 매우 높은 소비자들이다. 많은 사람은 커뮤니티 내 여론 주도층의 의견을 좇는 경향이 높다. 따라서 기업이나 조직에서 여론 주도층의 마음을 움직일 수 있다면 소셜미디어 마케팅에서 성공할 확률이 높아진다. 컬럼비아 대학의 연구 결과에 따르면 인터넷 사용자의 90%가 오피니언 리더의 말에 영향을 받는다고 한다. 즉, 첫 번째 단계에서 미디어는 10%의 여론 주도층에게 영향을 미친다. 두 번째 단계에서는 다시 이 10%의 여론 주도층이 90%의 일반 대중에게 영향을 미친다는 것이다. 따라서 오피니언 리더의 긍정적인 의견은 매출 상승에 크게 영향을 미친다.

둘째, 프로슈머와 협력을 통한 개발 전략이다. 기업이나 조직은 자신의 상품과 서비스에 특별한 관심을 지닌 소비자인 프로슈머를 찾아야 한다. 그리고 이들의 특별한 관심은 다음에 출시될 제품과 차별점을 찾는 것에도 매우 유용하게 활용된다. 예를 들어, 최근에는 유튜버들이 방송을 통하여 제품에 대한 체험 후기를 전하고 있다. 이를 통하여 다양한 소비자들이 제품과 서비스에 대한 의견들을 제시하고 있다.

셋째, 제품의 지지자 그룹 만들기 전략이다. 여론 주도층이 팔로워에게 입소문을 내고, 프로슈머가 회사의 대리 역할을 하지만, 지지자는 바로 제품과 서비스의 직접적인 지지층을 말한다. 2008년 버락 오바마(Barack Obama)의 대선 캠페인이 유명하다. 오바마는 선거운동에서 그의 메시지를 퍼뜨릴 지지자들을 조직했다. 그리고 이들 지지자는 소셜미디어를 잘 활용하였다. 많은 전문가는 오바마가 소셜미디어의 수백만의 친구와 팔로워를 통해 지지자를 결집 동원하여 대선에 승리하게 되었다고 말하고 있다.

지금까지 소셜미디어 마케팅의 전략으로 소셜미디어를 통해 사용자를 접근하도록 하고, 소비자의 사적인 네트워크를 활용하여 북새통을 만들고, 대중을 움직일 수 있도록 여론 주도층의 마음을 사로잡는 전략이 필요함을 살펴보았다. 하지만 소셜미디어 마케팅이 성공하기 위해서는 조직이나 기업의 모든 구성원의 적극적인 참여와 기업이나 조직의 규모나 특성에 맞은 적절한 소셜미디어와 방법을 선정하는 것이 필요하다. 그리고 소셜미디어를 통하여 전달되는 메시지는 진정성과 신뢰성을 갖도록 노력하는 것이 필요하다.

3) 사회적경제 소셜미디어 활용방안

사회적경제 조직은 2007년 인증을 시작으로 양적으로 크게 성장하였으나, 아직 경제주체의 한 분야로서 자체적으로 생존하기 위한 생태계를 조성하지 못하고 있는 것이 현실이다. 따라서 사회적경제 조직이 자체적인 생존력을 구축하기 위해서는 지속해서 고객에게 가치를 창출해야 한다. 특히 사회적경제의 자금력과 노동력의 부족은 조직의 발전을 저해하는 많은 요소들 중에서 대표적인 문제이다. 이로 인하여 사회적경제 조직들은 소비자들에게 자기 조직의 차별점을 충분하게 홍보하지 못하는 어려움에 있다.

이러한 상황에서 소셜미디어는 누구나 접근할 수 있고, 저비용으로 손쉽게 활용할 수 있다는 장점이 있다. 그래서 소규모 사회적경제의 영역에서는 SNS를 포함한 소셜미디어에 대한 활용을 적극적으로 고려해야 한다. 이를 통하여 사회적경제의 조직들은 소비자와 지속적인 관계를 형성하고, 자기 조직의 사회적 가치 창출의 진정성을 호소함으로써 매출 증대를 통해 지속 가능성을 유지할 수 있을 것이다.

사회적경제 조직이 소셜미디어를 활용한다고 모두 성공을 보장하는 것은 아니지만, 소셜미디어는 최소의 비용으로 효과적으로 소비자들과 커뮤니케이션을 할 수 있는 매우 유용한 마케팅 도구임은 분명하다. 다만, 사회적경제 조직들이 소셜미디어 마케팅을 적용할 때 몇 가지 고려해야 할 사항이 있다.

(1) 적절한 채널을 선택하라

소셜미디어의 영역은 매우 다양하다. 사회적경제 조직이 소셜미디어 마케팅에 성공하기 위해서는 고객이 있는 곳에 가서 그들이 가장 많이 사용하는 소셜미디어 플랫폼을 이용하는 것이 좋다. 이를 통하여 사회적경제 조직은 한정적인 자원을 집중적으로 투자할 수 있기 때문이다.

소셜미디어 마케팅을 위한 적합한 채널을 결정하기 위해서 달성하고자 하는 목표, 대상 고객, 콘텐츠의 성격, 소통 방법 등을 고려해야 한다. 목표 설정은 판매 증대, 고객 소통, 브랜드 인지도 제고 등의 목적에 부합하는 채널을 찾아야 한다. 그리고 사회적경제 조직에서 목표 고객으로 정의하는 소비자들이 어디에 있는지 고려해야 한다. 또한 소셜미디어를 통하여 동영상, 이미지, 텍스트 등 공유할 콘텐츠의 유형을 고려하는 것이 필요하다. 마지막으로 소셜미디어에 따른 다양한 소통방식을 고려해야 한다. 일반적으로 페이스북(Facebook)은 사람들이 서로 소통하고 관심 있는 브랜드와 소통하는 데 도움이 된다. 소셜미디어에서 가장 폭넓은 사용자의 층을 가지고 있으며, 무료로 비즈니스 도구를 활용할 수 있는 장점이 있다. 그리고 소통 방법의 형태는 게시물이나 이미지, 스토리가 가능하고, 그룹을 형성하고 커뮤니티를 구축할 수 있는 장점이 있다. 다음으로 인스타그램(Instagram)은 사람들이 브랜드와 비즈니스 등 관심 있는 분야를 발견하고 영감을 얻을 수 있는 커뮤니티이다. 특히 인스타그램은 도구를 활용하여 사진 및 동영상을 편집하고, 실시간으로 공유하여 쌍방향 통신이 가능한 스토리를 전개할 수 있는 장점이 있다.

한편 2019년 정보통신정책연구원의 자료에 따르면, 10~30대 인스타그램 이용률이 10%대로 높게 나타나고, 그 증가폭이 커서 인스타그램 이용 확산을 주도하는 것으로 나타났다. 그리고 연령대가 높을수록 카카오스토리와 네이버 밴드의 이용률이 상대적으로 높고, 연령대가 낮을수록 페이스북의 이용이 높은 경향이 지속해서 나타나는 것으로 나타났다.

또한 소셜미디어 사용에 성별에 따른 이용률에도 차이가 있었다. 남성들은 여성들보다 페이스북 이용률이 높게 나타났고, 여성들은 상대적으로 카카오스토리의 이용률이 높은 것으로 나타났다(김윤화, 2019). 하지만 소셜미디어별로 사용률은 시대에 따라서 지속해서 변화하고 있어 그 추세를 면밀하게 관찰하는 것이 필요하다.

결과적으로 사회적경제조직은 자신의 주 소비자층인 목표 고객이 어느 소셜미디어에서 시간을 보내는지를 고려하여 적합한 채널을 선택하는 것이 필요하다.

(2) 내부 직원들의 적극적 활용을 유도하라

사회적경제 조직들은 기본적으로 SNS 등의 소셜미디어를 이해하고 마케팅의 수단으로 활용해야 한다. 이를 위해서는 교육과 훈련을 통하여 직원들의 역량을 개발하고, 이를 통하여 내부 직원들이 업무에 적극적으로 활용하도록 장려해야 한다. 최근에 많은 기업은 소셜미디어 활용을 위해 전문인력을 양성하고, 전문조직을 만들어 적절하게 대응하고 있다.

소셜미디어 마케팅은 장기적인 관점에서 접근해야 한다. 따라서 통합적인 소셜미디어 마케팅 전략이 필요하다. 즉, 마케팅 부서뿐만 아니라 영업 부서, 인사 부서, 정책 부서 등 다양한 부서로 확장되어야 한다. 이를 통하여 부서 간 업무가 조정되고 통합되어 일관된 메시지를 통해 소비자와 소통하는 것이 필요하다. 예를 들어, 한국지엠의 전사적 고객의 소리 전담반 운영이나 국민건강보험의 소셜미디어 통합센터 운영 등이 대표적이다.

결과적으로 사회적경제 조직의 경영자뿐만 아니라 모든 내부 직원들의 소셜미디어 활용을 위해서는 SNS 등의 기본적인 지식과 활용방법을 교육하고, 이를 활용한 다양한 사내 이벤트를 실시하여 사용을 장려해야 한다. 또한 실제 우수한 소셜미디어 마케팅의 사례를 발굴하여 조직 전반에 조직문화를 개선하려는 노력도 병행해야 한다.

(3) 인플루언서(Influencer)를 활용하라

최근 광고업계에서는 인플루언서(influencer)를 활용한 소셜미디어 마케팅에 주목하고 있다. 인플루언서(influencer)는 영향력 있는 사람을 뜻하는 것으로 유튜브, 인스타그램, 페이스북 등 소셜미디어에서 많은 구독자와 팬을 확보하여 영향력과 파급력이 높은 사람을 말한다. 예전에 파워블로거가 소셜미디어 마케팅의 중심이었다면 지금은 인플루언서가 소셜미디어의 중심으로 자리하고 있다. 이러한 인플루언서는 중장년층에게는 생소하지만 젊은 연령대에는 매우 친숙한 유명인사이다.

특히 사회적경제 조직은 고가의 유명인사가 아닌 특정 분야에 전문성을 가지고 있는 인플루언서를 활용하여 소비자들이 거부감 없이 정보 콘텐츠를 받아들일 수 있게 하는 것이 필요하다. 예를 들어, 뷰티 분야의 전문 인플루언서에게 식품에 대해 홍보를 하게 한다면 부작용이 생길 수도 있다. 인플루언서의 활용은 적은 비용으로 기대 이상의 성과를 낼 수 있는 장점이 있다. 구독수가 적은 인플루언서는 원고료가 없기도 하다. 즉, 샘플만 제공하는 것으로 인스타그램이나 유튜브에 관련 내용을 포스팅하여 홍보할 수 있는 것이다. 이 밖에도 구독자의 수에 따라 다양한 인플루언서를 활용할 수 있으므로 사회적경제와 같은 작은 조직이 가진 자원을 고려하여 선택할 수 있는 장점이 있다.

기업과 인플루언서를 연결해주는 스타트업 회사인 '애드히어로'가 있다. 이곳은 유명인을 포함한 2만여 명의 인플루언서를 기업과 연결하는 사업을 시행한다. 이를 통하여 기업의 특성에 맞는 인플루언서를 추천하여 소셜미디어 마케팅을 지원하고 있다.

(4) 지속적인 소셜 네트워크 커뮤니케이션을 하라

소셜미디어의 등장으로 기업이나 조직들은 지역사회와 이해관계자들의 기대를 이해하고, 그들과 쌍방향 의사소통이 가능하게 되었다. 이해관계자 및 잠재적인 소비자들은 소셜미디어를 통하여 자신들의 의견을 기업이나 조직에 적극적으로 전달하고, 변화를 요구하고 있다. 따라서 기업이나 조직에서 고객들과 효과적인 커뮤니케이션 활동을 전개하는 것은 필수적인 활동이다.

이처럼 소셜미디어를 활용한 대화 참여 활동을 소셜 인게이지먼트(social engagement)라고 한다. 소셜 인게이지먼트(social engagement)는 소셜미디어의 전략적 활용에 기반한 실용적이고 진보적인 커뮤니케이션 모델이다. 즉, 기업이나 조직들은 지속적인 커뮤니케이션 활동을 통하여 고객과 신뢰를 구축하고, 비즈니스의 지속성장을 유지해 나가고 있다.

사회적경제 조직은 소셜미디어의 도구를 활용하여 자신들의 목표 고객들과 지속적인 커뮤니케이션을 유지해야 한다. 즉, 소셜미디어를 통한 고객 의견을 실시간으로 경청하고 적극적으로 대응해야 한다. 그리고 적극적으로 고객을 소셜미디어의 대화에 참여시켜야 한다. 이를 위해서 기업 혹은 브랜드에 우호적인 관계를 구축하고 대화를 지속함으로써 고객들이 사회적경제의 전도사로 대접받고 있다는 느낌이 들도록 해야 한다. 예를 들어, 일본 전자통신 회사인 NEC는 자사의 환경보호 노력을 알리고 고객들의 참여를 위한 웹 사이트를 운영하고 있다. 이를 통하여 '생명의 나무'의 가상 나무에 사람들이 입력한 메시지들이 늘어나면 호주의 캥거루 아일랜드에 실제로 나무를 심는 캠페인을 전개하였다.

사회적경제에서 지속적인 소셜미디어의 커뮤니케이션을 하기 위해서는 고객들을 이해하고, 그들이 원하는 콘텐츠를 제공하도록 해야 한다. 그리고 지속해서 관심을 가질 수 있도록 고객의 참여 기회를 확대하고, 고객의 요구에 즉각적으로 대응하는 것이 필요할 것이다.

(5) 스토리텔링을 활용하라

사회적경제 조직은 소셜미디어에서 사회적 문제에 대한 스토리텔링을 통하여 고객과의 관계를 강화할 수 있는 장점이 있다. 스토리텔링은 소비자들에게 사회적경제가 추구하는 가치나 개성을 여러 상징물과 시각적인 요소를 통하여 나타내는 것을 말한다. 이러한 스토리텔링은 고객들의 마음에 쉽게 자리잡는 장점이 있어 사회적경제의 브랜딩 전략으로도 사용된다. 특히 스토리텔링으로 가장 많이 사용되는 소재는 창업자의 스토리이다. 따라서 사회적경제 기업가의 스토리나 사회적경제가 추구하는 가치에 대해서 스토리텔링의 소재를 발굴하고, 소셜미디어를 통하여 고객들에게 전달함으로써 마케팅 효과를 극대화할 수 있을 것이다.

또한 소셜미디어를 활용한 스토리텔링이 소비자들에게 감동이나 재미를 제공하는 콘텐츠였다면, 소비자들은 다른 사람들에게 SNS를 통하여 공유하여 무한한 노출을 통하여 홍보 효과를 거둘 수 있다. 예를 들어, '더나곱'은 '품질은 더하고, 마음은 나누고, 가치는 곱하고'의 뜻이 있다. '더나곱'은 사회적경제

기업의 공동판매 시스템 활용에 초점을 맞춘 협업 프로젝트이다. 유통 플랫폼을 만들어 사회적기업 상품에 스토리텔링을 입혔다. 이를 통하여 뉴스와 영상 촬영, 바이럴 마케팅 등에 제작해 배포하고 홈페이지 외에도 소셜미디어를 통하여 전파하고 있다.

사회적경제의 스토리텔링은 소셜미디어에 좋은 소재이다. 고객들이 좋아하는 스토리텔링을 구성하는 핵심 요소는 간결한 메시지, 갈등요소, 등장인물, 잘 구성된 스토리가 필요하다. 이러한 스토리텔링은 마케팅 커뮤니케이션의 한 수단이기도 하다. 예를 들어, 스타벅스는 광고하지 않는 기업으로 유명하다. 그러나 많은 소비자는 스타벅스에 대한 브랜드 이미지를 매우 높게 평가하고 있다. 이는 스타벅스만의 스토리텔링의 결과라 할 수 있다. 특히 스타벅스의 최고경영자는 자신이 저술한 『스타벅스 커피 한 잔에 담긴 성공신화』를 통하여 많은 스토리를 공개하고 있다. 이러한 스토리는 소셜미디어를 통해 고객들에게 전달되면서 브랜드에 대한 긍정적인 이미지를 심어주고 있다.

사회적경제 조직에게 소셜미디어 마케팅은 적은 비용으로 효과적인 마케팅을 수행할 수 있는 도구임이 분명하다. 그러나 무차별적으로 소셜미디어에 접근하는 것으로는 성공하기 어렵다. 적절한 소셜미디어를 선정하고, 소셜미디어를 활용할 수 있는 내부역량 강화로 직원들의 적극적인 활동을 지원해야 한다. 그리고 사회적경제 조직이 추구하는 특성에 맞는 인플루언서를 활용하고, 고객들과 지속적인 커뮤니케이션을 위한 노력이 필요하다. 마지막으로 소셜미디어를 통한 스토리텔링을 개발하고, 소비자들이 자발적으로 확산하도록 유도하는 마케팅 전략이 필요할 것이다.

4. 소셜미디어 마케팅 실제

사회적경제에서 소셜미디어 마케팅을 전개하기 위해서는 소셜미디어에 대한 기본적인 기능에 대한 이해와 구체적인 활용방안에 대하여 인지하고 있어야 한다. 사회적경제의 마케터는 다양한 소셜미디어 도구를 자유롭게 활용할 수 있는 역량을 습득하고, 소비자들과 적절한 시기와 방법을 통하여 커뮤니케이션하는 것이 필요하다.

이 절에서는 사회적경제에서 사용이 가능한 소셜미디어 중에서 가장 보편적으로 사용되는 페이스북, 인스타그램, 블로그 등을 중심으로 기본적인 특징과 사용방법에 대하여 살펴본다.

1) 페이스북

(1) 페이스북 기능의 이해

페이스북은 2004년에 시작된 서비스로 세계적인 네트워크를 구축하고 있는 플랫폼이며 20억 명 이상의 사용자들이 이용하고 있다. 페이스북은 혁신적인 소통을 위한 플랫폼으로 시간과 공간의 제약이 없고, 언제 어디서나 편리하게 불특정 다수나 친구들과 개인의 소소한 일상을 나누며 소통할 수 있다.

최근 페이스북의 사용량이 다소 감소하고 있지만 아직 전 세계인이 참여하고 있는 소셜미디어로 사랑받고 있다는 것은 자명한 사실이다. 이러한 페이스북이 성공할 수 있었던 가장 큰 특징은 두 가지로 설명된다(장종희, 2020).

첫째, 개방성이다. 2007년부터 공개된 API(API : Application Programming Interface, 응용 프로그램에서 사용할 수 있도록 운영체계나 프로그래밍 언어를 제공하는 기능)를 다양한 개발자와 게임 업체에 제공하여 애플리케이션을 개발하여 수익을 낼 수 있도록 하였다. 이로 인하여 한때 PC를 기반으로 하는 거대한 소셜게임 시장이 형성되었으나 모바일 게임의 등장으로 쇠퇴하였다.

그러나 페이스북의 이러한 개방성은 페이스북의 인지도를 높였다. 그리고 전 세계의 다양한 사람들과 친구가 될 기회를 제공하였다. 또한 이용자가 입력한 데이터를 기반으로 축적된 데이터와 비교하여 지인을 정확하게 찾아내는 장점이 있다. 다만, 한편으로 이런 기능은 개인정보 보호가 미흡하고, 사생활 침해라는 비판을 받았다.

둘째, 투명한 정체성에 있다. 페이스북을 개설하기 위해서는 자신의 신상정보를 입력하여 개인의 소소한 일상과 생각을 공개해야 한다. 정보의 공개범위를 설정하여 다소 제한할 수 있지만, 페이스북의 이러한 투명한 정체성은 다양한 사람들의 상호작용을 촉진하여 유대관계를 형성하도록 하였다.

특히 페이스북의 '좋아요'의 기능은 신뢰, 인기, 공감, 친밀감을 형성하게 한다. 이를 통하여 페이스북에서 '좋아요'의 관심을 받기 위해 다양한 콘텐츠가 개발되고, 이용자들의 신뢰 지표로도 사용되고 있다. 이를 통하여 내가 올린 게시물에 대해 좋아요, 댓글, 공유를 통해 반응을 보이는 사람들에게 무제한으로 노출되는 확산 시스템의 기능이 있다.

또한 사회적경제에서 소셜미디어 마케팅에 페이스북을 이용하기 위해서는 페이스북이 제공하는 서비스의 종류에 대한 이해가 필요하다. 페이스북이 제공하는 기본적인 서비스는 프로필, 페이지, 그룹이 있다. <표 12 - 4>는 페이스북의 기본적인 서비스의 유형에 따른 차이를 보여주고 있다.

〈표 12-4〉 페이스북의 서비스 유형

구 분	프로필	페이지	그 룹
대 상	친구(5,000명 제한)	좋아요 팬(무제한)	회원
주 체	개인	회사	개인
목 적	퍼스널 브랜딩	홈페이지 대용, 브랜드 홍보	친목 모임, 협업 목적
관 계	친구신청 후 수락	좋아요 클릭	초대, 가입 신청
활 용	쌍방향	일방향(페이지 구독)	쌍방향 커뮤니티
중복 사용	1인 1계정(실명)	여러 개 관리 가능	여러 개 관리 가능

프로필은 개인계정으로 일상적인 이야기와 정보를 올리고 친구들과 교류하는 영역이다. 간혹 프로필을 이용하여 기업의 상품을 홍보하는 경우도 있지만, 소비자들의 참여와 공감이 단절될 수 있으므로 잘 사용하지 않는다. 따라서 프로필은 친구들과 가볍게 소통하고, 자신의 경험을 공유하는 기능으로 접근하는 것이 좋다.

기업에서는 일반적으로 페이스북을 효과적으로 활용하기 위해 페이지 기능을 사용한다. 페이지는 기업이나 조직의 홈페이지로 활용할 수 있고, 새로운 정보를 빠르게 전달하고 확산할 수 있다. 페이지에 흥미 있는 콘텐츠는 순차적으로 확산하여 최소의 비용으로 최대의 효과를 얻을 수 있는 장점이 있다.

그리고 페이지 관리를 위한 기능도 제공한다. 좋아요의 인기 지수, 게시물 도달 범위, 게시물 인기도, 방문 수, 참여도 등의 효과 분석과 광고를 통해 게시물 홍보를 할 수도 있다. 또한 친구들에게 초대장 보내기, 이메일 연락처를 이용해 초대하기, 페이지 공유하기를 통해 대상을 확장할 수 있다.

페이스북의 그룹 기능은 친구들과 네트워크를 통해 동질감과 소속감을 느낄 수 있도록 하는 커뮤니티 공간이다. 그룹 회원은 회원 추가와 이메일 보내기를 통해 가입할 수 있다. 또한 개방형으로 개설할 수 있지만 최근에는 개인의 사생활 보호 측면에서 폐쇄형으로 운영하는 추세이다.

(2) 페이스북 페이지 만들기

페이스북의 페이지는 비즈니스 계정으로 손쉽게 활용할 수 있도록 플랫폼을 만들어 제공하고 있다. 이러한 페이지는 팬들을 대상으로 마케팅을 할 수 있으며, 다양한 홍보 및 이벤트를 시행할 수 있다. 그리고 사회적경제 조직의 다양한 상품이나 서비스를 적극적으로 소개할 수 있으며, 고객과의 친밀한 관계를 형성하는 채널로 활용할 수 있다.

페이지의 핵심은 '좋아요'를 클릭한 고객들이 콘텐츠를 볼 수 있는 것이다. 고객들은 실시간으로 프로모션에 참여하고, 응답하며, 해시태그를 달기도 한다. 고객들이 참여가 활발하게 이루어지는 페이지의 특성으로 누구나 기업의 규모에 상관없이 고객들과 소통할 수 있는 장점이 있다.

페이스북의 페이지를 만드는 절차는 |그림 12-1|과 같이 간단한 절차를 걸치면 완성된다.

① 페이스북에 접속한 뒤, 화면의 오른쪽 아래에 있는 '더 보기' 버튼을 누른다(미리 페이스북 계정을 만들어 놓아야 한다).

|그림 12-1| **페이스북 페이지 만들기**

② '페이지 만들기' 창이 떴다면, 위의 그림과 같이 내가 만들고자 하는 페이지의 카테고리를 정하고, '시작하기' 버튼을 누른다.

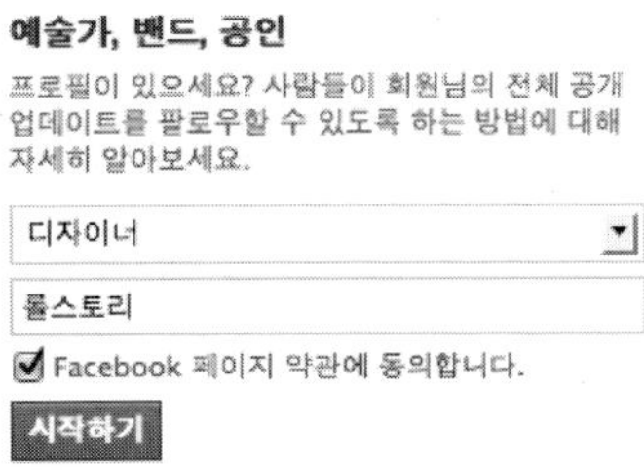

③ 카테고리를 정하고 '시작하기' 버튼을 눌러, '페이지 소개' 창이 나온다면, 내 페이지의 정보를 입력한다(대분류마다 약간씩 페이지 소개 부분이 다르다). '유명인' 여부를 묻는 탭이 있다('예' 해도 됨).

④ '페이지 소개' 정보를 모두 입력했다면, 이제 프로필 사진을 등록한다. 나중에 등록하고 싶으면 '건너뛰기'를 누르고, 미리 만들어 놓은 것이 있다면 '컴퓨터에서 업로드'를 눌러 프로필 사진을 적용한다.

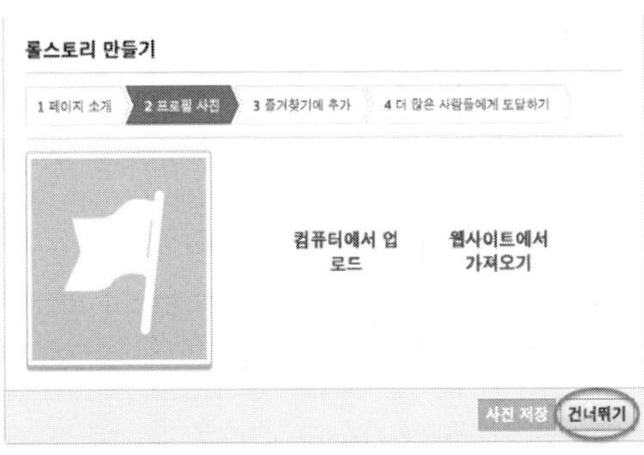

페이스북 페이지를 만드는 절차는 누구나 쉽게 만들 수 있도록 간단한 절차로 이루어져 있다. 다만, 중요한 것은 페이지를 만들고 유지하는 일이다. 페이지를 현명하게 운영하는 몇 가지 방법을 소개하면 다음과 같다(박희용, 2019).

첫째, 페이지의 운영 목적을 명확히 해야 한다. 페이지에 고객들이 원하는 콘텐츠를 제공하고, 고객들의 참여를 유도해야 한다. 이를 통하여 고객의 아이디어를 수집과 홍보를 위한 목적으로 채널을 활용해야 한다. 다만, 사회적경제가 원하는 제품이나 서비스 홍보만을 위해 페이지를 운영한다면 고객들에게 외면받기 쉽다.

둘째, 페이지 운영 전략을 수립해야 한다. 페이지의 콘텐츠를 어떤 주제로 가져갈 것인지 결정하고, 내부 또는 외부에서 제작할 것인지를 결정해야 한다. 그리고 프로모션 시행을 위한 예산을 고려하여 정기적으로 운영 전략을 수립하여 시행해야 한다.

셋째, 담당자에게 시간과 권한을 위임해야 한다. 페이지 담당자는 다양한 페이지들을 벤치마킹할 수 있는 시간이 있어야 한다. 이를 통하여 담당자는 다양한 자료를 수집하고 콘텐츠를 만들 수 있을 것이다. 또한 최소한의 가이드만을 주고 담당자에게 권한을 위임하는 것은 창조적인 콘텐츠를 생산하게 한다.

넷째, 피드백을 체크해야 한다. 페이지에서 고객의 반응은 매우 중요하다. 이를 점검하고 주기적으로 대책을 수립하여 개선하는 활동이 필요하다. 또한 고객의 '좋아요', 공유하기, 댓글, 가입률 등을 정량적인 수치로 관리하는 것이 필요하다.

이 밖에도 페이스북에는 비공식 페이지의 소유권 요청과 개인계정 프로필 페이지로 전환의 기능을 통하여 다른 페이지의 소유권을 요청할 수도 있으며, 개인계정에 있던 친구나 팔로워를 페이지의 구독자로 전환하여 이용할 수도 있다. 따라서 이러한 기능은 페이스북을 이용하는 이용자의 형태나 상품 및 서비스의 종류 등을 고려하여 결정하는 것이 필요하다.

2) 인스타그램

(1) 인스타그램 기능의 이해

인스타그램은 2010년에 출시되었다. 인스타그램의 단어는 인스턴트(instant)와 텔레그램(telegram)의 합성어를 의미한다. 2012년 페이스북에 인수되어 운영 중으로 최근 20~30대 여성들에게 큰 공감을 일으키며 인기 상승하고 있는 SNS이다.

페이스북과 인스타그램의 차이는 <표 12 - 5>와 같이 나타날 수 있다.

〈표 12-5〉 페이스북과 인스타그램의 차이

구 분	페이스북	인스타그램
가입조건	실명 계정, 휴대전화, 이메일	비실명 가능, 이메일만으로 생성
계 정	1인 1계정	1개의 휴대전화로 5개 계정
링 크	게시물 링크 가능	게시물 링크 불가능 원칙(프로필에서 1개만 가능)
공 유	게시물 공유 가능	게시물 공유 불가능
마케팅	페이지 회사・사업체 기반 게시물 인사이트 확인 가능 광고 기능	비즈니스 계정 페이스북 페이지 연동 필수 사업자 정보 표시 가능 게시물 인사이트 확인 가능 광고 기능

페이스북과 인스타그램은 사용하는 연령층에 차이가 있어 콘텐츠의 내용도 다르다. 페이스북은 글 위주의 콘텐츠라면, 인스타그램은 미니 사진첩과 같은 콘텐츠를 가지고 있다. 따라서 인스타그램은 콘텐츠를 어떻게 잘 이미지로 표현하는지가 매우 중요하다.

(2) 인스타그램 비즈니스 계정 만들기

인스타그램도 페이스북과 같이 개인 계정과 비즈니스 계정이 있다. 인스타그램을 활용하여 광고 등 마케팅에 활용하기 위해서는 비즈니스 계정을 이용하는 것이 바람직하다. 그 이유는 비즈니스 계정의 프로필에서만 비즈니스 정보를 입력할 수 있기 때문이다.

인스타그램의 특징은 개인 계정을 비즈니스 계정으로 바꿀 수 있고, 페이스북과 다르게 비즈니스 계정을 개인 계정으로 변환할 수 있다.

첫째, 개인 계정을 비즈니스 계정으로 전환하는 방법이다.

① 인스타그램의 오른쪽 위에 있는 세 개 줄을 누르고 하단에 있는 설정을 누른다.

② 설정에서 계정을 선택하면 하단에 프로페셔널 계정으로 전환(구버전 옵션)

③ 크리에이터와 비즈니스 선택 화면에서 비즈니스 선택

④ 계속을 누르고 카테고리, 주소 입력을 진행하여 연결한 페이스북 페이지 선택

⑤ 이메일, 전화번호, 주소 등 비즈니스 프로필 기재

둘째, 비즈니스 계정을 개인계정으로 전환하는 방법이다.

① 인스타그램의 오른쪽 위에 세 개 줄을 누르고 하단에 설정

② 설정에서 계정을 선택하여 개인용 계정으로 전환

인스타그램을 성공적으로 운영하기 위해 몇 가지 유념해야 할 것이 있다.

첫째, 주제를 정해야 한다. 인스타그램의 콘텐츠에 이야기가 있는 하나의 주제를 정하여 포스팅하는 것이 좋다. 예를 들어, 다이어트를 한다면 그 과정을 이미지를 통하여 순차적으로 올리는 것이 좋다. 사회적경제의 영역에서 사회적 문제가 해결되는 과정을 보여주는 것도 좋다. 예를 들어, 환경문제를 해결하는 사회적경제라면 오염의 상황이 어떻게 개선되고 있는지를 이미지를 통하여 보여준다면 고객의 신뢰를 확보하기 매우 좋을 것이다.

둘째, 창의적인 사진이 필요하다. 고객들은 다양한 사진, 특이한 사진을 통해 시선을 멈춘다. 따라서 창의적인 각도나 배경을 통하여 사진을 찍어 콘텐츠를 만드는 것이 좋다. 또한 인플루언서 협찬 등을 이용하여 이미지를 만들어 게시하면 확산이 매우 빠르게 일어나서 광고 효과를 극대화할 수 있다.

셋째, 해시태그를 이용한 마케팅이 필요하다. 사회적경제의 상품과 서비스

에 관련된 해시태그를 검색하고, 원하는 형태의 고객이면 팔로워하는 것이 필요하다. 그리고 꾸준한 댓글을 통해 관계를 형성하는 것이 필요하다.

또한 해시태그는 자연스러운 홍보에 최적이다. 예를 들어, 음식점에서는 #강남_맛집 등의 해시태그 사용 시 음료 서비스 행사 등을 시행할 수 있다. 그리고 해시태그의 사용도 모든 사람에게 통용되는 범용 해시태그, 사업과 관련된 간접 키워드, 회사명·매장 이름을 사용하는 직접 해시태그로 구분하여 적절하게 이용하는 것이 좋다.

넷째, 스토리텔링이 필요하다. 인스타그램은 이미지를 주로 포스팅한다. 따라서 스토리 라인을 만들고, 이미지를 생성하는 것이 필요하다. 예를 들어, 사회적경제의 재활용 제품이 탄생하는 스토리를 만들고, 이에 따라 재활용 수거 이미지, 재활용 제품을 만드는 이미지, 판매하는 이미지, 고객의 이미지 등을 스토리에 맞춰 제작하는 것이 필요하다.

인스타그램은 이미지와 동영상으로 구성된 콘텐츠를 바로 페이스북과 연동하여 동시에 인스타그램과 페이스북을 통하여 노출시킬 수 있다는 장점이 있다. 이를 위해서 인스타그램의 설정 화면에서 페이스북과 연동의 기능을 활성화하면 된다.

3) 블로그

블로그는 소셜미디어 시대에 가장 대표적인 마케팅 도구이다. 블로그의 탄생은 소셜미디어의 탄생과 역사를 함께 한다. 최근에 페이스북, 인스타그램 등의 탄생으로 그 열기가 식었지만 여전히 대표적인 소셜미디어로 활용되고 있다. 블로그는 오랫동안 브랜드를 축적하고 관리하기에 쉽다.

블로그는 페이스북이나 인스타그램 등과 같이 고객의 반응이 실시간으로 일어나지는 않지만 장기간에 걸쳐 브랜드를 만들어 갈 수 있다. 그리고 콘텐츠에 유통기한이 없으며, 이미지와 동영상을 적절하게 사용할 수 있다는 장점이 있다. 또한 소셜미디어에 대한 큰 기술 없이도 지속해서 운영할 수 있음에 따라 사업 초기의 조직에서 많이 사용하던 소셜미디어 마케팅 도구이다.

블로그를 운영하기 위해서는 고객 중심적 사고가 필요하다. 즉, 인터넷을 통하여 고객이 관심 있는 주제를 검색하면 자동으로 블로그와 연결되는 구조로 되어있으므로 고객의 욕구에 맞는 콘텐츠를 생성하는 것이 필요하다. 그리고 기본적으로 글쓰기, 사진 편집 등의 기본적인 기술이 필요하고, 1일 1 포스팅의 원칙을 지켜, 매일 1~2시간 정도의 시간을 투자하여 게시물의 신선도를 유지해야 한다. 고객들은 이러한 열정과 꾸준함이 없으면 블로그에 대해 바로 싫증을 느끼고 떠나게 된다.

또한 블로그는 다양한 메뉴 구조를 구성할 수 있다. 따라서 주제별로 글과 사진을 구분하여 정리할 수 있다. 이러한 기능을 활용하여 전문적인 지식을 시리즈로 작성하여 방문자들에게 유익한 정보를 제공하는 것을 통하여 사회적경제의 이미지 제고와 판매증대에 이바지할 수 있다. 예를 들어, 장애인 일자리 창출을 위한 사회적경제의 경우에는 장애와 관련된 다양한 정보를 제공함으로써 장애의 인식개선 및 조직의 인지도를 높일 수 있을 것이다.

4) 기타 소셜미디어

소셜미디어는 매우 다양하다. 페이스북, 인스타그램, 블로그 외에도 기업이나 조직에서는 네이버 밴드, 유튜브, 카카오 스토리, 팟 캐스트, 링크드인, 슬라이드쉐어 등 다양한 소셜미디어를 홍보와 제품판매를 위한 창구로 활용하고 있다.

이중에 유튜브는 매월 19억 명 이상이 방문한다. 우리나라도 국민의 절반인 3,000만 명 이상이 유튜브를 구독하고 있다(박희용, 2019). 사람들은 공부하기 위해, 제품을 검색하기 위해, 도구의 사용법을 위해, 음악을 듣기 위해, 비디오를 보기 위해, 정보를 얻기 위해서 유튜브를 수시로 방문한다. 또한 유튜브는 작은 사회적경제 조직이 적은 비용으로 영상을 만들어 공유할 수 있도록 한다. 따라서 사회적경제 조직이 유튜브를 소셜미디어 마케팅에 적절하게 활용한다면, 다양한 영상을 통하여 SNS에 공유되는 홍보 효과를 거둘 수 있다.

이 밖에도 작은 조직들은 네이버 밴드와 카카오 스토리 등을 이용하여 제품

판매 및 홍보의 전략을 사용하고 있다.

정리하면, 사회적경제 조직의 브랜드 이미지 제고 및 판로 개척을 위해 소셜미디어 마케팅은 매우 유용한 수단이다. 그러나 각각의 소셜미디어의 특성을 이해하고, 우리가 원하는 고객들이 어디에 있는지 조사하는 것이 필요하다. 이렇게 선정된 소셜미디어의 관리는 지속해서 고객들의 욕구를 충족시킬 수 있는 글, 이미지, 영상 등이 끊임없이 제공되어야 한다. 이러한 콘텐츠는 무엇보다 고객의 흥미를 끌어야 하며, 진정성 있는 접근을 통하여 고객과의 관계를 강화할 수 있다.

사례연구 - 래그랜드의 페이스북 마케팅

래그랜드는 자폐 장애인과 함께 하는 기업으로 2010년 10월 사회적기업으로 지정되어 쿠키, 빵, 케이크 및 유통, 판매와 카페운영을 하고 있다. 특히 장애인 근로자에게 최저임금을 적용하고 있는 사회적기업이다.

2012년 초까지는 마케팅 활동이 없었으며, 오로지 구전을 통하여 판매를 시행하였다. 그런데 인근에 대형 프랜차이즈인 파리바게트가 입점하면서 매출이 급감하였다.

그래서 페이스북 계정을 만들고 매장 사진으로 홍보를 시작하였다. 페이스북에 카페와 쿠키 세트 등의 이미지를 포스팅하여 구매를 유도하였다. 그리고 페이스북 주소를 링크하여 외국인과 봉사단체에게 전달함으로써 구매를 유도하였다.

이러한 노력으로 페이스북 개설 후 2달 만에 '좋아요' 112명, 친구 85,029명이 증가하였다. 또한 인터넷 판매를 통한 매출이 증가하였고, 페이스북 홍보를 보고 카페를 방문하는 고객들이 증가하게 되었다.

출처 : 박 철(2017). 소규모 사회적기업과 소셜미디어 마케팅 재구성.

chapter 13 빅데이터 마케팅

고객을 위한 가치를 창출하고 지속적인 관계를 유지하기 위해서는 고객들의 욕구에 대한 깊은 통찰력을 가질 필요가 있다. 이러한 고객에 대한 통찰력은 시장정보나 고객정보를 통해 얻을 수 있다. 따라서 사회적경제의 기업가들이 고객 행동을 이해하기 위해서는 다양한 종류의 마케팅 정보를 잘 관리해야 한다.

최근 정보통신의 발달로 기업이나 조직들은 엄청난 양의 정보를 만들어내고 있다. 또한 소비자들은 이메일, 인터넷, 스마트폰, SNS 등을 통하여 스스로 수많은 정보를 생산하고 시장에 제공하고 있다. 대부분 기업이나 조직들은 정보의 홍수 속에서 많은 양의 데이터를 처리하기 위한 다양한 방법들을 적용하고 있다. 이러한 개념이 빅데이터의 개념이다. 빅데이터는 일반적으로 정보를 추출, 수집, 저장, 분석하는 기술을 통해 생성된 방대하고 복잡한 데이터 세트이다.

기업이나 조직들은 이러한 빅데이터를 수집, 분석하는 과정을 통하여 고객에 대한 정보를 생성하고, 이러한 정보를 마케팅에 적절하게 사용하고 있다. 따라서 이 장에서는 데이터 기반의 고객관리와 빅데이터의 개념 및 특성, 그리고 빅데이터 마케팅 전략에 대해 살펴보고자 한다. 그리고 이러한 빅데이터 마케팅을 사회적경제에 어떻게 적용할 것인지에 대해 논의할 것이다.

1. CRM의 개념과 특징

1) CRM의 개념과 목적

현명한 기업과 조직들은 가능한 모든 방법을 동원하여 고객과의 접촉 가능한 모든 접점에서 정보를 수집하고 관리한다. 이러한 접점은 소비자 구매, 판매사원의 접촉, 웹 사이트 방문, 만족도 조사, 고객센터 문의, 시장조사 등 다양한 고객과의 소통의 순간을 말한다.

그런데 이러한 정보들이 조직 내에 데이터의 형태로 흩어져 있어서 마케팅 전략에 사용하기에 부적합한 경우가 많다. 이러한 문제를 극복하기 위해 많은 기업과 조직들은 고객관계관리를 실시하고 있다. 고객관계관리(CRM : Customer Relationship Management)는 고객의 충성도를 높이기 위해 개별 고객에 대한 상세한 정보를 관리하고 고객 접점을 관리하는 활동을 의미한다(Kotler et al., 2016).

이를 위해 모든 정보 원천들로부터 생성되는 정보를 통합하고, 이를 다양한 기준으로 분석하여 고객별 세분화 및 개별 고객에 대한 맞춤 마케팅을 위한 기초자료로 활용하고 있다. 이러한 CRM 시스템은 전통적으로 Microsoft, Oracle, SAS 등과 같은 회사들을 통하여 보급되고 있다.

CRM의 목표는 신규고객 유치, 고객의 이해를 기반으로 관계를 강화하여 장기적으로 고객의 수익성을 극대화하는 것이다. 기업이나 조직은 고객 유지를 위해 이탈고객을 관리하고, 고객의 욕구를 충족하여 좋은 관계를 지속함으로써 기업의 이익을 극대화할 수 있다. 그래서 유지된 고객은 우량고객으로 관리되어 로열티 프로그램을 통한 평생 고객화를 추구하고 있다.

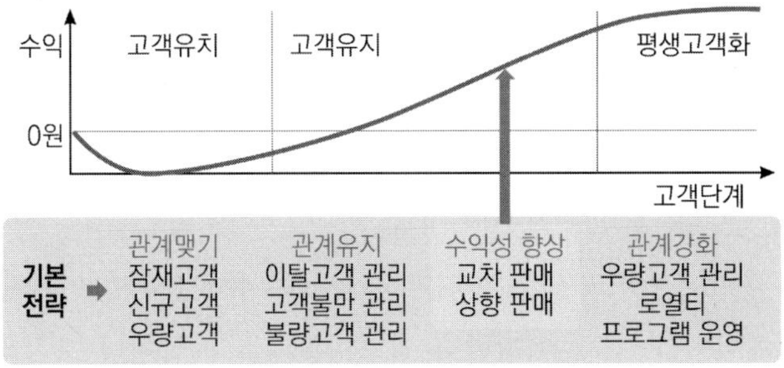

|그림 13-1| CRM **체계**

출처 : 박성수(2010). 죽은 CRM 다시 살리기 재구성.

|그림 13 - 1|은 고객 라이프사이클을 기준으로 신규고객 확보, 고객 유지, 평생 고객화의 단계로 구분하여 나타난 CRM 체계이다. 신규고객 확보를 위해 시장점유율 및 고객점유율을 확장해 나가는 것이 필요하다. 또한 이탈 경험이 있는 고객들을 분별하고, 집중적인 재유치 캠페인 등을 실시하는 것이 필요하다. 아울러 고객 유지를 위해 고객과의 관계를 강화하고, 기여도가 높은 우수 고객을 대상으로 상향판매(upselling)나 교차판매(cross-selling)를 통해 수익성을 향상하는 것이 필요하다. 이러한 고객과의 관계 강화를 통하여 기업이나 조직은 평생 고객화 또는 동반자 관계로 발전하는 것이 필요하다.

최근에 이러한 전통적인 CRM 시스템은 최근에는 클라우드와 같은 대량의 저장장치를 활용하여 빅데이터(Big Data)의 형태로 대용량의 정보를 저장할 수 있다. 그리고 내부의 CRM 데이터와 외부 데이터(통신데이터, 카드매출 데이터 등)가 함께 결합하여 데이터마이닝(data mining) 분석 기법을 통하여 기업이나 조직에 유용한 정보를 추출하여 세분화 마케팅에 적극적으로 활용하고 있다.

넷플릭스는 빅데이터를 활용하여 소비자 영상 이용 패턴을 분석하고, 영상을 제작, 분류해 공급하는 서비스를 시행하고 있다. 2018년 3분기 기준으로 사용자 1억 3,700만 명을 확보하고 있다. 이러한 성공에는 영상 분석, 알고리즘 및 디지털 스트리밍에 있다. 넷플릭스는 가입자가 영화에서 좋아하는 장면과 싫어하는 장면, 개별적인 시청 패턴 등을 분석하고, 각 고객에게 개별화된 영상을 추천한다. 그리고 인구통계학적 정보가 아닌 추천 알고리즘을 활용하여 순수 콘텐츠

시청 취향을 중심으로 회원을 구분하여 관리하고 있다. 이를 통하여 수천 개의 취향군을 생성하여 이용자를 분류하여 고객과의 관계를 강화하고 있다.

따라서 기업이나 조직들이 CRM을 하는 이유는 고객에 관련된 데이터를 다양한 통계 방법으로 분석하여 고객의 이탈 방지를 위한 활동, 우수 고객을 인지하고 관리하는 활동, 그리고 잠재고객을 신규로 유치하기 위한 마케팅 활동 등을 시행하기 위해서이다. 결국 이러한 고객관계관리는 기업이나 조직의 매출을 증대하고 비용을 절감하여 수익을 극대화할 수 있는 토대를 마련하여 준다.

2) CRM의 등장 배경

CRM의 등장 배경 및 목적은 다양하게 구분되고 있지만, 대표적으로 비즈니스 패러다임의 변화와 급속한 시장변화로 구분하여 설명할 수 있다.

(1) 비즈니스 패러다임의 변화

과거의 대량생산을 통한 판매 중심의 대중마케팅(mass marketing), 세분화 마케팅(segmentation), 틈새 마케팅(niche marketing)의 시장이 최근에는 데이터에 기반한 빅데이터 마케팅(big data marketing), 일대일 마케팅(one to one marketing)의 고객 중심 마케팅으로 변화하였다.

그리고 기업이나 조직들이 과거에는 판매 중심적 사고로 제품을 판매하는 것에만 관심이 있었으나, 최근에는 고객과의 관계 중심을 위한 마케팅 전략을 수립하고 시행한다. 즉, 지금의 시장은 제품과 서비스를 시장에 단순하게 출시하여 고객들이 구매하는 시장이 아닌 고객과의 유대관계를 형성하고 적절하게 유지함으로 기업이나 조직의 이익을 극대화하는 것이 필요한 시장이 되었다.

또한 기업과 조직들은 고객에게 다양한 메시지를 전달하고 있다. 그러나 과거의 획일적인 메시지는 더는 고객을 설득하는 데 효과적이지 못하다. 그러므로 기업이나 조직의 목표 고객을 찾아 그들의 욕구와 필요를 파악하고, 고객과의 장기적인 관계유지의 관점에서 제품과 서비스의 차별점을 호소하는 것이 필요하다.

(2) 급속한 시장환경 변화

시장의 개방화가 가속화됨에 따라 새로운 시장진입의 기회가 많아지고 있다. 이러한 현상은 시장에서 같은 업종 간에 경쟁을 심화시키고 있다. 한정된 시장의 수요에서 경쟁업체의 치열한 경쟁은 과거의 대중마케팅 방법으로 한계가 있다. 그래서 기업이나 조직들은 고객의 선호와 욕구를 파악하고 이에 맞는 상품과 서비스를 제공하여 경쟁우위를 확보하는 것이 필요하다. 따라서 기업이나 조직들은 CRM을 통하여 고객정보를 체계적으로 관리하고 고객의 욕구에 맞는 상품과 서비스를 제공하기 위해 다양한 마케팅 전략을 시행하고 있다.

최근에 고객들의 욕구와 기대는 매우 다양화되고 있다. 고객들은 제품에 대한 만족뿐만 아니라 더 좋은 서비스를 받기를 원하고, 남들과 다른 차별화된 대우를 받기를 원한다. 이러한 상황에서 기업이나 조직이 생존하기 위해서는 끊임없이 고객과의 관계를 강화하고 상품과 서비스에 차별화를 통한 경쟁우위를 확보하는 것이 필요하다.

3) CRM의 특징

대부분 기업이나 조직들은 CRM을 통하여 고객 관계를 강화하기 위해 노력하고 있다. 따라서 CRM의 중요성은 매우 커지고 있으며, 주요한 특징을 살펴보면 다음과 같다.

(1) 시장점유율보다 고객점유율에 비중을 둔다

시장점유율은 전체시장에서 자사의 매출 비중을 말하고 있다. 그러나 고객점유율은 한 사람의 고객이 상품이나 서비스를 일생 동안 이탈하지 않고 이용했을 때 그 기업에 제공하는 가치를 현재가치로 환산하는 것을 말한다. 따라서 시장점유율의 향상보다 현재 고객을 어떻게 평생으로 고객으로 만들 것인지가 매우 중요한 전략이다.

따라서 고객점유율을 높이기 위해서는 고객을 이해해야 한다. '어떤 고객이나의 기업에 가치를 제공하고 있는가? 이탈할 가능성이 있는 고객은 누구인가?' 등의 관점에서 고객데이터를 분류하고, 고객들의 욕구에 맞춘 마케팅 활동을 전개해야 한다.

(2) 고객 획득보다는 유지에 중점을 둔다

신규고객을 획득하기 위해서 제품에 대한 정보를 제공하고, 고객들을 확보하기 위해 할인 정책이나 다양한 상품을 제시하기도 한다. 그러나 이를 위해서는 막대한 마케팅 비용을 지출해야 한다. '처음 유치한 고객은 총이윤의 3%를 감소시키지만, 3년 이내에 7%를 증가시킨다'는 연구 결과도 있다. 즉, 신규고객을 유치하기 위해 들어가는 돈이 줄어들고, 고객의 구매가 반복되면서 기업의 마진폭이 늘어난다는 것이다.

결과적으로 기업이나 조직은 체계적인 CRM 활동을 통하여 신규고객을 유치하기보다는 우수한 고객을 식별하고, 관계를 강화하기 위해 마케팅 전략을 시행하는 것이 필요하다.

(3) 제품판매보다는 고객 관계 향상에 집중한다

과거의 마케팅은 제품을 생산하고 판매하기 위한 전략으로 기업을 중심으로 이루어졌다. 그러나 CRM의 관점은 기본적으로 고객지향적인 성격을 가지고 있어 고객 관계 향상에 집중할 수 있다. 따라서 CRM의 기반 위에서 기업이나 조직은 고객과의 쌍방향 커뮤니케이션을 시도하고, 고객의 욕구에 부응하기 위해 제품과 서비스를 혁신해야 한다.

기업이나 조직에서 CRM 구축을 위해서는 CRM의 특징을 이해하고, 기업이나 조직의 특성에 적합한 고객 전략을 수립해야 한다. CRM 추진에 성공하기 위해서는 CRM 운영의 핵심 인력 구성, CRM 운용방안의 단계별 접근, 지속적인 혁신을 추구할 수 있는 조직문화가 매우 중요하다(박성수, 2010). |그림 13-2|는 성공적인 CRM 구축의 모습을 보여주고 있다.

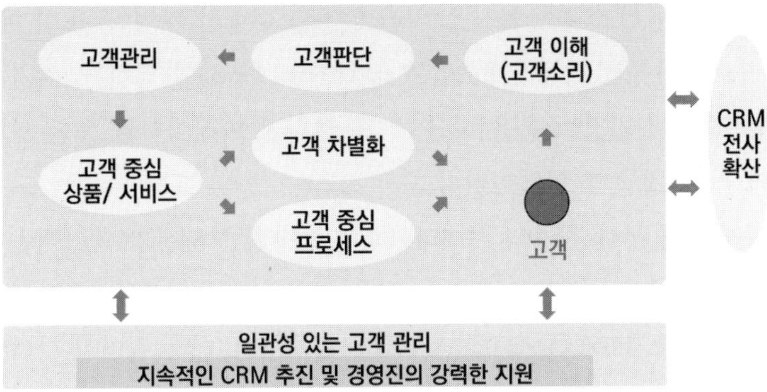

|그림 13-2| **성공적인 CRM 구축의 모습**

출처 : 박성수(2010). 죽은 CRM 다시 살리기 재구성.

즉, 성공적인 CRM이 구축되면 기업이나 조직의 모든 활동이 CRM을 통하여 고객 중심으로 이동한다. 따라서 먼저 고객을 이해하고, 이를 기반으로 기업이나 조직의 상품과 서비스가 고객에게 제공된다. 그리고 이러한 CRM 활동은 고객들의 만족도를 높여서 기업의 이윤을 증대시키는 선순환의 구조를 가지게 된다. 이것이 많은 기업이나 조직이 고객 중심의 CRM 체계를 구성하기 위해 노력하는 이유이다.

사회적경제 조직에서도 고객관리는 매우 중요하다. 따라서 고객을 이해하기 위한 다양한 자료를 수집하고, 분석하여 고객에게 맞는 상품과 서비스를 제공하기 위한 노력이 필요하다. 다만, CRM 인프라를 갖추는 것에 큰 비용이 소요되는 점을 고려하여, 가능한 영역에서 장기적인 관점으로 고객관리를 시작하는 것이 필요할 것이다.

2. 빅데이터 마케팅의 개념

1) 빅데이터의 개념과 특징

빅데이터는 4차 산업혁명의 시장변화와 함께 중심에 있는 개념이다. 이미 많은 기업과 조직들은 빅데이터를 활용한 고객분석, AI 학습, 예측 모델링 등 다양한 영역에서 비즈니스 혁신을 위한 활동을 수행하고 있다. 또한 매년 1월 스위스 다보스에서의 세계경제포럼(World Economic Forum)이 열린다. 여기서 제시하는 이슈 중에서 가장 주목을 받은 것 중 하나가 빅데이터를 통한 새로운 비즈니스의 가치 창출의 영역이었다.

현재는 데이터 무한 질주의 시대라고 한다. 이 말은 인류가 쏟아내는 데이터 양을 표현하기 어려울 정도로 많다는 것을 의미한다. 미국 EMC가 발표한 디지털 유니버스 보고서(IDC Digital Universe Study) '빅데이터, 더욱 길어진 디지털 그림자, 이머징 마켓의 놀라운 성장(Big Data, Bigger Digital Shadows, and Biggest Growth in the Far East)'에 의하면, 디지털 데이터의 양은 2년마다 2배씩 증가해 2020년에는 40제타바이트(40 trillion gigabytes)까지 확장될 것이라는 연구결과를 발표하였다. 즉, 40제타바이트의 크기는 전 세계 해변에 있는 모래알의 수 7억 5십만 조의 57배에 해당하는 숫자에 해당한다. 구글에서는 1분 동안 200만 건의 검색이 일어나고 있으며, 유튜브에서는 72시간의 비디오가, 트위터에서는 27만 건 이상의 트윗이 생성된다고 한다. 이미 세계적 기업인 아마존은 소비자들의 빅데이터를 분석하여 소비패턴을 분류하고 구매 전 어떤 상품을 구매할 가능성이 있는지를 예측하여 미리 배송하는 '예상배송' 시스템을 개발하여 사용하고 있다.

빅데이터는 단순히 큰 데이터만을 의미하는 것이 아니다. '빅'이라는 이미지가 거대한 양을 의미하는 것으로 오해하기 쉽지만 큰 데이터를 정의하기 위한 기준을 설정하기는 쉽지 않다. 그러므로 빅데이터의 의미는 상황에 따라 상대적으로 '빅'이라는 의미로 해석하는 것이 필요하다. 즉, 비록 적은 데이터일지라도 처리하기 까다로운 장애물이라면 이것을 처리하는 측면에서는 빅데이터로 생각될 수 있다는 것을 말한다. 따라서 빅데이터는 단지 데이터의 규모를 이야기하는 것이 아닌 데이터의 다양성과 데이터 처리를 위한 속도까지도 고려하는 것으로 정확성과 가치, 가변성도 함께 포괄하는 개념으로 확대하여 해석해야 한다.

빅데이터를 바라보는 시각은 학자마다 조금씩 차이가 있지만 빅데이터를 정의할 때 중요한 특징은 전통적인 3V와 추가로 확장된 3V를 합하여 여섯 가지로 정도로 정리할 수 있다. |그림 13 - 3|은 빅데이터의 특징을 잘 보여주고 있다.

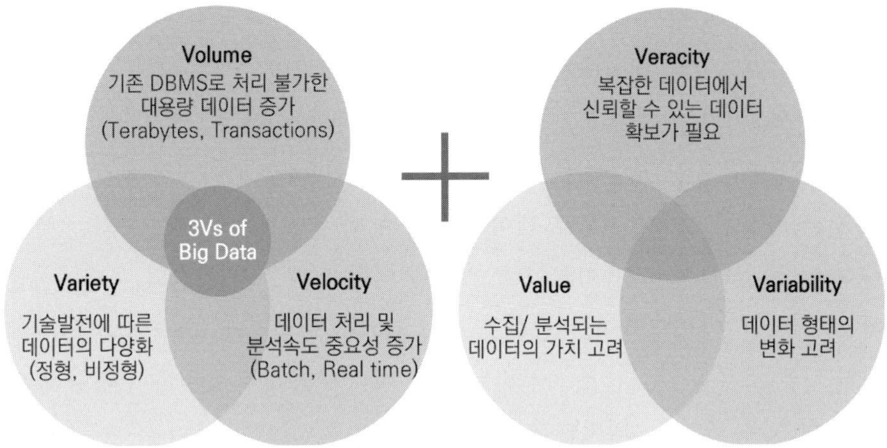

|그림 13-3| **빅데이터의 특징과 확장 개념**

먼저, 전통적인 빅데이터의 3V는 규모(Volume), 다양성(Variety), 속도(Velocity)를 의미한다.

(1) **규모**(Volume)

규모(Volume)는 데이터 집합의 크기를 말한다. 이러한 크기를 규정하기는 어렵지만 빅데이터 체계 안에서 양 자체가 기존의 시스템에 다루기 어려운 양의 데이터를 말한다. 이미 인터넷 공간에는 수많은 데이터가 존재한다. 그리고 대부분 기업이나 조직에서 오랫동안 축적된 대용량의 데이터들이 존재하고 있다.

(2) **다양성**(Variety)

오늘날 데이터의 형태는 매우 다양하다. 지금까지 데이터는 재무 데이터와 같이 정량적인 데이터가 주요한 관심사로 여겨져 왔다. 그러나 최근에는 정형 데이터뿐만 아니라 비정형 데이터에 관한 관심이 커지고 있다. 비정형 데이터는 기록을 남기는 로그, 사진, 비디오와 같은 이미지 데이터와 SNS에 쓰는 짧은 글도 모두 포함하는 것을 의미한다. 따라서 이러한 비정형 데이터를 전처리하고 분석하는 것이 중요하게 되었다.

(3) 속도(Velocity)

또 다른 특징으로 데이터가 생산되는 속도와 처리되는 속도이다. 이것은 데이터가 만들어지는 속도와 처리되는 속도가 아주 빨라야 한다는 것이다. 지금은 LTE 네트워크를 통하여 데이터의 전송 속도가 매우 빨라졌으며, 스마트폰과 같은 통신기기의 발전으로 데이터가 아주 빠르게 생성되고 전파되는 특징을 가지고 있다. 따라서 기업이나 조직은 이렇게 빠르게 생산되는 데이터를 빠르게 분석하여 민첩하게 대응하는 것이 필요하게 되었다. 즉, 기업과 조직에 대한 나쁜 소문이 순식간에 확산하는 것을 미리 대응하지 못한다면 상당한 타격을 받을 수 있음을 의미한다.

(4) 정확성(Veracity)

지금은 데이터의 홍수 시대이다. 이런 방대한 데이터를 이용하기 위해서는 정확한 데이터를 찾아내고 분류하는 과정이 필요하다. 즉, 복잡하고 다양한 데이터를 신뢰할 수 있는 데이터로 만들어야 한다. 따라서 정확성(Veracity)은 빅데이터를 제대로 활용하기 위해 데이터 사이의 불일치성, 불확실성, 근삿값의 부정확성 등과 같이 모호한 데이터를 구분하여 신뢰할 수 있는 데이터를 확보하는 것을 말한다.

(5) 가치(Value)

아무리 많은 데이터가 존재하더라도 데이터를 통하여 얻을 수 있는 장점이 없다면 쓰레기에 불과하다. 그런데 이런 방대한 데이터는 일정한 처리 과정을 거치게 되면 필요한 정보를 생산할 수 있는 훌륭한 자원이 된다. 따라서 가치(Value)는 수많은 데이터에서 유의미한 가치를 얻을 수 있는 데이터를 분별하는 것을 의미한다. 즉, 데이터를 통해 가치를 발견해야 한다는 것이다.

(6) 가변성(Variability)

빅데이터의 가변성(Variability)은 환경의 변화에 따른 현상이다. 즉, 같은 데이터가 서로 다른 맥락(context)에서는 다른 의미로 해석될 수 있음을 의미한다. 특히 이미지, 텍스트, 비디오 등 비정형 데이터는 그 맥락과 함께 해석하는 것이 중요하다. 또한 같은 단어, 같은 이미지가 상황에 따라 다르게 해석된다. 그리고 빅데이터 환경에서는 데이터의 형태조차도 급격하게 변화한다. 그래서 빅데이터는 끊임없이 변화하는 체계를 가지고 있다.

2) 빅데이터의 중요성 및 분석

대부분의 기업과 조직들은 빅데이터를 확보하고, 데이터를 활용하여 다양한 예측 모델링과 AI 적용, 데이터 분석을 통한 인사이트 발굴 등에 활용하고 있다. 그렇다면 이렇게 많은 데이터는 어디에 존재할까? IBM과 옥스퍼드대학 사이드 경영대학원이 공동으로 발표한 '애널리틱스 : 빅데이터 이용의 현실' 보고서에 따르면, 76% 정도의 기업들이 빅데이터 분석을 위한 인프라를 구축하고 있다고 하였다.

많은 기업이 우선적으로 내부 데이터인 트랜잭션 데이터, 로그 데이터, 이메일 등을 분석하고 있는 것으로 나타났다. 그리고 외부 데이터는 소셜미디어, 오디오, 사진 및 동영상 데이터를 분석하고 있었다. 다만, 외부 데이터는 대부분이 비정형 데이터로 불확실성이 존재하여 분석하는 데 한계가 있는 것으로 나타났다. 무엇보다 조사 응답자의 63% 이상은 빅데이터 분석 자료가 기업의 경쟁우위를 확보하는 데 큰 도움이 될 것으로 응답하였다.

이러한 내부 및 외부 데이터는 다양한 빅데이터 기술을 활용하여 분석하고 있다. 빅데이터 분석을 위한 주요한 기술은 자연어처리(NLP : Natural Language Processing), 정보 수집(crawling), 기계학습(ML : Machine Learning), 텍스트 마이닝(text mining), 시각화(visualization), 최적화 기법, 전통적인 통계기술 등을 활용하여 다양한 모델 구축이나 분석을 시행하고 있다.

기업이나 조직들은 생산성을 높이기 위해 데이터를 분석하여 불필요한 비용을 방지하고 업무 프로세스를 효율적으로 개선하고 있다. 따라서 빅데이터의 중요성은 다음과 같이 요약할 수 있다.

첫째, 빅데이터는 조직의 생산성을 향상시킨다. 빅데이터는 기업 내 문서의 생산과 유통 등의 흐름을 분석해 불필요한 문서의 사용을 줄이는 방식으로 생산성을 향상시킨다. 그리고 기업 내 필요로 하는 문서들이 어디에 있는지 쉽게 파악하는 문서 검색 등으로 정보 획득에 필요한 시간을 단축하게 해준다.

둘째, 빅데이터는 문제해결을 도와준다. 빅데이터를 활용하면 실시간으로 비구조적인 자료수집 및 분석을 할 수 있다. 이를 통하여 예전에 찾지 못한 상관관계를 밝혀냄으로써 미래에 대한 예측이 가능해진다. 기존의 검색 과정은 무엇을 찾을지에 대한 답을 미리 알고 있지만, 빅데이터는 창의적인 반복 과정을 통해 무엇을 질문해야 하는지를 알도록 도움을 준다.

셋째, 빅데이터는 의사결정을 도와준다. 의사결정에 경영자의 경험과 직관은 매우 중요하다. 다만, 의사결정이 모두 합리적으로 이루어진다고 말하기 어렵다. 따라서 빅데이터를 활용한 분석을 통하여 단순한 현황 파악에서부터 최적 의사결정 프로세스까지 폭넓게 활용할 수 있다. 성과가 좋은 기업들은 직관에 의한 의사결정보다 데이터에 기반해 의사결정을 하고 있다는 것은 자명한 사실이다.

넷째, 빅데이터는 새로운 가치를 창출한다. 빅데이터는 불확실성과 리스크를 최소화하고, 기업의 기회 요인을 창출하는 도구로 활용된다. 데이터는 저장하여 검색하고 공유하는 단계를 넘어 빅데이터 분석을 통한 새로운 가치를 창출하는 역할을 하고 있다. 많은 기업은 빅데이터를 통해 소비자의 소비패턴을 분석하고, 빠른 의사결정과 실시간 대응을 지원하고 있다. 또한 다양한 소셜미디어 데이터를 활용하여 시장변화를 분석하여 제품 경쟁력을 확보하고 있다.

기업이나 조직은 다양한 빅데이터를 활용하여 마케팅 전략을 수립하는 것이 필요하다. 그러기 위해서는 빅데이터에 대한 이해와 중요성을 조직 전체 구성원들이 공감하고, 이를 활용하기 위한 조직 분위기가 형성되는 것이 필요하다. 많은 전문가는 빅데이터를 활용한 기업의 경쟁력 제고는 데이터와 분석의 기술보다 조직 내부 구성원의 변화관리가 더욱 중요함을 강조하고 있다.

사회적경제 조직들도 내부의 다양한 데이터를 체계적으로 관리하고, 활용하려는 노력이 필요하다. 그러나 빅데이터 모집을 위한 인프라 구축 및 분석을 위한 전문가를 확충하는 데 많은 비용이 소요되기 때문에 사회적경제 조직이 자체적으로 빅데이터 분석 환경을 구성하는 것은 매우 어려운 현실이다.

따라서 사회적경제의 중간지원 조직이나 사회적기업진흥원 등에서 공동의 빅데이터 인프라 구축의 사업을 위한 연구가 필요하다.

3. 예측 마케팅의 개념 및 실행전략

1) 예측 마케팅 개념

지난 수십 년간 마케팅 실행을 위해 고객 관련 데이터를 기반으로 고객 관계를 강화하기 위한 다양한 마케팅 전략들이 실행되었다. 그래서 예측 마케팅은 단순한 기술의 발전이 아닌 고객에 대한 하나의 접근 방식이라고 할 수 있다.

애질원(AgilOne)의 설립자이자 CEO인 외머 아튼(Omer Artun) 박사와 데이터 마케팅의 전문가인 도미니크 레빈(Dominique Levin)은 다음과 같이 예측 마케팅을 정의하고 있다. 예측 마케팅은 디지털과 오프라인 생활에 인간적 감정을 제공하고, 소비자의 개인적 취향을 파악하여 그 사람이 행동 유형을 이해함으로써 고객 관계를 향상하는 접근방법이다. 많은 기업과 조직들은 예측 분석을 이용하여 고객생애주기 전반에 걸쳐 모든 고객 접점에서 고객에게 의미 있는 경험을 제공하고, 이를 통하여 고객의 충성도를 향상하고, 이익을 극대화하는 것을 목적으로 한다. 또한 고객의 이해를 기반으로 하는 세분화된 고객 타겟 마케팅은 개인화된 경험을 제공하여 고객의 평생 가치를 증대시킬 수 있게 된다.

예측 마케팅을 수행하기 위해서는 고객 자료를 수집하고, 이를 분석하여 다양한 고객 접점에서 관련성 있는 경험을 제공할 수 있도록 역량을 개발해야 한다. 따라서 역량을 획득하기 위해서는 예측 모델을 직접 구축하거나, 마케팅 서비스 제공업체에 아웃소싱을 주거나, 예측 마케팅 솔루션을 구매하여 사용하는 방법이 있다. 이러한 방법들이 모두 많은 자원의 투입이 필요하다. 따라서 사회적경제가 가진 자원을 바탕으로 접근할 수 있는 영역부터 예측 마케팅을 시작하는 것이 필요하다. 가장 중요한 것은 작게 시작하여 고객 관계 강화를 위한 더욱 많은 노력을 들여야 한다는 것이다.

예측 마케팅을 위해서는 예측 분석을 사용하여 고객의 다음 행동을 예측하고 선제적으로 고객에게 제품을 추천하는 것이 필요하다. 이를 위한 예측 분석의 방법은 자율학습(군집화 모델), 감독학습(경향성 모델, 예측), 강화학습(추천 기능)의 유형이 있다.

첫째, 자율학습은 데이터의 숨겨진 패턴을 찾아내는 것이다. 예를 들어, 큰 규모의 고객 그룹 내에서 달리기를 좋아하는 사람들, 스키 타기를 좋아하는 사람들과 같이 유사한 취향의 고객 그룹을 찾는 것이다. 일반적으로 군집화의 통계기법을 사용하여 데이터를 분석하여 고객 세분화를 진행하게 된다.

둘째, 감독학습은 입력값에 대한 목적값을 찾는 것이다. 즉, 과거의 입력 변수와 출력 변수의 인과관계를 파악하고, 이를 학습하여 미래의 입력값으로 출력값을 예측하는 것이다. 예를 들어, 고객이 다음에 구매할 가능성이 있는 특정한 제품을 추정하는 것이다.

셋째, 강화학습은 추천 기능이라고 한다. 강화학습은 데이터의 숨겨진 패턴과 유사성을 토대로 사용자 또는 특정 이벤트 최적의 단계, 결과, 콘텐츠를 정확하게 예측하게 한다. 이런 강화학습은 감독학습과 같이 입력값과 출력값이 필요하지 않고, 오로지 시행착오를 통해 학습하게 된다.

예측 마케팅을 위해서는 예측 분석의 결과를 현업에 적용하는 것이 무엇보다 중요하다. 분석 전문가 관점에서 통계 분석의 결과는 이해하기 쉽겠지만, 이것을 현업에 적용하여 해석하고 적용하려는 노력이 필요하다. 이를 위해서는 예측 결과를 해석할 때 업무에 직접 관여하는 실무자의 입장을 고려해야 한다. 그리고 조직의 모든 부분에서 예측 분석에 대한 이해를 바탕으로 업무에 반영하려고 하는 혁신의 노력이 필요하다.

2) 예측 마케팅의 4P 전략

마케팅 믹스의 전통적인 4P(Product, Price, Place, Promotion)는 제조업을 중심으로 생산자지향적인 마케팅 도구로 활용되고 있다. 그러나 고객 중심적인 시장환경의 변화는 전통적인 4P의 관점만으로는 기업의 경쟁력을 유지하기 어려운 상황이 되었다. 이러한 흐름은 1990년대 인터넷 시대의 도래에 따라 고객 중심적인 관점에서 새로운 4C(Consumer, Cost, Communication, Convenience)의 마케팅 믹스의 개념이 대두되었다. 또한 고객 중심적인 관점을 넘어 고객의 경험과 고객과의 커뮤니케이션이 중요시되는 시장환경에 따라 4E(Experience, Everyplace, Exchange, Evangelist)의 마케팅 믹스를 활용한 마케팅 전략이 필요하게 되었다.

2000년대 이후 소셜 네트워크 기반, 고객과 대화 중심, 기술 지원, 정보 집약적 경제의 흐름은 전통적인 마케팅 믹스인 4P와 4C의 개념에서 진화하고 변화된 새로운 4P의 개념을 제시하고 있다. 무테(Idriss Mootee, 2003)는 그의 저서인 『High Intensity Marketing』에서 산업 경제의 빠른 변화와 고객 요구의 증가, 글로벌 경쟁의 심화 등을 고려하여 매카시(McCarthy)의 전통적인 4P의 개념을 발전시키고, 추가적인 마케팅 믹스 개념으로 4P(Participation, Personalization, Peer 2 Peer, Predictive Modelling)를 제안하였다.

이 밖에도 마케팅 믹스는 시대별로 학자마다 다양한 정의와 분류를 통하여 마케팅 도구의 실행을 주장하고 있다. 최근에 기업이나 조직에서 빅데이터의 중요성이 커지고, 마케팅 전략 의사결정의 과정에서 이러한 빅데이터를 어떻게 습득하고, 분석하고, 적용할 것인지에 대한 관점에서 마케팅 믹스를 제안하고 있다. 보덴(Bowden, 2014)는 이러한 시장의 환경변화를 고려하여 다음과 같이 새로운 마케팅 믹스 4P를 제안하였다. 이러한 새로운 마케팅 믹스를 통해 빅데이터를 기반한 마케팅 전략에 시사점을 발견할 수 있다. |그림 13-4|는 빅데이터 예측 마케팅의 4P를 보여주고 있다.

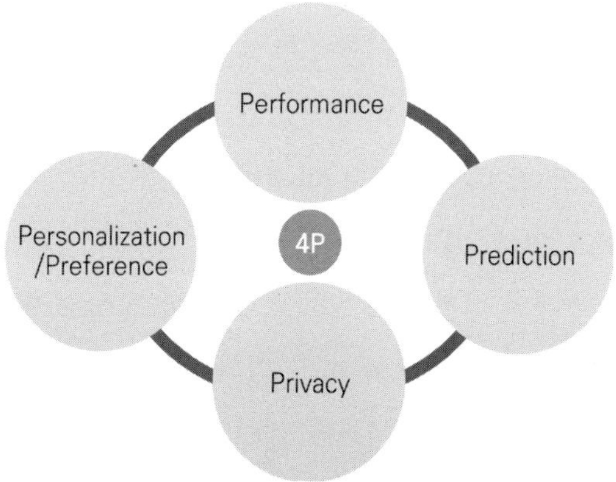

|그림 13-4| **빅데이터 예측 마케팅의 4P**

(1) **성과**(Performance)

빅데이터 분석은 더 이상의 추측이나 짐작이 아니라 거의 실시간으로 의사결정을 할 수 있도록 필수적이고 유용한 정보를 제공하게 하였다. 따라서 기업이나 조직들은 빅데이터를 통해 성과를 혁신적으로 향상시킬 수 있도록 정확한 측정 및 분석 자료와 통계자료를 다루게 되었다. 또한 고객에 대한 다양한 데이터들은 고객의 중요한 특성을 분석하여 가치 있는 정보를 쉽게 얻게 하였다. 이를 통하여 마케팅 담당자들은 고객의 욕구를 파악하고, 이를 반영할 수 있도록 더욱 정교하고 정확한 의사결정을 통해 비스니스 성과를 창출하게 되었다.

(2) **개인화**(Personalization) & **선호도**(Preference)

빅데이터 마케팅은 고객과의 관계를 좀 더 개인화하는 기술들을 포함하고 있다. 최근에 개인별 맞춤 마케팅은 클라우드 내에서 비즈니스와 쇼핑을 보다 편리하게 제공하는 모바일 애플리케이션 또는 최신 모바일 장치 등의 등장으로 더욱 발전하였다. 빅데이터는 소비자들과 더욱 개별적인 관계를 구축하는데 필요한 정보와 가치를 제공하고 있다. 이러한 빅데이터 분석은 고객의 취향에 맞게 개인화된 제품을 통해 고객과 비즈니스 사이에 친밀한 관계를 형성하여 주고 있으며, 온라인 마케팅의 성장을 견인하고 있다.

(3) **예측**(Prediction)

디지털 마케팅에서 빅데이터의 출현은 자료수집 절차에 허점을 가지고 있는 전통적인 방식의 수집방식을 대체하고 있다. 최근 저렴한 대용량의 데이터 저장 및 분석 기술의 발전은 디지털 마케팅의 구조화된 자료수집 및 분석의 절차를 손쉽게 하고 있다. 따라서 많은 기업이 일정한 공간에 자료를 수집하고, 분석함으로써 고객의 니즈를 예측하고, 그들이 진실로 원하는 것에 반응하여 그에 맞는 서비스를 제공하도록 하고 있다. 이러한 예측 행동은 과거에 마케팅 세계에서 상상하지 못하는 정보와 데이터를 연관시킬 수 있는 데이터 분석을 통해 가능하다.

(4) **개인정보**(Privacy)

고객들은 기업이나 조직에서 고객의 자료를 수집하는 것에 개인정보 누출과 남용에 대해 큰 우려를 하고 있다. 따라서 4P의 Privacy(개인정보)는 디지털 마케팅과 빅데이터 분석이 통합되어 가는 과정에서 개인정보남용을 막기 위한 개념이다. 디지털 경쟁 시장에서 소비자들은 기업의 서비스 혁신에는 환영하지만 그들의 개인정보는 매우 소중하게 생각한다. 만약에 기업이나 조직에서 고객의 개인정보 보호에 소홀히 한다면, 고객의 신뢰는 무너질 것이다. 따라서 빅데이터 마케팅을 위해 고객에게 필요 이상의 정보를 요구하는 것으로 고객의 우려가 커지게 된다면, 기업과 소비자 모두에게 좋지 않은 영향을 미치게 될 것이다. 또한 소비자들이 마지못하여 정보를 제공한다고 해도 데이터 정확도에 악영향을 미치게 되어 최적의 빅데이터 분석의 결과에 부정적인 영향을 미치게 될 것이다. 이러한 개인정보에 대한 중요성으로 인해 기업이나 조직은 개인정보가 어떻게 활용되는지를 약관을 통해 명확히 밝혀야 한다. 그리고 고객들이 자신의 개인정보 활용에 있어 마케팅 정보에 활용하는지에 대하여 선택하도록 하는 것이 필요하다.

이러한 빅데이터 마케팅의 4P의 개념은 디지털 마케팅의 새로운 전략과 접근법을 제시하고 있다. 따라서 고객에 대한 다양한 데이터를 체계적으로 수집, 분석, 예측하여 고객의 욕구에 맞는 서비스를 제공하고 기업의 성과를 향상하는 마케팅 믹스를 활용할 필요가 있다. 아울러 고객에 대한 개인정보의 처리에 신중해야 하며, 이를 통하여 고객과 신뢰 관계를 구축하는 것이 필요하다.

3) **예측 마케팅의 실행전략**

기존의 마케팅 전략은 고객 행동과 예측에 초점을 두지 않고, 고객의 유치와 유지를 위한 대응에 초점을 맞추고 있었다. 예측 마케팅은 빅데이터의 분석 및 예측을 통하여 고객의 행동을 미리 예측하고, 선제적으로 대응하는 새로운 고객 관계 구축을 위한 사고방식이다.

아튼과 레빈(Omer Artun & Dominique Levin, 2017)은 그들의 저서인 빅데이터를 활

용한 예측 마케팅 전략에서 빅데이터 마케팅에 효과적으로 접근할 수 있는 전략을 소개하고 있다.

(1) 전략 1. 마케팅 지출을 최적화하라

대부분 기업이 고객 획득에 주력하고 있다. 그러나 고객의 유지 및 재활성화에 더 많은 시간과 예산을 집중적으로 투자한다면 비용 대비 더 많은 효과를 보이며 성장할 수 있다. 이는 다수의 연구를 통해 확인되었다. 즉, 기존고객을 유지하는 비용이 신규고객을 확보하는 것보다 10~20배의 비용이 절감된다. 신규고객 유치 시 기존고객의 반복구매를 하는 것을 고려하여 유치 목표를 설정하는 것이 필요하다. 그러므로 고객데이터를 활용하여 고객별로 높은, 중간, 낮은 가치의 고객으로 구분하고 평생 가치가 높은 고객에게 많은 돈을 지출하는 것이 합리적이다. 또한 고객 획득 시 투자 기간이 가장 짧은 것과 고객 유지 시 고객가치가 높은 고객에게 예산을 배분하는 것이 효과적이라는 것을 알아야 한다. 예를 들어, 한 온라인 골프용품 판매점과 협력하여 구글의 상품 목록 제시 광고(PLA : Product Listing Ads)의 성과를 검토하였다. 표면적으로 테일러메이드와 아담스는 각각 67명의 구매자를 유치하였으며, 아담스의 구매자로부터 약 11,000달러, 테일러메이드 구매자로부터 약 10,000달러의 매출이 발생하여 아담스가 근소한 차이로 성공적이었다. 그러나 테일러메이드는 20명의 신규고객을 확보하고 기존고객으로부터 39건의 추가 주문을 받았다. 그러나 아담스는 32명의 신규고객을 확보하였고 기존고객으로부터 26개의 추가 주문을 받았다. 테일러메이드가 신규고객 확보의 수가 적으나, 수익성이 높은 고객을 획득했다. 또한 신규고객당 매출도 테일러메이드가 아담스보다 높은 것으로 나타났다. 결론적으로 테일러메이드의 광고 캠페인이 더욱 효과적이며, 기존고객을 대상으로 다양한 마케팅 전략을 수행할 수 있었다.

(2) 전략 2. 고객 페르소나를 예측하고 마케팅을 다시 고객과 관련성 있게 하라

고객의 페르소나를 예측하기 위해 고객데이터의 분석이 필요하다. 고객의 페르소나는 고객을 위한 군집 분석을 활용할 때 분석결과물인 군집의 핵심적인 속성을 페르소나로 표현한다. 예를 들어, 온라인 유통업체의 경우에는 RC카의 고객을 전문적 RC카 운전자, 취미애호가, RC카 마니아로 군집을 구분할 수 있음을 말한다. 군집 분석(clustering)은 고전적인 고객 세분화와 다른 통계기법을 활용한 예측 기법이다. 이를 통하여 고객 그룹별 마케팅 활동과 제품 전략을 차별화하고 최적화하는 것이 가능하다.

군집의 유형은 제품기반 군집, 브랜드기반 군집, 행위기반 군집으로 구분된다. 제품기반 군집은 고객이 선호하는 제품의 유형 또는 범주, 그리고 고객이 함께 구매하는 제품의 유형을 기반으로 그룹화하여 할인 쿠폰 등을 제공하는 것이다. 예를 들어, 수영복과 시계를 구매하는 그룹은 아이들의 속옷을 사지 않는다. 그리고 미국에서 맥주 판매가 높아지면 아기의 기저귀 판매가 많아진다는 통계가 있다. 다음으로 브랜드기반 군집은 사람들이 구매할 가능성이 큰 브랜드를 알려준다. 특정 선호 브랜드를 분석하여 신제품 출시에 활용할 수 있다. 마지막으로 행위기반 군집은 고객이 구매하는 과정에서 행동하는 방식에 따라 군집화하는 것이다. 이를 위해 고객의 구매하는 곳, 구매주기, 구매규모, 할인 민감도, 주문 빈도 등의 변수를 활용하여 그룹을 구분할 수 있다. 예를 들어, 상품을 판매하는 조직의 경우에 반품 중독자(자주 반품하는 고객), 할인 중독자(할인행사에만 구매), VIP 고객(구매빈도가 높은 고객)으로 페르소나를 예측하고 마케팅 전략을 수립하는 것이다. 그러나 주의할 것은 고객은 하나의 군집에만 속한 것이 아니며, 페르소나가 일정하지 않음에 따라 군집을 지속해서 갱신하는 것이 필요하다.

(3) 전략 3. 생애주기 마케팅을 위해 고객 여정을 예측하라

고객의 획득, 성장, 유지에 이르는 고객 생애주기에 대한 이해가 필요하다. 이를 바탕으로 단계별로 어떻게 개입할 것인지에 대한 전략을 수립해야 한다. 고객의 평생 가치를 최적화하는 기본적인 원칙은 생애주기의 모든 단계에서 고객에게 가치를 제공해야 고객으로부터 가치를 얻는다는 것을 명심해야 한다. 즉, '얻기 위해 주어라. 그리고 고객이 당신을 신뢰하면, 그 고객은 당신으로부터 구매할 것이다'. 고객과의 신뢰는 가치 있는 경험을 제공함으로써 가

능하다. 또한 고객이 느끼는 가치는 제품에 따라 다르고, 고객의 생애주기에 대한 여정도 다름을 이해하는 것이 필요하다. |그림 13-5|는 고객가치의 여정을 나타낸 것이다.

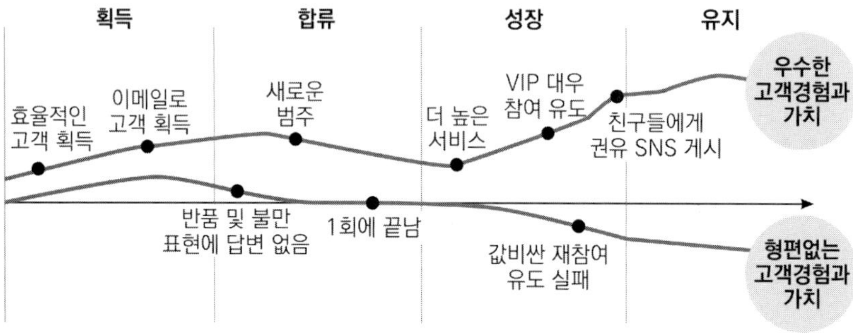

|그림 13-5| **고객가치 여정**

출처 : Omer Artun & Dominique Levin(2015).

고객가치 여정에서 획득의 단계는 효율적인 고객 획득과 이메일 등을 통한 고객 획득의 접근이 필요하다. 이 단계에서 고객 유지와 신규 유치 고객과의 적정한 예산 배분이 필요하다. 그리고 예상 고객을 신규고객으로 전환하는 데 얼마나 많은 프로모션을 수행할 것인지를 결정해야 한다. 다음으로 합류의 단계는 신규고객에 대한 적극적인 참여의 방법을 모색해야 한다. 신규고객에게 브랜드와 고객 경험을 통해 지속적인 관계를 유지하도록 해야 한다. 만약 이 단계에서 고객의 참여가 부족한 경우에는 고객의 구매는 단순한 일회성 구매에 그칠 수 있다. 또한 성장의 단계는 각기 다른 제품별로 어떤 고객을 유치할 것이며, 무엇이 고객에게 신제품을 구매하도록 하는지에 대한 조사가 필요하다. 이 단계에서 기존고객에 대한 VIP와 같은 우대정책은 고객의 충성도를 고취하게 된다. 이러한 충성고객은 구전효과를 통하여 주변의 사람들에게 제품과 서비스의 구매를 권하는 옹호자의 임무를 수행한다. 마지막으로 유지의 단계는 어느 고객이 떠날 가능성이 있는지를 조사하고, 고객을 유지하는 데 필요한 자원을 고려해야 한다. 또한 최우수 고객을 인지하고 고객가치별 유지율을 분석하는 것이 필요하다.

(4) 전략 4. 고객가치를 예측하라

고객가치를 기반한 마케팅이 필요하다. 고객의 가치를 기준으로 높음, 중간, 낮음의 단계로 구분할 수 있다. 높은 가치의 고객은 존중하고, 유지를 위해 많은 자원을 투입해야 한다. 예를 들어, 항공사나 은행은 높은 가치의 고객들이 매출 대부분을 차지함에 따른 우대정책을 시행하고 있다. 다음으로 중간 가치의 고객은 고객의 잠재력을 극대화하기 위해 상향판매(upselling)를 통해 고객을 더 높은 가치로 끌어올려야 한다. 그리고 이미 구매하고 있는 제품을 더 많이 구매하도록 유도하고 구매자가 좋아할 만한 다른 제품을 예측해야 한다. 예를 들어, 가구에만 천만 원을 지출하는 고객보다 가구, 의류, 주방용품 등 세 가지 범주에서 천만 원을 지출하는 고객이 더욱 미래가치가 크다. 마지막으로 낮은 가치 또는 수익성이 없는 고객은 서비스 비용을 절감해야 한다. 예를 들어, 무료 배송 서비스를 일부 고객에게만 제공하고, 반품을 많이 하는 고객은 서비스를 제외하는 것이다. 퍼스트 유니언 뱅크는 '아인슈타인'이라는 시스템을 갖추고 있다. 이를 통하여 각 고객별로 녹색, 황색, 빨간색 깃발 중 하나를 자동으로 표시한다. 서비스 담당자는 빨간색의 깃발의 고객에게 반드시 수수료를 받도록 하고, 녹색 깃발의 경우에는 수수료를 면제해 준다. 그리고 황색 깃발이면 담당자가 알아서 판단하도록 하고 있다. 이 은행은 이러한 차별화 전략으로 매출이 대폭 증가하였다.

(5) 전략 5. 고객 등급화를 위해 고객의 구매 또는 참여 가능성을 예측하라

구매 가능성을 예측하기 위해 경향성 모델을 사용한다. 경향성 모델은 특정한 유형의 고객 행위를 예측하는 것이다. 즉, 고객이 웹 사이트를 열람하고 무엇인가를 구매할 가능성이 있는지를 예측하는 것을 말한다. 이는 구매자가 구매 직전에 한 행위를 과거 고객들의 행동을 통하여 비교함으로써 과거 구매자와 유사한 행동을 하는 잠재고객을 찾아 공격적인 할인을 제안하는 방식이다. 이러한 경향성 모델은 미국의 오바마 대통령 선거 시 투표할 경향성을 예측하여 선거에 승리하는 데 도움을 받았다고 한다. 그의 자원봉사자들은 경향성 모델을 통한 유권자의 분석을 토대로 지지 후보가 결정되지 않은 유권자를 찾아서 자신들의 견해를 설명함으로써 지지를 유도했다.

다음으로 참여 가능성 모델은 고객이 이메일을 개봉하거나 클릭할 확률을 예측하는 것이다. 이것은 고객이 강력한 구매 의사를 하고 있다는 척도이다. 그래서 참여 가능성 모델은 고객이 메일을 수신 거부하지 않도록 이메일 수를 줄이고 수신 거부 비율을 낮추어 고객 참여를 높이는 방법이다. 이러한 이메일 가입자는 참여 가능성에 따라서 마니아, 길거리 쇼핑객, 잠꾸러기, 유령 그리고 특별 그룹인 신참 등 5개의 상이한 그룹으로 분류된다. 마니아는 이메일 클릭 확률이 가장 높은 고객으로 구매 유도 메일 발송이 필요하다. 길거리 쇼핑객은 마니아 절반의 확률을 가지고 있으며, 잠꾸러기는 참여 예측지수가 매우 낮다. 그리고 유령은 거의 이메일을 읽지 않아 참여도가 없다. 이런 고객은 이메일을 보낼 필요가 없다. 마지막으로 신참의 유형은 마니아와 길거리 쇼핑객의 중간 정도의 참여도로 정기적인 메일은 지향하고 생애주기별 메일만을 발송하는 전략이 필요하다.

(6) 전략 6. 고객마다 적절한 개인별 추천사항을 예측하라

빅데이터 분석을 통해 고객별 추천사항을 예측하여 적절한 시기에 추천하고, 고객의 맥락을 이해하여 적절한 콘텐츠를 추천하는 것이 필요하다. 먼저 적절한 시기에 추천은 구매 시기에 상향판매나 교차판매를 통해 주문 금액을 높이고, 구매 직후에 구매 감사 메시지와 적절한 연관 제품을 추천하는 것이 필요하다. 또한 이탈 위험이 있는 고객에게 개인별로 특화된 추천을 통해 고객을 유도하는 것이 필요하다.

다음으로 고객에 대한 많은 정보를 고려하여 고객의 맥락을 이해하고 그에 맞는 추천을 해야 한다. 예를 들어, 다큐멘터리 영화를 좋아하는 사용자가 자녀와 함께 볼 영화를 찾으려고 할 때 맥락을 인식하고, 그에 맞는 영화를 추천해야 한다. 고객과 관련성이 없거나 맥락이 없는 추천은 고객을 떠나게 한다.

마지막으로 적절한 콘텐츠를 보내는 것이 필요하다. 이를 위해서는 추천에 대해 고객들이 자신들의 의견을 제시할 수 있도록 하는 것이 중요하다. 예를 들어, 문제 있는 추천의 경우에는 쇼핑몰이 임신 가능성이 있는 고객에게 아기 및 임신에 초점을 맞춘 상품을 추천한 경우로, 비록 표적은 정확했지만 고객이 부모에게 임신 사실을 알리지 않은 경우 추천이 불쾌하고, 사생활 침해로 받아들여질 수 있다. 따라서 자동화된 추천 알고리즘도 일정한 수준에서 담당자가 통제하도록 설계하는 것이 필요하다. 이러한 추천시스템을 가장 잘 활용하고 있는 곳은 아마존이다. 아마존은 거의 20여 년간 추천시스템을 사용하여 고객에게 개인별 맞춤 마케팅을 시행하고 있다.

(7) 전략 7. 더 많은 고객 전환을 위해 예측 프로그램을 실행하라

온라인 마케팅과 관련하여 고객이 웹 사이트를 방문하게 되면, 고객을 다시 돌아오도록 후속 리마인드 광고를 통하여 다시 관심을 두도록 하는 것이 필요하다. 이러한 리마케팅은 웹 사이트에서 신발 한 켤레를 찾아보고 나서, 그 사이트를 떠나게 되면, 신발 광고가 웹 사이트에서 따라다니게 하는 것을 말한다. 2014년 미국의 조사에 따르면, 이전에 자신이 온라인에서 봤던 것과 관련된 내용이 포함된 이메일을 받는 것을 좋아하는 사람은 66%이지만, 똑같은 내용을 온라인 광고로 접하는 것을 좋아하는 사람은 겨우 24%에 불과한 것으로 나타났다.

그래서 고객의 웹 사이트 방문 횟수, 시기, 기간, 빈도, 열람한 제품, 검색, 미결제 품목 등 많은 정보를 분석하여 개인화된 고객 접촉의 요소로 사용할 수 있다. 예를 들어, 장바구니에서 미결제 고객은 몇 시간 또는 하루 정도의 시간이 지난 뒤에 알림 메시지를 통하여 구매를 유도하고, 구매 가능성이 낮은 고객에게는 할인제공을 통해 구매유도가 가능하다. 다만, 주의해야 할 것은 바로 할인을 제공하게 되면 고객들이 장바구니에서 할인을 기다리는 상황이 발생하게 된다는 것이다.

이러한 리마케팅은 신규고객 창출에는 도움이 되지 못한다. 그래서 페이스북에는 내부 알고리즘을 통하여 자신이 올린 목록과 유사한 사람들을 찾아 매칭하여 주는 기능이 있다. 즉, 기존고객의 목록을 입력하면 모든 예상 고객 중에서 기존고객들과 같은 특성을 가진 사람들을 찾아 주는 것이다. 이러한 유사 고객 타게팅 기능을 활용하여 기존고객들과 유사한 신규고객을 많이 찾아낼 수 있다.

(8) 전략 8. 고객가치 증대를 위해 예측 프로그램을 활용하라

기업과 조직은 최우수 고객에게 소홀하기 쉽다. 이들이 매출의 상당 부분을 차지하고 있다. 그래서 가치가 높은 고객에게 본사 투어, CEO 이메일, 전화통화, 메시지 등을 통하여 존중을 표시하거나. VIP 고객을 위해 특별고객 서비스 전화번호 또는 매장 내에 특별고객 서비스 공간을 사용하도록 권한을 부여하는 것이 필요하다.

고객의 최초 거래는 고객 관계의 첫 시작이다. 기업과 조직은 예측 프로그램을 활용하여 구매 이후에 고객과의 접점을 만들기 위해 노력해야 한다. 즉, 고객가치 증대를 위해 예측 마케팅 전략인 구매 후 캠페인, 재구매 캠페인, 반복구매 프로그램, 신제품 소개, 고객 사은 캠페인 등을 실행하는 것이 필요하다.

(9) 전략 9. 더 많은 고객 유지를 위해 예측 프로그램을 활용하라

마케팅 담당자는 고객 유지율을 측정할 때 모든 고객 이탈이 다 동등한 가치를 지니는 것이 아님을 인식해야 한다. 수익성이 낮은 고객을 잃는 것은 최우수 고객을 잃는 것만큼 나쁜 일이 아니다. 그래서 고객이 이미 쇼핑을 그만둔 이후에도 그를 이탈하지 않도록 예방하고, 노력하는 것이 신규고객을 확보하는 것보다 더 효과적이다.

고객 이탈 관리 프로그램은 모든 고객에게 동일하게 적용되는 프로그램에서 일부 고객을 목표로 하는 프로그램에 이르기까지 다양한 프로그램을 활용해야 한다. 또한 고객 이탈 관리 프로그램은 전반적으로 서비스 및 제품 품질을 개선하고, 대중 광고 캠페인을 실행한다. 고객 이탈 관리는 선제적 또는 대응적일 수 있다. 대응적 고객 이탈 관리는 실제로 이탈한 고객에 대해서만 비용을 지출하는 장점이 있지만, 시점이 너무 늦을 수 있다는 단점이 있다. 그러나 예방적인 고객 이탈 관리의 장점은 고객이 최종 결정을 내리기 전에 고객과 소통하기 때문에 고객 유지가 더욱 쉽다. 다만, 고객이 항상 대가를 바라도록 길들여질 수 있음을 주의해야 한다.

빅데이터에 기반한 예측 마케팅은 고객의 생애주기별 고객 접점을 인식하고, 고객의 가치를 평가하고 관계를 유지하도록 돕는다. 따라서 다양한 고객의 정보를 축적함으로써 고객에게 차별적인 가치를 제공하려는 마케팅 노력이 필요하다. 이러한 고객 유지의 활동을 통하여 고객은 가치를 느끼게 되고, 이러한 고객가치는 다시 기업의 가치를 향상하는 결과를 낳게 되는 것이다.

따라서 사회적경제에서도 고객정보에 기반한 다양한 캠페인이나 프로그램을 시행할 수 있는 물적, 인적인 환경을 조성하는 것이 필요하다. 무엇보다 고객의 정보를 소중하게 여기고, 이러한 정보를 윤리적으로 사용하여 신뢰감과 가치 제안을 통해 조직의 성과를 향상할 수 있을 것이다.

4) 예측 마케팅에서 유의사항

예측 마케팅의 실행을 위한 고객정보의 사용에는 주의가 필요하다. 고객은 일정한 선을 넘는 마케팅에 반발할 수 있으며, 기업이나 조직에 대하여 신뢰를 잃을 수 있다. 따라서 일정한 기준을 넘지 않은 빅데이터 마케팅을 실행해야 한다. 여기서는 몇 가지 주의할 점을 생각해 보고자 한다.

첫째, 민감한 정보는 건드리지 말아야 한다. 고객의 소득, 건강, 개인사 등의 민감한 정보는 고객에게 반감을 줄 수 있다. 그러므로 이러한 정보는 사용하지 않는 것이 좋다. 만약에 광고가 필요하다면 이러한 민감한 정보를 사용하지 않고 하는 방법을 생각해야 한다. 잠재고객들이 자주 방문하는 웹 사이트를 조사하고 여기에 광고를 게시하는 방법도 찾을 수 있을 것이다.

둘째, 투명성을 약속해야 한다. 고객은 자신의 정보가 어떻게 사용되는지 관심이 많다. 그래서 소비자들에게 정보의 사용처에 대한 자세한 안내가 필요하다. 그리고 소비자들의 요청이 있을 때는 개인정보 데이터를 어떻게 사용하고 있는지를 분명하게 밝힐 수 있도록 해야 한다.

셋째, 분별력 있게 고객데이터를 사용해야 한다. 고객들은 자신의 사생활에 간섭하거나 지나친 제품 추천을 한다고 느끼게 되면 부정적으로 반응하게 된다. 그러나 고객들은 마음에 드는 광고나 제품 추천을 해야 한다는 생각이 있으면 자신의 개인정보를 활용하는 것에 긍정적이다. 따라서 적절하고 분별력 있는 고객데이터의 사용을 통한 예측 마케팅이 더욱 효과적이다.

넷째, 데이터 수집을 정당화해야 한다. 고객의 정보를 수집할 때는 개인정보가 유용한 광고를 제시하는 데 어떻게 사용되는지를 분명하게 설명하고, 데이터 수집에 정당성을 확보하는 것이 필요하다.

다섯째, 전통적인 데이터 수집을 먼저 시도해야 한다. 기존의 데이터 수집방법은 직접 고객들을 조사하는 것이다. 이를 통하여 고객의 취향과 선호를 조사하여 공개적인 방법으로 보완하는 것이 좋다. 이렇게 고객데이터를 사용하게 된다면 고객의 반감은 줄어들 수 있기 때문이다. 예를 들어, 기업이나 조직의 기존고객의 회원 정보가 있다면 이를 기본적인 고객데이터로 활용하고, 부족한 부분을 소셜미디어 데이터 등을 통하여 보완하는 것이 효과적이다.

4. 사회적경제 빅데이터 마케팅 적용방안

포스트 코로나 시대에 사회적경제를 이대로 지속하기 어렵다는 자성적인 목소리가 많다. 코로나19의 사태는 사회적경제를 더욱 어렵게 하고 있다. 많은 사회적경제의 영역에서 소비자의 접근성이 제한되고 있다. 사회적경제의 영역에서 생협이나 방역의 업종에서는 일부 매출의 증가가 있었지만 대부분의 사회적경제의 영역에서는 취약계층의 고용유지도 어려운 상황이다. 이러한 어려운 시장환경 속에서 사회적경제의 경쟁력을 높일 수 있는 것 중의 하나가 빅데이터를 통한 예측 마케팅의 실행이다.

4차 산업혁명과 빅데이터를 통한 산업 성장은 사회적경제 조직에게도 큰 기회를 제공할 수 있다. 앞으로 많은 사회적경제의 주체들이 4차 산업의 핵심 산업의 자리에서 인공지능, 블록체인, 빅데이터를 활용하여 사업을 확대할 수 있을 것이다. 특히 빅데이터에 기반한 사회적경제의 경쟁력 강화는 매우 중요한 마케팅 전략이다. 이를 위하여 다음의 몇 가지 적용방안을 제시하고자 한다.

첫째, 전문인력을 양성해야 한다. 대부분의 영리 기업들은 데이터 분석 전문가를 양성하기 위해 노력하고 있다. 또한 정부도 '공공 빅데이터 청년 인턴십' 등을 통하여 빅데이터 전문가를 양성하고 있다. 이는 기업이나 조직 내에 데이터 분석에 필요한 전문가들을 양성하고, 이를 통하여 업무를 혁신하여 생산성을 높이기 위해서이다. 사회적경제는 인력이 부족하다는 한계가 있으나, 정부나 공공조직에서 시행하는 빅데이터 전문가 양성과정에 직접 참여하는 것이 필요하다. 이를 통한 전문가의 양성은 조직의 각 부분에서 혁신을 통해 생산성을 향상하고 조직의 경쟁력을 높여줄 것이다.

둘째, 공공데이터를 적극적으로 활용해야 한다. 정부의 공공데이터는 정보공개의 원칙에 따라 일반에게 공개되고 있다. 이러한 공공데이터를 가공하여 판매하는 새로운 형태의 소셜기업도 생겨나고 있다. 2020년 기준 공공데이터 포털을 통하여 제공되는 데이터는 54,264건에 해당할 만큼 다양한 데이터가 존재한다. 따라서 사회적경제가 지역을 기반으로 하는 특성을 활용하여 지역의 상권에 대한 다양한 데이터를 생성하고 입지의 유동인구 및 가구 수, 가구의 특성, 소득 수준 등을 활용하여 사회적경제의 마케팅 전략에 사용하는 것이 필요하다. 예를 들어, 중소벤처기업부와 소상공인시장진흥공단은 소상공인 상권정보 시스템을 통하여 공공데이터를 기반으로 하여 상권분석, 시장분석, 상권 현황 정보를 제공하고 있다. 이를 통하여 신규 창업자에게는 창업기상도를 제공하고 있으며, 상권의 평가를 등급별로 성장성, 안정성, 영업력, 구매력 등을 평가하여 제공하고 있다. 따라서 사회적경제에서는 자신에게 맞는 공공데이터를 찾아내고 이를 적절하게 분석하여 고객 유지 및 맞춤 마케팅에 적절하게 활용해야 한다.

셋째, 작은 고객데이터부터 수집해야 한다. 고객데이터 수집은 필수이다. 사회적경제 조직이 작은 조직이라고 고객정보를 무시해서는 안 된다. 따라서 고객에게 명확하게 고객정보의 사용에 대한 고지를 통하여 고객의 접점의 순간에서 고객정보를 확보하려는 노력이 필요하다. 고객등급별 관리를 하고 싶어도 고객데이터가 존재하지 않는다면 시행하기 어렵다. 데이터는 곧 돈이라는 말이 있을 정도로 요즘의 고객정보는 마케팅 전략의 기반이 되었다. 따라서 사회적경제는 회원가입이나 고객의 매출 정보 등을 토대로 체계적으로 고객정보를 관리하려는 노력이 필요하다.

넷째, 사회적경제 공통의 인프라 구축이 필요하다. 빅데이터 기반 예측 마케팅을 위해서는 인프라 구축이 필요하다. 문재인 정부는 '그린 뉴딜'의 10대 대표과제를 선정하였다. 그리고 그 핵심에 '데이터 댐'이 있듯이 빅데이터는 거대한 저장공간에 다양한 데이터를 수집하고, 이를 활용하여 다양한 가치를 창출하고자 하는 정책을 추진하고 있다. 데이터 저장에 필요한 인프라는 자체적으로 기업의 내부에 구축하는 형태와 클라우드의 형태로 서비스를 이용하는 형태로 구분하여 사용하고 있다. 최근 많은 기업이나 조직들은 내부에 시스템을 구축하기보다는 경제성을 고려하여 클라우드의 사용을 확대하고 있는 추세이다. 그러나 사회적경제의 자원을 고려할 경우, 이러한 인프라 구축이나 클라우드의 사용에는 소요되는 비용을 감당하기 쉽지 않은 현실이다. 따라서 사회적경제 중간지원 조직이나 사회적기업 진흥원에서 사회적경제 자체를 위한 클라우드나 빅데이터 저장 플랫폼을 구축하여 공동 이용하는 방안에 관한 연구가 필요할 것이다.

사회적경제 조직에서 빅데이터를 기반한 예측 마케팅을 시행하는 것에는 일정한 한계가 있다. 그러나 무엇보다 예측 마케팅은 고객지향적 관점에서 시작된다는 것이 매우 중요하다. 즉, 고객의 축적된 정보 데이터를 통하여 고객의 행동과 욕구를 이해하고, 이것에 맞는 고객가치를 제안하면 고객은 사회적경제에게 가치를 창출하도록 할 것이다. 따라서 사회적경제는 빅데이터에 기반한 마케팅 전략을 시행하고 있는 시장의 흐름을 이해하고, 이를 적극적으로 사회적경제 운영 전략에 반영하는 것이 필요하다.

▌사례연구 - 소상공인시장진흥공단 상권정보시스템

중소벤처기업부 산하 소상공인시장진흥공단은 공공데이터 등을 활용하여 지역, 업종별 종합적 상권분석정보를 무료로 제공하여 무분별한 과잉진입에 따른 과당경쟁을 예방하려고 노력한다.

상권정보시스템을 통한 지원내용은 상권분석으로 선택영역에 대한 상권평가, 업종분석, 매출분석, 인구, 소득, 소비, 지역정보 등을 제공하고, 변화추이에 대한 시계열 정보를 제공하고 있다.

그리고 경쟁 분석을 통하여 업소별 경쟁영역 내 거래 건수를 기반으로 경쟁수준을 평가하고 경고등의 기능을 통해 안전(초록), 주의(노랑), 위험(주황), 고위험(빨강), 회색(데이터 없음)을 표시하고 있다. 또한 입지분석은 유사입지 기반 매출 예측정보를 제공하고 특정 입지에 대한 종합 입지평가와 성공 가능성이 높은 업종을 추천하는 서비스를 제공하고 있다. 아울러 수익분석을 통하여 목표매출 및 고객수, 유사한 입지 및 업종의 수익을 분석하여 제공한다.

한편 로그인 없이도 관심 업종 현황을 찾아볼 수 있으며, 선택한 행정동 및 업종에 대한 추정매출, 업소 수, 유동인구의 정보를 받아 볼 수 있다.

따라서 소상공인시장진흥공단의 상권정보시스템은 공공데이터 등 빅데이터를 통하여 사회적경제기업 등 시장에 새로 진출하는 업종을 대상으로 미리 시장의 현황을 파악하고 준비할 수 있도록 상권정보를 제공하여 준비된 창업을 유도하고 경영안정을 도모하는 사업을 시행하고 있다.

참고문헌

고동현 · 이재열 · 문명선 · 한 솔(2016). **사회적경제와 사회적 가치**. 경기 : 한울아카데미.

고애란 · 노지연(2009). 한국에서의 윤리적 패션소비자행동 : 윤리적 패션소비에 영향 미치는 요인을 중심으로. **한국의류학회지, 33**(12), 1956-1964.

고용노동부(2019). 사회적기업 육성사업 실태조사 결과 발표.

_________(2019). 사회적기업 제품 우선구매 지침.

_________(2020). 공공기관의 사회적기업 제품 구매실적 및 구매계획.

곽선화(2008). 사회적기업에 대한 일반인 대상 인식조사 분석. 사회적기업 매거진, 24-27.

관계부처 합동(2017). 혁신성장 지원 등을 위한 공공조달 혁신 방안.

구자룡(2019). **지금 당장 마케팅을 공부하라**. 서울 : 한빛비즈.

기획재정부(2018). 경쟁적 대화방식, 일자리 창출 기업 우선 낙찰제 도입 등 혁신성장 및 일자리 창출 적극 지원, 국가계약법 시행령 및 시행규칙 일부 개정안 입법 예고.

김규배 · 김동규 · 김문섭 · 김용철 · 김한구 · 김혜주 · 서준용 · 양수진 · 이경미 · 한웅희 (2019). **소비자 행동론**. 서울 : 박영사.

김대식(2014). 사회적 가치 실현을 위한 공공조달의 역할과 구현 방안. **지방계약연구, 5**(1), 3-16.

김상훈(2007). **마케팅 핵심원리와 실천 전략**. 서울 : 크레듀.

김서영(2012). 국내외 금융기관의 SNS 활용 현황 및 시사점. 금융결제원, **지급과 정보기술, 제48호**, 1-29.

김성기(2011). 지방정부의 공공자원과 연계한 사회적기업 개발 방안. **사회적기업연구, 4**(1), 26-54

김성기 · 김경아 · 김영식 · 박경진 · 조경희(2015). **사회적경제 기업을 위한 공공시장 마케팅**. 강원 : 아르케.

김신양 · 신명호 · 김기섭 · 김정원 · 황덕순 · 박승옥 · 노대명(2016). **한국 사회적경제의 역사 : 이론의 모색과 경험의 성찰**. 서울 : 한울.

김연아(2014). 사회서비스 기업의 마케팅 전략 연구 : ㈜ 한신플러스케어의 마케팅 믹스(4P's) 전략을 중심으로. **사회서비스연구, 5**(1), 125-162.

김윤화(2019). SNS(소셜네트워크서비스) 이용추이 및 이용행태분석. KISDI STAT Report, **19**(10), 1-7.

김자경 · 김정현(2001) 공익 연계 마케팅이 소비자 반응에 미치는 효과. **광고학연구, 12**(3), 31-52.

김재훈(2013). **사민주의 복지국가와 사회적경제**. 경기 : 한울아카데미.

김정원(2013). 사회적경제와 국가 : 한국의 흐름에 대한 비판적 고찰. **사회적경제리뷰, 2**, 34-47.

김진욱 · 변선영(2009). CSR 개념의 전개 과정과 기업집단의 대응과정. **경영교육연구, 58**(1), 171-197.

남승연(2016). 사회적경제 활성화와 정부의 역할. **공공사회연구, 6**(4), 47-75.

노대명 · 이선우 · 오단이 · 김솔휘 · 김민지(2017). 사회서비스분야 사회적경제 활성화 방안 연구. 한국보건사회연구원.

류만희(2013) 지역복지실천전략과 사회적경제. 한국지역사회복지학회 춘계학술대회 발표논문집. 3-16.

박 철(2018). **소규모 사회적기업과 소셜미디어 마케팅**. 서울 : 집문당.

박나랑 · 손상희 (2013). 소비자의 사회적기업상품 구매지속의도에 미치는 영향요인 연구. 소비문화연구, 16(4), 143-169.

박미혜 · 강이주 (2009). 윤리적 소비의 개념 및 실태에 대한 고찰. 한국생활과학회지, 18(5), 1047-1062.

박성수(2010). 죽은 CRM 다시 살리기. 서울 : 타임스퀘어.

박희용(2019). SNS로 마케팅 하라. 서울 : 정보문화사.

백혜진(2013). 소셜마케팅. 서울 : 커뮤니케이션북스.

서울특별시 사회적경제지원센터 공공구매영업지원단(2018). 중간지원조직 실무자를 위한 공공시장 수요분석 및 활용.

서울특별시(2019). 서울시 지역업체 대상 계약실무교육 자료.

송성호 역(2012). 협동조합으로 기업하라.(원제 La coopérazione : tra merca to democrazia economica, Stefano Zamagni and Vera Zamagi(2009). 서울 : 북돋움.

신명호(2009) 한국의 '사회적경제' 개념 정립을 위한 시론. 동향과 전망, 75, 11-46.

______(2013) 사회적경제와 국가, 그리고 민주주의. 사회적경제리뷰, 2, 8-32.

______(2016) 한국 사회적경제의 역사 : 이론의 모색과 경험의 성찰. 서울 : 한울.

안대천 · 김상훈(2012). SNS유형별 광고속성 평가 및 태도에 관한 연구 : 블로그, 트위터, 페이스북, 유튜브의 비교. 광고학연구, 23(3), 53-84.

엄형식(2008). 한국의 사회적 경제와 사회적 기업. 서울 : 실업극복국민재단 함께 일하는 사회.

오단이(2013). 한국 사회적 기업의 형성 및 성장과정 연구. 성균관대학교 대학원 박사학위논문.

이금노 · 정영훈(2018). 사회적경제에서의 소비자편익 증진방안 연구. 한국소비자원.

이은주(2011). 컴퓨터 매개 커뮤니케이션으로서의 트위터 : 향후 연구의 방향과 과제. 언론정보연구, 48(1), 29-58.

이재정 · 조영복(2019). 사회적 기업의 이론과 실제. 서울 : 이프레스.

이종수(2009). 행정학사전. 서울 : 대영문화사.

이희정 · 차문경(2018). SNS 유형이 브랜드 충성도 및 광고 태도에 미치는 영향. 경영연구, 33(2), 75-96.

임혁배 · 김윤태 · 김철주 · 박찬웅 · 고형민(2007). 사회적 경제와 사회적 기업 : 한국형 사회적 일자리와 사회서비스 모색. 서울 : 송정문화사.

장종희(2020). 나는 SNS 마케팅으로 돈 번다. 경기 : 에듀웨이.

정무성(1998). 사회복지기관의 후원자 개발을 위한 마케팅 전략에 관한 연구. 사회복지리뷰, 제3집.

정무성 · 황정은(2011). 사회복지마케팅. 서울 : 신정.

조준희 · 최민석 · 이재학 · 박 철(2012), SNS마케팅 유형과 소기업 활용방안에 관한 연구. 한국IT서비스학회 학술대회 논문집, 547-552.

주성수(2017). 사회적경제와 사회적 임팩트. 서울 : 한양대학교출판부.

주성수 · 김현옥 · 안승화 · 천 희 · 김이경(2013). 자원봉사와 사회적경제 생태계의 확장을 위한 상생모델 개발. 한국자원봉사협의회.

주요섭(2010). 호혜경제의 담론과 실천(미간행).

최용석 · 백보현(2019). 사회적 혁신 기반 소셜벤처 생태계 활성화 전략. 한국벤처창업학회 2019년도 추계학술대회 NOV. 08. 51-59

최준규 · 윤소은(2018). 사회혁신의 새로운 기반, 제4섹터. GRI FOCUS. 경기연구원.

최칠성(2017). 내부마케팅이 사회적기업의 성과에 미치는 영향에 관한 연구 : 시장지향성의 매개변수를 중심으로. 숭실대학교 대학원 박사학위논문.

특임장관실 · 기획재정부(2012). 상생과 통합의 미래 협동조합과 함께. 특임장관실.

한국마케팅협회(2002). 한국마케팅학회의 마케팅 정의. 마케팅연구, 17(2), 5-6.

한국사회적기업진흥원(2018). 사회적기업을 위한 공공구매 매뉴얼.

함유근 · 채승범(2013). 빅데이터 경영을 바꾸다. 서울 : 삼성경제연구소.

홍경준(2013). 닫힌 공동제로부터 열린 공동체로: 연복지의 후퇴와 그 대안적 모색. 한국사회복지학 65(2). 179-201.

황상규(2010). ISO 26000 제정과 정부, 기업, 시민사회의 대응전략. 기업지배구조리뷰, 50, 15-27.

LG경제연구소(2009). 사회적기업의 지속성장가능성. LG Business insight, 1039, 41-50.

Aaker, David A.(1991). *Managing Brand Equity.* 이상민 역(2006). 브랜드 자산의 전략적 경영. 서울 : 비즈니스북스.

__________(1991). *Managing Brand Equity.* New York : Free Press.

__________(1996). *Building Strong Brands.* New York : Free Press.

Al Rise & Jack Trout(2008). 마케팅 불변의 법칙. 이수정 역. 서울 : 영신사.

Andreasen, A. R.(2006). *Social Marketing in the 2st Century.* Thousand Oaks, CA : Sage.

Andreasen, A., & Kotler, P.(2003). *Strategic Marketing for Nonprofit Organization*(6th ed.). Prentice Hall.

Andresen, K.(2006). *Robin Hood Marketing : Stealing Corporate Savvy to Sell Just Cause*(p. 10). San Francisco, CA : Jossey-Base.

Booms, B. H., & Bitner, M. J.(1981). Marketing strategies and organizational structures for service firms. In Donnelly, J. M. & George, W. R.(Eds.), *Marketing of Service.* Chicago : American Marketing Association. 47-51.

Borden, N. H.(1964). The Concept of the Marketing Mix. *Journal of Advertising Research, 6*, 2-7

Boschee, J.(2006). Strategic marketing for social entrepreneurs. *Social Enterprise Report,* October 2005-February 2006, 2-11.

Boyd, D. M., & Ellison, N. B.(2007). Social network sites : Definition, history, and scholarship. *Journal of Computer-mediated Communication, 13*(1), 210-230.

Burkett, I.(2010) *Social Procurement in Australia, Foresters and Centre for Social Impact.* Australia : University of New South Wales.

Cohen, D.(1981). *Consumer Behavior.* New York : Random House Inc.

Defourny, C.(2000). Environmental risk assessment of deicing salts. In 8th World Salt Symposium, The Hague, Netherlands (Vol. 2, pp. 767-770).

__________(2001). Introduction : From third sector to social enterprise. In Borzaga, C. & Defourny, J.(eds.), *The Emergence of Social Enterprise.* London : Routledge.

Deloitte(2018). 사회적가치 실현을 통한 신성장동력, 제5회 Deloitte-CEO 정책포럼 자료집.

Deng, S., & Daet, J.(1994) Measuring market orientation : a multi-factor, multi-item approach. *Journal of Marketing Management, 10*(8), 725-742.

Elkington, J. Hartigan, P.(2008). *The Power of Unreasonable People : How social entrepreneurs create markets that change the world.* Boston, Mass : Harvard Business School Press.

Fine, S. H.(1992). *Marketing the Public Sector.* New Brunwick, NJ : Transaction Publishers.

Gilbert, D. H.(2001). *Marketing Connecting with Customers.* New Jersey : Person Education Inc.

Green, Paul E. & Donald S. Tull(1978). *Reserch for Marketing Decisions.* Englewood Cliffs, NJ : Prentice-Hall Inc, 4th ed.

Haenlein, M., & Kaplan, A. M.(2010). Users of the world, unite! The challenges and opportunities of Social Media. *Business Horizons, 53,* 59-68.

Houston, F. S.(1986). The Marketing Concept : What It Is and What It Is Not. *Journal of Marketing, 50,* 81-87.

Howaldt, J. & Schwarz, M.(2010). *Social Innovation : Concepts, research fields and international trends.* Dortmund : Sozialforschungsstelle Dortmund.

Jack Trout & Al Rise(1972). The Positioning Era Cometh. Advertising Age, 35-38.

__________________(2020). *Positioning*(20th Anniversary ed.). 안진환 역(2020). 서울 : 을유문화사.

Jack Trout & Steve Rivkin(1996). *The New Positioning.* 현용진 · 이기현 공역(2012). 포지셔닝 불변의 법칙. 서울 : 이상미디어.

Jason Bowden(2014). *The New 4P's of Marketing With Big Data*. BUSINESS 2 COMMUNITY.

John Gantz & David Reinsel(2012). The digital universe in 2020 : Big Data, Bigger Digital Shadows, and Biggest Growth in the Far East. Sponsored by EMC Corporation.

Khalil, Z. T., & Hussain, M.(2014). Social business marketing mix. In A. Grove & G. A. Berg(Eds.), *Social Business : Theory, Practice, and Critical Perspectives*(pp. 177-198). Wiesbaden : Springer.

Kohli, A. K., & B. J. Jaworski(1990). Market Orientation : The Construct, Research Propositions, and Managerial Implications. *Journal of Marketing, 54*(Apr.), 1-18.

Kotler & Keller(2006). *Marketing Management*(12th ed.)(p. 184). New Jersey : Pearson Prentice Hall.

Kotler Philip & Gary Armstrong(2016). *Principles of Marketing*(16th ed.). Harlow : Pearson Education.

Kotler, P.(1997). *Marketing Management, Analysis, Planning, Implementation and Control.* New York : Prentice-Hall Inc.

________(1998). *Marketing Management : Analysis Planning, Implementation and Control*(6th ed.). Englewood Cliffs, New Jersey : Prentice-Hall Inc.

________(2010). *Market 3.0.* 안진환 역(2010). 서울 : 타임비즈.

Kotler, Philip & Armstrong Gray(2016). *Principle of Marketing*(16th ed.). 안광호 · 유창조 · 전승우 공역(2017). Kotler의 마케팅 원리. 서울 : 시그마프레스.

Kotler, Philip, Hernawan Kartajaya, & Iwan Setiawan(2017). *Market 4.0.* 이진원 역(2017). 서울 : 도서출판 길벗.

Kotler, P. & Zaltman, G.(1971) Social Marketing : An Approach to Planned Social Change. *Journal of*

Marketing, 35(3), 3-12.

Laville J-L(Ed.)(1994) *L'conomie solidaire, Une perspective internationale*. Paris : Descle'e de Brouwer.

Lipietz, A.(2001). Pour le tiers secteur. L'éonomie sociale et solidaire pourquoi et comment.

McCarthy E. J.(1960). *Basic Marketing, a Managerial Apporoach*. Homewood. Ill : R. D. Irwin.

McNamara, C. P.(1972). The Present Status of The Marketing Concept. *Journal of Marketing, 36,* 50-57.

Meadows, Dennis(1972). *Die Grenzen des Wachstums. Bericht des Club of Rome zur Lage der Menschheit.* Stuttgart : Deutsche Verlagsanstalt.

Michael E. Poter(1998). *Competitive Strategy*. New York : Free Press.

Mootee, Idris(2003). *High Intensity Marketing*. Toronto : Hushion House.

Narver, J. C., & S. F. Slater(1990). The Effect of a Market Orientation on Business Profitability. *Journal of Marketing, 54*(October), 20-35.

National Association of Maketing Teachers(1935). Definitions of Marketing Terms. *The National Marketing Review, 1*(2), 156.

Nemard H. Booms & Mary J. Bitner(1981). Marketing Strategies and Organization Structures for Service Fims. In James H. Donnelly & Willam R. Georage(Eds), *Marketing of Service.* Processdings Series, American Marketing Association.

Nick Smith, Robert Wollan, & Catherine Zhou(2011). 엑센추어 코리아 역(2011). **기업 소셜미디어 활용 전략.** 경기 : 에이콘출판.

Omer Artun & Dominique Levin(2015). *Predictive Marketing.* 고한석 역(2017). **빅데이터를 활용한 예측마케팅 전략.** 경기 : 마인드 큐브.

Peter F. Drucker(1993). *Management : Tasks, Responsibilities, Practices.* Toronto : HarperCollins.

Philip Kotler & Nancy Lee(2005). *Corporate Social Responsibility : Doing the Most Good for Your Company and Your Cause.* Hoboken : John Wiley & Sons, Inc.

Sarah Durham(2013). **브랜드레이징.** 박여진 역(2013). 경기 : 나남.

Scott Davis & Michael Dunn(2002). **브랜드.** 김형남 역. 서울 : 청림출판.

Worth Michael J.(2014). *Nonprofit Management : Principles and Practice.* Thousand Oaks, CA : Sage.

Zeithaml. V. A., Gremler, D., & Bitner, M. J.(2012). *Service Marketing*(6th ed.). New York : McGraw-Hill Education.

국가법령정보센터. http://www.law.go.kr

다농 커뮤니티. https://www.danonecommunities.com

매일경제(2015. 3. 25). 왜 우리는 착한 마케팅에 감동하는가…마음을 움직이는 명분 '코즈(Cause) 마케팅'. https://www.mk.co.kr/news/culture/view/2015/03/281432

모어댄. http://wemorethan.com

미국마케팅협회. https://www.ama.org

사회적경제미디어. http://www.lifein.news

사회적기업진흥원 사회적기업마케팅 교육자료. https://www.seis.or.kr/seisWeb/index.html

사회적기업통합정보시스템. http://www.seis.or.kr

산업정책연구원. http://www.ips.or.kr

소셜마케팅코리아 블로그. https://blog.socialmkt.co.kr/265

열린옷장. http://theopencloset.net

웹와치. http://www.webwatch.or.kr

조우석(2011). 사회적경제이야기(2) 사회적경제의 역사와 현재적 의의. http://blog.makehope.org/smallbiz/522

컬처앤유. http://www.culturenu.co.kr

한국경영인증원. http://www.ikmr.co.kr

한국브랜드경영협회. http://www.brands.or.kr/business/value.php

한국사회적기업진흥원. http://www.socialenterprise.or.kr

한국소비자원 보도자료. https://www.kca.go.kr/kca/sub.do?menukey=5084&mode=view&no=1002737596

한국자활기업협회. http://www.kjea.or.kr

휴먼케어. http://www.humancre.co.kr

IBM-옥스포드대, 빅데이터 활용실태 조사결과 발표. http://www.itworld.co.kr/news/78701

Ranked : The Most Valuable Brands in the World. https://www.visualcapitalist.com/ranked-the-most-valuable-brands-in-the-world

Statista. https://www.statista.com/statistics/278414/number-of-worldwide-social-network-users

Tutorialspoint. https://www.tutorialspoint.com/advertisement_and_marketing_communications/marketing_vs_advertising.htm

USAID. https://www.usaid.gov

찾아보기

(ㄱ)

(ㄴ)

(ㄷ)

(ㄹ)

(ㅁ)

(ㅂ)

(ㅅ)

(ㅇ)

(ㅈ)

(ㅊ)

(ㅋ)

(ㅌ)

(ㅍ)

(ㅎ)

기타

저/자/약/력

■ 오단이
숭실대학교 사회복지대학원 사회적기업 전공 교수
현 SW복지재단 이사장
보건복지부 돌봄서비스 사회적경제 활성화 TF 위원
행정안전부 주민복지서비스개편추진단 사회적경제 컨설턴트
강남구 사회적경제 가치나눔위원회 위원장
동작구 사회적경제활성화위원회 위원장
마포구, 송파구 사회적경제위원회 위원
사회적기업학회 편집위원장
전 보건복지부 사회적경제 육성 및 지원사업 심사위원 및 컨설턴트
(예비)사회적기업 다누리맘 대표

■ 최칠성
숭실대학교 Ph.D. (사회복지학)
현 숭실대학교 사회복지학과 겸임교수
컬처팜씨앗 사회적협동조합 이사
에쓰오일 총무팀(CSR파트) 근무
양천구 발달장애인평생교육센터 운영위원회 위원장
SW복지재단 감사

제2판
사회적경제를 위한 마케팅 실무

|공저자| 오단이 · 최칠성

|1판 1쇄 발행| 2021년 1월 2일
|2판 1쇄 발행| 2022년 1월 25일
|2판 2쇄 발행| 2023년 3월 20일

|발행인| 김 동 훈
|발행처| 공 동 체

|주소| 경기도 고양시 일산동구 호수로 358-39, 동문타워1차 905호(백석동)
|전화| 031) 814-3000(대표)
|팩스| 031) 814-3100
|홈페이지| www.compub.co.kr
|전자우편| compub@naver.com
|출판등록| 2005년 10월 6일
|등록번호| 제396-2005-36호

|ISBN| 979-11-6725-092-6
정가 17,000원